U0930979

全国高等职业教育规划教材

多媒体课件制作实训教程

第2版

主　编　张宝剑
副主编　高国红　李学勇
参　编　李兆锋　孙甲霞　孙金胜

机械工业出版社

本书从课件制作的基础知识、多种素材加工软件的使用方法和多媒体制作软件的使用方法 3 个方面，分别介绍了幻灯片演示文稿的制作、Flash 动画的制作、Authorware 的使用以及网络课件制作的初步知识。全书共 5 章，采用任务驱动模式，理论与实训相结合，操作步骤清晰，内容深入浅出。

本书可以作为高职高专计算机专业的教材，也可供计算机爱好者、多媒体课件制作的初学者以及相关人员参考。

图书在版编目（CIP）数据

多媒体课件制作实训教程 / 张宝剑主编．—2 版．—北京：机械工业出版社，2009.7（2020.8 重印）
（全国高等职业教育规划教材）
ISBN 978-7-111-27832-0

Ⅰ．多…　Ⅱ．张…　Ⅲ．多媒体—计算机辅助教学—教材　Ⅳ．G434

中国版本图书馆 CIP 数据核字（2009）第 124904 号

机械工业出版社（北京市百万庄大街 22 号　邮政编码 100037）
责任编辑：王　颖
责任印制：常天培
北京虎彩文化传播有限公司印刷

2020 年 8 月第 2 版・第 7 次印刷
184mm×260mm・12.5 印张・304 千字
11801—12600 册
标准书号：ISBN 978-7-111-27832-0
定价：35.00 元

电话服务
客服电话：010-88361066
010-88379833
010-68326294

网络服务
机　工　官　网：www.cmpbook.com
机　工　官　博：weibo.com/cmp1952
金　书　网：www.golden-book.com
机工教育服务网：www.cmpedu.com

全国高等职业教育规划教材计算机专业
编委会成员名单

出 版 说 明

根据《教育部关于以就业为导向深化高等职业教育改革的若干意见》中提出的高等职业院校必须把培养学生动手能力、实践能力和可持续发展能力放在突出的地位，促进学生技能的培养，以及教材内容要紧密结合生产实际，并注意及时跟踪先进技术的发展等指导精神，机械工业出版社组织全国近60所高等职业院校的骨干教师对在2001年出版的“面向21世纪高职高专系列教材”进行了全面的修订和增补，并更名为“全国高等职业教育规划教材”。

本系列教材是由高职高专计算机专业、电子技术专业和机电专业教材编委会分别会同各高职高专院校的一线骨干教师，针对相关专业的课程设置，融合教学中的实践经验，同时吸收高等职业教育改革的成果而编写完成的，具有“定位准确、注重能力、内容创新、结构合理和叙述通俗”的编写特色。在几年的教学实践中，本系列教材获得了较高的评价，并有多个品种被评为普通高等教育“十一五”国家级规划教材。在修订和增补过程中，除了保持原有特色外，针对课程的不同性质采取了不同的优化措施。其中，核心基础课的教材在保持扎实的理论基础的同时，增加实训和习题；实践性较强的课程强调理论与实训紧密结合；涉及实用技术的课程则在教材中引入了最新的知识、技术、工艺和方法。同时，根据实际教学的需要对部分课程进行了整合。

归纳起来，本系列教材具有以下特点：

1）围绕培养学生的职业技能这条主线来设计教材的结构、内容和形式。

2）合理安排基础知识和实践知识的比例。基础知识以“必需、够用”为度，强调专业技术应用能力的训练，适当增加实训环节。

3）符合高职学生的学习特点和认知规律。对基本理论和方法的论述要容易理解、清晰简洁，多用图表来表达信息；增加相关技术在生产中的应用实例，引导学生主动学习。

4）教材内容紧随技术和经济的发展而更新，及时将新知识、新技术、新工艺和新案例等引入教材。同时注重吸收最新的教学理念，并积极支持新专业的教材建设。

5）注重立体化教材建设。通过主教材、电子教案、配套素材光盘、实训指导和习题及解答等教学资源的有机结合，提高教学服务水平，为高素质技能型人才的培养创造良好的条件。

由于我国高等职业教育改革和发展的速度很快，加之我们的水平和经验有限，因此在教材的编写和出版过程中难免出现问题和错误。我们恳请使用这套教材的师生及时向我们反馈质量信息，以利于我们今后不断提高教材的出版质量，为广大师生提供更多、更适用的教材。

机械工业出版社

前　言

随着多媒体技术的迅速发展和推广普及，多媒体技术已被广泛应用于各学科教学，并逐渐形成各种各样的教学模型和方法，教学课件的制作也由原来简单的电子教案形式向多媒体课件以及网络课件方向发展。多媒体课件将文字、声音、图形、图像、动画和视频等多种媒体集成在一起，使传统的课堂成为不受时间和空间限制的虚拟教室，使学生从被动接受转为主动学习，从呆板、单一、顺序的教学内容安排转变为生动、多彩、跳跃式的教学内容安排。

课件制作是多方面知识的综合应用，包括版面设计、音频和视频的设计、动画设计和图形图像的处理。本书从实用角度出发，以实训为主，结合相关的基础知识，介绍了目前在多媒体课件制作中使用较广的 PowerPoint、Flash 和 Authorware 等软件的使用。

本书可以作为计算机专业的教材，也可以供计算机爱好者、需要进行课件制作的教师和相关人员阅读和参考。

本书由河南科技学院张宝剑主编，高国红、李学勇为副主编，参加编写的还有李兆锋、孙甲霞、孙金胜，全书由张宝剑统稿。

由于作者水平有限，书中难免存在错误和不足之处，恳请广大读者批评指正。

为了配合教学，本书提供电子教案，读者可在机械工业出版社网站（www.cmpedu.com）上下载。

编　者

目　录

第 1 章　多媒体课件制作基础知识

本章要点

- 媒体与多媒体的概念
- 多媒体课件的信息表达元素
- 多媒体素材工具的使用
- 多媒体课件制作工具
- 多媒体课件的制作过程

随着计算机技术的飞速发展，多媒体技术已经深入到社会生活的各个方面。现在，在很多公共场所，都可以看到多媒体系统为人们提供的图文并茂的查询服务；许多大型公司利用多媒体演示系统来宣传和展示自身形象；在教育领域多媒体技术应用更为广泛，尤其是应用于教学的多媒体课件，其演示系统的形象性和人机交互的控制过程可以清晰地展示：电子的运动、自然现象的形成、程序的运行过程以及学生学习过程中的提问、练习、测试等。多媒体课件已经成为教师教学的一个重要的辅助手段。

1.1　基本概念

计算机辅助教学（Computer Assisted Instruction，CAI）是计算机多媒体技术在学校教学领域的直接应用。它利用先进的计算机软、硬件资源，辅助或替代教师进行教学，对学生进行形象生动的知识传授和技能训练。它是一种新的教学思想、教学技术、教学方式，越来越多的教师开始将多媒体课件应用于教学工作中。多媒体课件的制作水平和应用程度也成为现代化教学的一个重要的标志。本节首先介绍几个相关的基本概念。

1.1.1　媒体与多媒体

1．媒体

谈到媒体，自然会使人们联想起在日常生活中被称为“新闻媒体”的电视、广播、报纸、杂志等物理实体，而在计算机领域中，“媒体（Media）”主要有两个含义：一是指存储信息的实体，如软盘、硬盘、光盘；二是指承载或传递信息的载体，表现为文字、声音、图像等。针对现代信息技术的发展，国际电信联盟制定的媒体分类标准，把媒体划分为以下 5 种类型。

（1）感觉媒体

感觉媒体指直接作用于人的感觉器官，使人产生直接感觉的媒体，如文字、声音、图形、图像、动画、视频等。

（2）表示媒体

表示媒体指传输感觉媒体的中介媒体，即用于数据交换的编码，如文字编码、声音编码、图像编码等。

（3）表现媒体

表现媒体也称显示媒体，指进行信息输入和输出的媒体，如鼠标、键盘、显示器、话筒和音箱等计算机外部设备。

（4）存储媒体

存储媒体指用于存储表示媒体的物理介质，如计算机的内存以及软盘、硬盘、光盘等外部存储设备。

（5）传输媒体

传输媒体指用于传输表示媒体的物理介质，如光纤、同轴电缆等。

多媒体技术所涉及的媒体通常是指感觉媒体，也就是说，多媒体技术处理的主要对象是文字、图形、图像、音频、动画、视频 6 种媒体，其他媒体主要是为感觉媒体服务的。

2. 多媒体

多媒体（Multimedia）狭义上讲是将两种以上单一的媒体形式组合在一起，广义地说是一种技术，这种技术不仅可以获取和存储多种媒体信息，更重要的是，对这些信息进行有目的、有计划地综合的加工处理，并最终以用户所需要的形式展示出来。所以说，它不是多种媒体的简单堆积，而是包含着对各种媒体的采集、加工、转换、合成等人为因素。多媒体技术促进了信息领域的巨大发展和飞跃，这个飞跃集中代表了近一百年来信息技术的发展成就，预示了信息社会的真正到来，所以了解多媒体的关键特性是十分重要的。多媒体技术具有下述 4 个主要特性。

（1）集成性

多媒体技术的集成性主要表现在两个方面，即各种信息媒体的集成和处理这些媒体设备与设施的集成。对于前者而言，各种信息媒体应成为一体，而不应分离，这种集成包括信息的多通道、统一、协调地获取，并有效存储及合理的组织与合成等方面。对于多媒体设备的集成而言，则要求多媒体的各种设备与设施是一个有机的整体。

（2）交互性

交互性是指人的行为与计算机的行为互为因果关系，计算机能够按照人的指令进行操作和完成力所能及的工作，并进行相应的信息交流，实现用户和计算机之间的双向沟通。集成性和交互性是反映多媒体技术本质的两个最重要的特性。

（3）多维性

多维性是指多媒体处理信息的多样化或多维化，使得计算机处理的信息不再局限于数值、文字或静态图形等，借助于视觉、听觉、触觉、嗅觉等更多的感觉形式进行信息交流，使得计算机更加人性化。

（4）实时性

实时性是指多种媒体的同步交互作用。例如，计算机和用户之间进行远程通信时，声音、图像的传输不能停顿，必须实时而且同步；否则，这些图像和声音就没有意义了。

1.1.2 多媒体课件

多媒体课件（Multimedia Courseware）是多媒体技术在教学领域的应用，即通过多媒体计算机把文字、图形、图像、声音、动画、视频等多种媒体综合起来的辅助教学软件。

多媒体课件的功能：一方面，多媒体课件可以帮助或者代替教师讲授新知识、新技能，帮助学生巩固所学的知识与技能，激发学生的学习兴趣，促进学生解决问题能力的培养；另一方面，可以通过课件来检验学生的学习效果，及时地发现学生学习中存在的问题，并能有针对性地解决问题。

多媒体课件除了具有多媒体技术本身的特点外，从应用的角度讲，还有如下特性。

- 交互性：学生可以参与其中或提供反馈信息，在一定程度上决定和改变课件的执行流程。
- 及时性：学生在每做完一个题目后就能获得即时的信息反馈，而不必等待老师评判。
- 反复性：学生可以根据自己对知识的掌握情况有目的地去选择或者反复选择自己所需要的学习内容。
- 直观性：可以生动形象的演示界面模拟一些传统的语言教学所无法比拟的情景，诸如四季变迁、星空等。

多媒体课件可以根据具体的教学目标和内容，向学生提供各种各样的教学环境，从而控制各种教学活动。按照使用课件进行教学活动的特点，通常将课件分为以下几种类型。

- 教学内容展示型：实现教学过程中传授新知识和新技能的功能。
- 操作与练习型：实现教学过程中学生练习阶段的功能。用来巩固和熟练某些知识和技能。
- 辅助测验型：实现教学过程检验学生学习效果的功能。
- 教学游戏型：以游戏的形式呈现教学内容，可以起到"寓教于乐"的作用。
- 虚拟仿真型：利用计算机的虚拟仿真技术，对教学环境、教学内容进行教学仿真，可以解决许多真实实验实现不了的困难，进入仿真现象、理论模型、星空探索等虚拟环境，进行具体操作、感受和体验。

1.1.3 多媒体课件的信息表达元素

多媒体课件是一种用于教学的计算机软件系统，它由多媒体的要素组成。从信息的角度来看，多媒体课件的信息表达元素主要有以下几类。

1．文字

在众多教学媒体中，文字一直被认为是最基本、最重要的成分，从整个教育领域来看，迄今为止仍占据着核心教材的地位。在多媒体课件中，文本依然承担着对教学内容进行表意、说明、概括等作用，但与其他教学媒体相比，多媒体 CAI 课件中的文本有了新的表现方式和地位，它可以随课件设计和使用者的安排呈现出非线性的状态，也就是说，文本在课件中扮演着实现课件内容变换、跳转的角色。

由于以文本表达信息不是多媒体计算机的特色，因此，在多媒体 CAI 课件中对文本的设计与制作要有别于文字教材，要做到简洁、准确，要为其他媒体符号留下表现的空间。

2．图形图像

图形图像即静态的图像，是多媒体课件中最重要的教学信息表达元素，也是决定课件视觉效果的关键因素。根据它在计算机内表达与生成方法的不同，多媒体 CAI 课件中的静态图像元素可分成图形和图像两类。

图形指的是矢量图形(Graphic)，指构成一幅图形的所有直线、圆、圆弧、矩形、曲线等几何元素的位置、维数、色彩、大小和形状。显示时需要专门的软件读取这些指令，并将其转换为所显示的形状和颜色。矢量图形主要用于线型的图画、美术字、统计图和工程制图等。它占据存储空间较小，但不适于表现复杂的图画。

图像通常是指位图，即点位图像(Image)，它是由描述图像中各个像素点的强度与颜色的数位集合组成的，即把一幅彩色图像分解成许多像素，每个像素用若干二进制位来指定其颜色、亮度和属性。位图适合表现比较细致、层次和色彩比较丰富、包含大量细节的图像，如照片和图画等。位图的特点是显示速度快，但占用的存储空间较大。

3．动画

动画是指连续运动变化的图形、图像、活页、连环图画等，也包括画面的缩放、旋转、切换、淡入／淡出等特殊效果。

4．声音

音频在多媒体 CAI 课件中主要是指声音。声音元素是多媒体课件中最容易被人感知到的成分。通常，计算机内表达和处理声音的方式有 3 种。

- 波形声音(Waveform Audio)：波形声音就是经过 A／D(模拟／数字)转换，以数值的方式来表示声波的音高、音长等基本参数，通过声卡来录制与播出的声音。波形声音文件的数据一般不经压缩处理，因此占据的存储空间较大。可以通过专用的音频编辑软件对波形声音进行精细的加工和编辑。
- MIDI 音频(MIDI Audio)：MIDI(Musical lnstrument Digital Interface)是乐器数字接口的缩写，MIDI 文件就像乐谱一样，以某一种乐器的发声为其数据记录的基础，因而重放时也必须要有相应的设备与之对应，否则声音效果就会大打折扣。
- 数字化音频(CD Audio)：数字化的声音也就是经过数字采样得到的声音，每秒对声音进行一次采样并且用位和字节的数字形式存储。数字化音频几乎是对声音的实际表达，其效果具有与播出设备无关的一致性，所以每次重放时都有可能产生最高的音频质量。

5．视频

活动的视频图像(Motion Video)能将用户带入真实的世界当中。在多媒体 CAI 课件中加入活动视频成分，便可以更有效地表达出应用程序的内容及所要表现的主题，观看者通过视频的引导可以加深对所看内容的印象。在各种多媒体 CAl 课件的信息表达元素中，活动视频是最新和最具魅力的一种。但它对计算机硬件的工作速度及存储能力要求最高，而且数字化视频在获取、传输、存储、压缩及显示等方面的技术还有待进一步提高。

多媒体 CAI 课件中的信息表达元素种类很多，表现的形式也很多，但并非毫无目标地将不同形式的媒体信息以不同方式拼凑在一起就叫多媒体，而是必须将多媒体所包含的元素进行完善地组织与安排，这样才能发挥各种元素之所长，形成一个完美的多媒体 CAI 课件。

1.2 制作工具

上一节介绍过多媒体课件的含义，知道了多媒体课件综合了文字、图形图像、声音、动画、视频等多种媒体，这些就是所要利用相关软件加工处理的对象，称为多媒体素材。一般说来，素材应该是以文件的形式存放在外存中的，能够被计算机所识别。一个多媒体课件的制作过程，很重要的部分在于把这些素材加工成需要的形式，然后再把这些处理后的素材按照总体设计要求进行编辑整理、过程设计，取得理想的效果。

1.2.1 多媒体素材工具

多媒体素材工具是以多媒体操作系统或操作环境为依托的工具型软件，主要用来完成对素材的采集与编辑，一方面是对那些计算机所不能直接识别的照片、录音带等所包含的信息转换为素材，并提取其有价值部分能够为课件所引用；另一方面对所需各类素材进行相应的创作、加工及处理。

下面分别介绍针对不同的素材类型所常用的相应素材工具软件。

1. 文字素材

文字是人类创造出来用于记述信息的工具，是使用最频繁的一种符号媒体形式。对文字素材主要进行艺术加工和处理，通常称为艺术字制作软件，主要有两类。

（1）静态文字艺术制作工具

常用的文字处理（Word）和图像处理（Photoshop）及图形绘制（CorelDRAW）等软件都有静态艺术字创作功能，但普遍存在着文字艺术制作功能不强或者操作过程复杂的问题。

（2）动态文字艺术制作工具

具有代表性的工具软件就是 Ulead Cool 3D，它的特点就是功能比较完善，操作简便，效果理想，其主界面如图 1-1 所示。

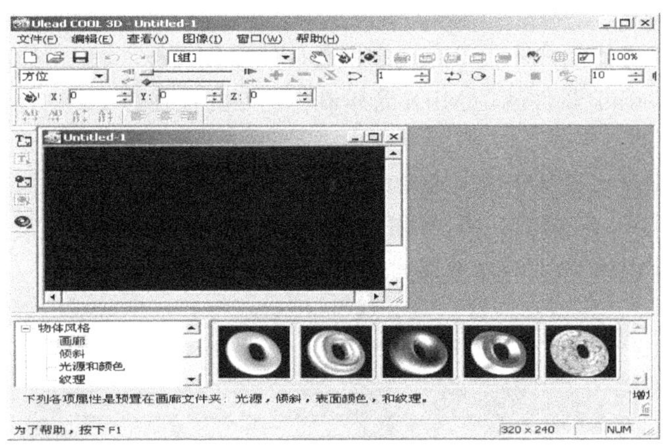

图 1-1 Ulead Cool 3D 主界面

2. 图形图像素材

图（Picture）有两种表现形式：由简单的点、线、圆、方框等基本元素组成的图叫做图形，也称矢量图形，它是真实物体的模型化、抽象化、线条化；利用照相机、摄像机等设备由实际景物摄制得到的人或物的视觉印象称之为图像，它是物体真实影像的再现，反映出物体的整体特性。

常用的图形图像工具软件有：

（1）图形绘制软件

用于平面绘图的 CorelDRAW Illustrator Freehand 等软件，除了具有强大的图形绘制功能以外，还有文本编辑、图文混排、图像处理甚至动画制作等功能，用于立体图形设计的 AutoCAD 正在被越来越多的人所采用。

（2）图像处理软件

Photoshop 是图形图像处理的典型软件，除了具有基本绘图功能，并具有对从外部文件输入的图形数据进行编辑修改的能力。对图像可以进行整体或者局部的色彩、亮度、反差的调整，完成画面剪裁、拼接等特殊编辑处理。Firework 是网络图形图像编辑的优秀软件。

（3）其他工具软件

图像管理软件 ACDSee, 抓图工具软件 Hypersnap，图标处理软件 AWIcon 等，这类工具通常系统小巧，功能有针对性，而且操作简单，是经常会用到的工具软件。

3．声音素材

声音素材也称音频素材，主要包含 3 种文件格式：WAV 波形声音文件格式、 MIDI 声音文件格式和 MP3 压缩的音频文件格式。

主要声音处理软件有：

（1）编辑类软件

音频编辑软件主要是对各种听觉类媒体形式的声音进行录入、编辑、合成等操作，以便获得人们需要的内容和效果。Windows 9X/2000/XP 操作系统的组件“录音机”相对功能简单。另外，Cool Edit Pro 也是一个非常出色的数字音乐编辑器和 MP3 制作软件，具有较强大、完备的功能，而且操作简单，是当前流行的音频编辑软件，其窗口操作界面如图 1-2 所示。

（2）创作类软件

音乐创作类软件要求用户不仅熟练地掌握软件的操作技能，而且应该具有一定的音乐素养和专业知识。Cakewalk 软件就是 MIDI 音乐制作的专业性优秀工具。

（3）工具类软件

音频的工具类软件以媒体形式转变和文件格式转换的软件为主。如将文字转换为语音的“电脑播音王”软件；“豪杰超级音频解霸”软件具有音频（WAV）格式转换为（MP3）格式，CD 音乐格式转换为 WAV 格式等文件格式转换功能。

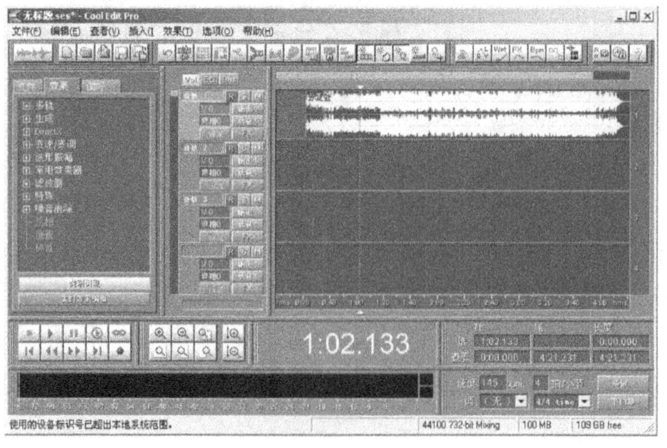

图 1-2　Cool Edit Pro 2.1 窗口操作界面

4．动画素材

计算机动画是一种借助计算机图形技术生成一系列连续的画面，从技术含量、制作难度或者是渲染效果上看，动画都是位居榜首的一种媒体形式。主要动画制作软件有：

（1）网页动画制作软件 Flash

Flash 是 Micromedia 公司生产的优秀二维动画制作软件，擅长制作矢量图形动画，与著名的媒体集成软件 Authorware 等可配合使用，是最流行的二维动画制作工具，本书主要介绍这两个软件。

（2）人体动画软件 Poser

Poser 是用于人体造型的三维动画建模软件，这种软件专门用来设计和制作人体动画，其逼真的人体造型和优美的运动姿态令人惊叹，具有高度的仿生效果，适用于创造游戏软件、服装试穿软件、体育课教学课件等作品。

（3）三维动画软件 3ds max

由美国 Autodesk 公司生产的计算机三维动画软件 3ds max 同时兼顾制作二维和三维动画的双重功能，尤其是由它制作出来的三维动画可以产生与电影相似的特技效果。其功能健全、操作方便，适用于非专业人员用来学习和掌握制作三维动画技术。

（4）GIF 动画软件 Ulead GIF Animator

这是专门制作 GIF 类型动画的工具软件，它的输出方式多种多样，既可以保存为 GIF 文件，又能够生成 AVI 文件，还可以生成能够直接在 Windows 系统下运行的 exe 文件，极大地方便了动画作品的交流。

5．视频素材

视频素材也称影像素材，它是由动态变化的图像、声音和其他素材组成的，它建立在各种素材的基础之上，是较复杂的一种媒体素材。常见的视频文件有 MPG 视频文件、AVI 视频文件以及 DAT 和 MOV 视频文件类型。

Ulead Video Studio 软件和 Media Studio Pro 中的 Video Editor 都是专业性的视频编辑合成的典型工具软件。这类软件是以视频为主要的处理对象，对文字、图像、音频甚至动画进行合理编辑及有机合成的综合性工具软件，是多媒体的关键处理技术。

1.2.2 多媒体课件制作工具

多媒体课件制作工具也可以称为多媒体创作工具，是一种能够把文字、声音、图像、视频等素材集成为一个交互式软件的工具软件。通常它本身都支持各种复杂的结构设计，而其编辑界面却是直观的，“所见即所得”式的，用户可以轻松地将各种备用的素材直接引用进来，并可以根据需要设置其属性，只需按照自己的设计方案就可以方便地把加工好的素材组合成为一个连续的系统。因它不需要用户掌握复杂的程序设计语言来完成，而且可以在创作过程中方便地进行结构上的删除、复制等操作，所以提高了多媒体课件的制作效率。

一般说来，按其对多媒体素材的安排与组织方式的不同，多媒体课件制作工具可以划分为以下 3 种类型。

1．电子书页式

书页式（Page-Based）编辑工具也称为卡片式编辑工具。它采用的是类似于书本的一“页”或者“卡片”来实现对各种多媒体信息的管理，其中每一“页”就是显示在屏幕上的一个窗口。书页式多媒体编辑工具的最大优点就是它的简单易学，不用编写复杂的程序就能做出软件，很适合初学者用来制作多媒体课件。微软 Office 系列中的 PowerPoint 就是一个典型的书页式的多媒体课件制作工具，也是本书重点介绍的内容之一。

PowerPoint 是一款制作多媒体演示文稿的专业软件，利用 PowerPoint 很容易就可以制作出演示型的多媒体课件。PowerPoint 具有功能强大、简单易用的特点，设计者不需要掌握高深的编程技巧，只需将要展示的内容插入到一张幻灯片上，然后设置画面的显示、播放控制、切换效果、动画效果等属性，就可以制作出丰富多彩的多媒体 CAI 课件。

2. 时间顺序式

在以时间顺序为基础（Time-Based）的多媒体编辑工具中，对于各种多媒体信息的管理是以时间顺序来决定的，这种排列次序以"帧"为单位依次播放出来。Flash 编辑工具就是时间顺序式多媒体编辑工具的一个代表，也是本书重点介绍的一个多媒体课件的制作工具。

Flash 是 Macromedia 公司出品的一款矢量图形编辑和动画创作专业软件，使用 Flash 制作出来的课件具有较强的集成性和交互性，因此非常适合制作多媒体课件。Flash 是目前非常流行的二维动画制作软件之一，它能够将矢量图、位图、音频、动画和深一层的交互动作有机、灵活地结合在一起，创建出美观、交互性强的动态效果。

3. 流程图式

流程图式编辑工具也称图标式（Icon-Based）编辑工具。本书重点介绍的另外一个多媒体课件的制作工具 Authorware 就是基于图标的编辑工具。

Authorware 是 Macromedia 公司推出的多媒体程序制作系统。它能够将视频、音频、图像及动画等多种素材集成到一起并进行合理安排，形成交互性强、富有表现力的多媒体作品。它所采用的基于图标和流程图的程序设计方法，使多媒体的创作更加方便快捷，即使是非专业人士也可以轻松上手，创建出富有表现力、交互性强的多媒体课件。

1.3 制作过程

多媒体课件是一种计算机应用软件，因此它的开发过程、开发方法与一般的计算机软件有许多相同的地方。同时，因为多媒体课件是专门为教学服务的，在组织教学、过程控制、交互方式等方面又有自身的特殊需要。

通常进行多媒体课件制作分为如下几个阶段。

1）选题分析：首先分析并确定多媒体课件要完成的功能以及达到的预期目标，然后分析课件的使用对象情况，而且还要考虑课件的硬件性能要求。

2）教学设计：教学设计阶段的主要任务是详细分析教学内容，选择合适的教学模式。

3）编写脚本：这是制作课件的重头戏，它是在教学设计的基础上作出的计算机与学生交互过程方案设计的详细报告，是下一阶段进行软件编写与课件实现的重要依据。多媒体课件的脚本可分为文字脚本和制作脚本两种。前者是由教师按照教学要求对课件所要表达的内容进行的文字描述；后者则是在文字脚本的基础上改写而成的能体现软件结构和教学功能，并作为软件编写的直接依据的一种具体描述。例如导演在拿到剧本以后，要编写出演出的具体安排、演员的角色、场景、出场顺序等。

4）素材采集加工：首先根据脚本的需要，并且在相应的设备支持下，收集必备的原始素材，然后按照脚本的要求，用相应的工具软件把它们加工处理成课件的成品素材。

5）课件开发制作：该阶段的任务是将教学设计阶段所确定的教学策略，按照脚本的制作要求，用多媒体创作工具对成品素材进行集成，最终生成所需要的多媒体课件。

6）评价修改发布：课件制作完成后，与当初的设计方案相对照，进行评估，主要工作是测试及精加工处理，然后打包，生成执行文件，同时准备好发行软件所需要的其他附加文件。

1.4 习题

简答题：

1．简要叙述媒体和多媒体技术的概念。

2．简要叙述多媒体课件的概念。

3．简要叙述多媒体课件的类型。

4．简要叙述几种不同课件制作工具的功能特点。

5．简要叙述多媒体课件制作的一般流程。

第 2 章　PowerPoint 的使用与实训

本章要点

- 幻灯片的创建和使用
- 文字和图片在幻灯片中的使用
- PowerPoint 文本框和文本的输入
- 使用超链接进行跳转以及动画、声音、音乐和视频在幻灯片中的使用
- 幻灯片中母版的应用以及幻灯片的放映方式
- 在幻灯片中插入日期的方法

PowerPoint 是 Microsoft Office 系列中用于制作幻灯片演示文稿的软件，它是用于创建演示文稿并在多媒体教学、面对面会议、远程会议或 Web 上向观众展示的最方便的工具。幻灯片演示文稿由一组幻灯片组成，幻灯片是演示文稿的组成单位。幻灯片中可以包含格式丰富的文本、图表、图形图像、多媒体视频、音频以及其他内容。

2.1　PowerPoint 的简单操作

2.1.1　启动 PowerPoint

在"开始"菜单的"程序"中找到"PowerPoint"单击，即可启动 PowerPoint。启动 PowerPoint 后，出现其主窗口，如图 2-1 所示，新建演示文稿界面的对话框如图 2-2 所示。可以看出，系统提供了以下 4 种创建演示文稿的方法。

1．空演示文稿

用这种方法创建的演示文稿中不包含任何内容和格式，用户须根据自己的爱好和需求设计出具有自己风格的演示文稿。这是用户最常用的一种方法。

2．根据设计模板

模板就是一些已创建好的包含了合理的文稿格式和配色方案的演示文稿的半成品。用户可以很方便地从中选取适当的类型，并向选中的模板中添加标题及文本，最终生成自己的演示文稿。

3．根据内容提示向导

使用此向导创建演示文稿，只需按照提示选择并确认文稿类型、输出方式、文稿样式等内容，向导就会自动创建文稿，然后用户再进行修改。这种方式一般用于对 PowerPoint 不太熟悉的新用户。

4．根据现有演示文稿

根据现有的演示文稿，可以将其作为模板建立新文件。

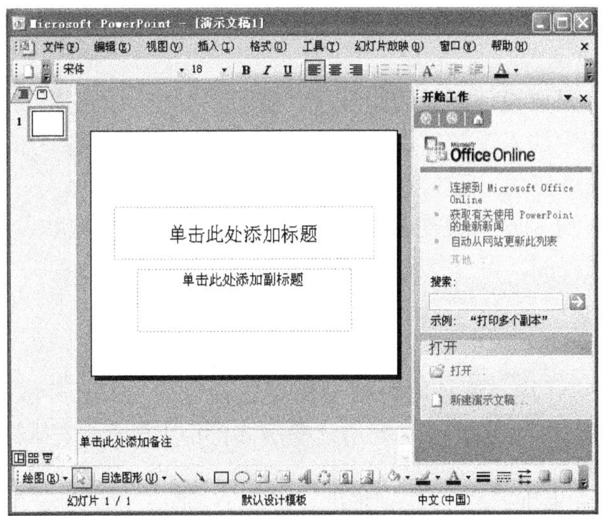

图 2-1　PowerPoint 主窗口

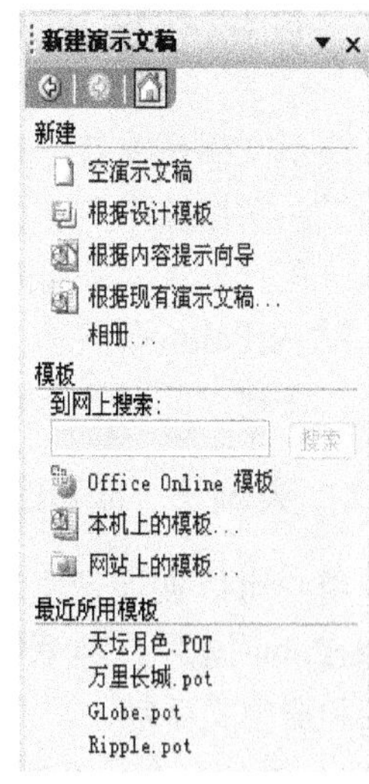

图 2-2　“新建演示文稿”界面

2.1.2　界面与基本操作

在图 2-2 所示的选项中单击“空演示文稿”，出现图 2-3 所示的“幻灯片版式”区域。在该幻灯片版式列表中可以选取当前幻灯片所需的版式（例如标题幻灯片），如果不用系统指定版式则选取空白幻灯片。单击“确定”按钮后进入 PowerPoint 的工作窗口，如图 2-4 所示。

除了像 Windows 标准窗口所具有的标题栏、菜单栏、工具栏和状态栏外，PowerPoint 主窗口的中部是它的工作区，其中左边是演示文稿中幻灯片的目录；右侧是设计工作区，对一张幻灯片的设计是在设计工作区中进行的。

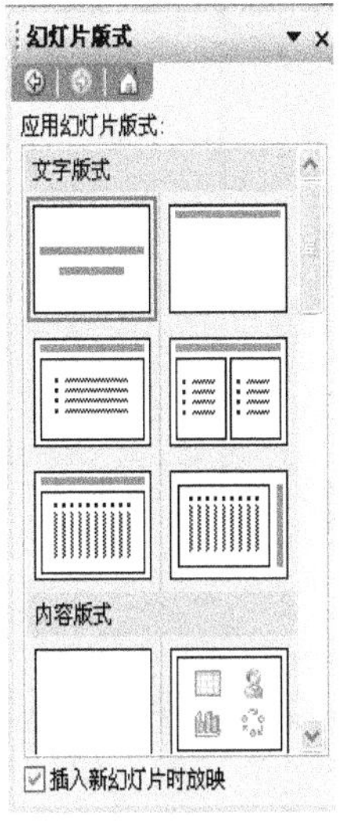

图 2-3　幻灯片版式

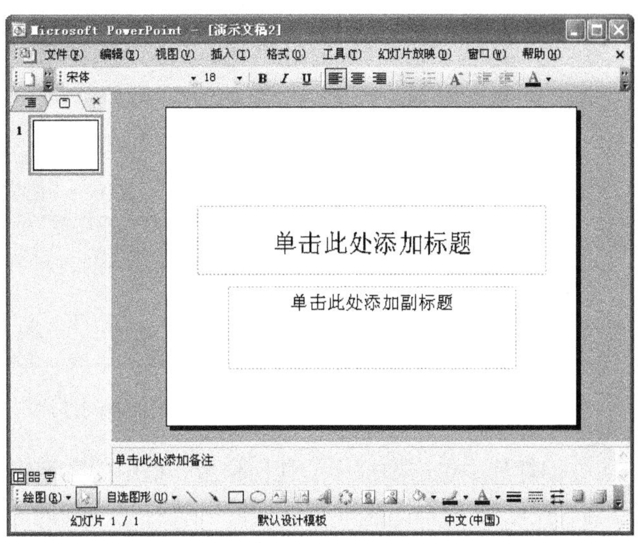

图 2-4　工作窗口

2.2 创建和使用幻灯片

演示文稿是由若干幻灯片组成的，只要设计好新的幻灯片，就可以制作一个完整的演示文稿了。制作过程中，可以在演示文稿中加入新的幻灯片，也可以从其他演示文稿中加入幻灯片。在一个演示文稿内部，还可以通过移动、复制等操作对幻灯片进行重新组织。

PowerPoint 提供了 4 种视图方式，分别是普通视图、幻灯片浏览、幻灯片放映和备注页视图。在制作过程中，灵活使用不同的视图，可以使幻灯片的制作更方便。

2.2.1 实训 1 添加新幻灯片

用户可以在演示文稿中加入新的幻灯片，添加时可根据需要选择合适的幻灯片版式。PowerPoint 提供了 24 种预定的幻灯片版式（见图 2-3），利用这些版式，可以方便地安排标题、图表和居中文字等。

1．添加一个只有标题的幻灯片

下面的操作用于添加一张幻灯片，该幻灯片只包含一个大标题。

1）新建或打开一个演示文稿。

2）选择“插入”菜单中的“新幻灯片”，或者直接单击常用工具栏中的“新幻灯片”按钮，出现图 2-3 所示的幻灯片版式。

3）在幻灯片版式中，找到“只有标题”版式的幻灯片，单击该幻灯片。此时在当前演示文稿中新添了一张幻灯片，如图 2-5 所示。

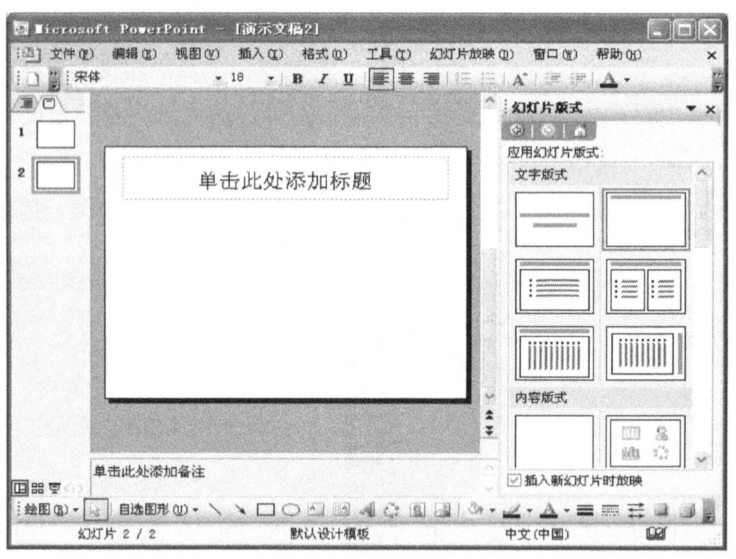

图 2-5 添加新幻灯片

4）在幻灯片中单击虚框中的任何位置，框中的文字将消失，虚框变成一个四边有 8 个方块（称为“控点”）的框，称为“文本框”，光标在中间闪烁，此时输入所需的标题文字如“欢迎使用 PowerPoint”，所输入的文字将自动居中。

2．添加一个包含文本和图表的幻灯片

下面的操作用于添加一张幻灯片，该幻灯片包含标题、文本和图表。

1）新建或打开一个演示文稿。

2）选择“插入”菜单中的“新幻灯片”，或者直接单击常用工具栏中的“新幻灯片”按钮，出现图 2-3 所示的幻灯片版式。

3）在幻灯片版式中，找到“标题、文本与图表”版式的幻灯片，单击该幻灯片。此时在当前演示文稿中新添了一张幻灯片，如图 2-6 所示。

图 2-6　标题、文本与图表幻灯片

4）单击标题框后输入所需标题文字，单击下部左侧文字框后输入所需的文字内容，双击右侧的图表框，出现图 2-7 所示的数据表，对数据表中的数据进行编辑后关闭该表，则在幻灯片中出现对应的统计图表。

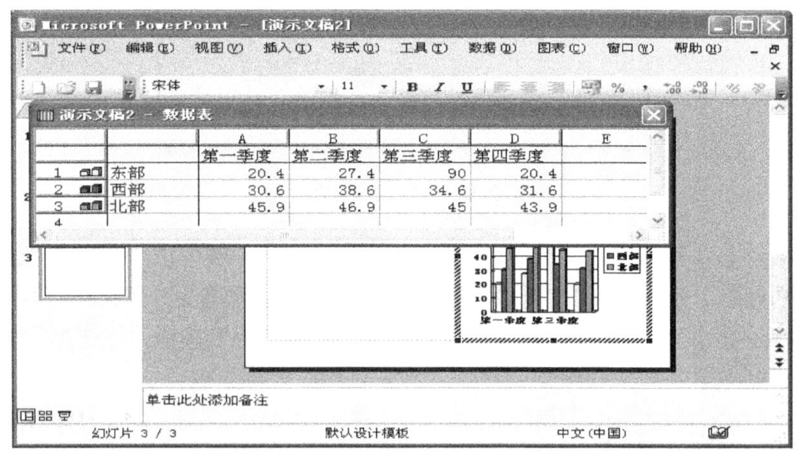

		A	B	C	D	E
		第一季度	第二季度	第三季度	第四季度	
1	东部	20.4	27.4	90	20.4	
2	西部	30.6	38.6	34.6	31.6	
3	北部	45.9	46.9	45	43.9	
4						

图 2-7　数据表

其他版式幻灯片的添加方式与上述两种类似。

2.2.2 实训 2 幻灯片背景

在演示文稿中可以设置幻灯片的背景颜色或填充效果以达到更好的视觉效果。在一个演示文稿中，所有的幻灯片可以设置为相同的背景，也可以对一张幻灯片单独设置背景。下面实例将幻灯片的背景设置为纹理（本例中为“鱼类化石”纹理），操作过程如下。

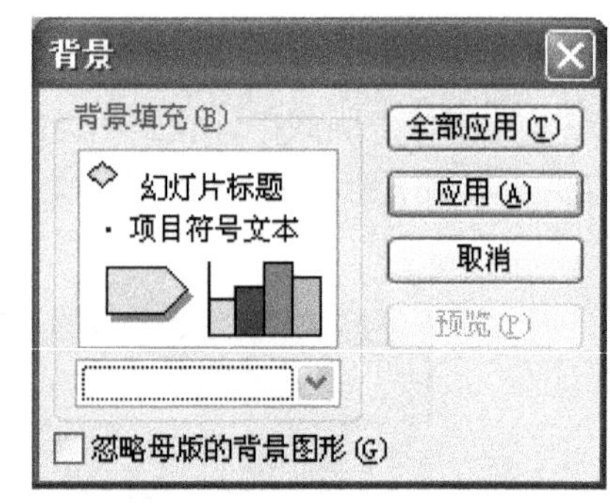

图 2-8 “背景”对话框

1）打开演示文稿，在普通视图下找到要设置的幻灯片。

2）选择“格式”菜单中的“背景”，弹出图 2-8 所示的“背景”对话框。

3）单击图 2-8 中的三角箭头按钮，选择“填充效果”，在弹出的“填充效果”对话框中单击“纹理”选项卡，如图 2-9 所示。

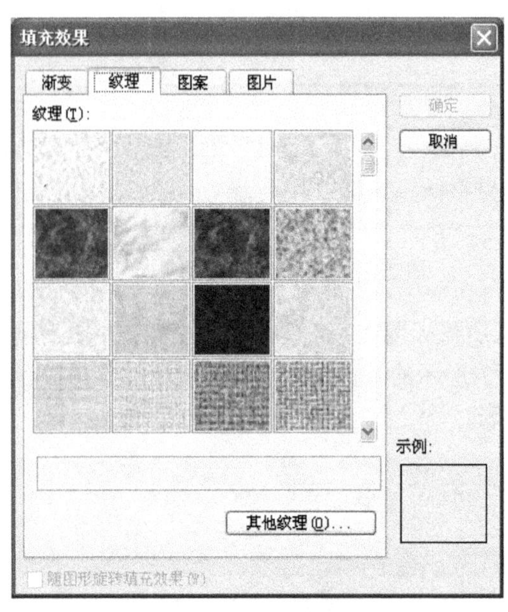

图 2-9 “纹理”选项卡

4）拖动滚动条，找到“鱼类化石”纹理，单击后选中，再单击“确定”按钮。

5）系统回到图 2-8 所示的“背景”对话框（此时背景填充已变为鱼类化石），单击“应用”按钮，该幻灯片的背景就变为鱼类化石。如果单击“全部应用”按钮，则该演示文稿中所有幻灯片的背景都将改变。

2.2.3 实训 3 组织幻灯片

下面以实例介绍在演示文稿中复制、移动以及删除幻灯片的操作。

1. 复制幻灯片

1）打开演示文稿。

2）选择“视图”菜单中的“幻灯片浏览”，进入浏览视图方式，如图 2-10 所示。

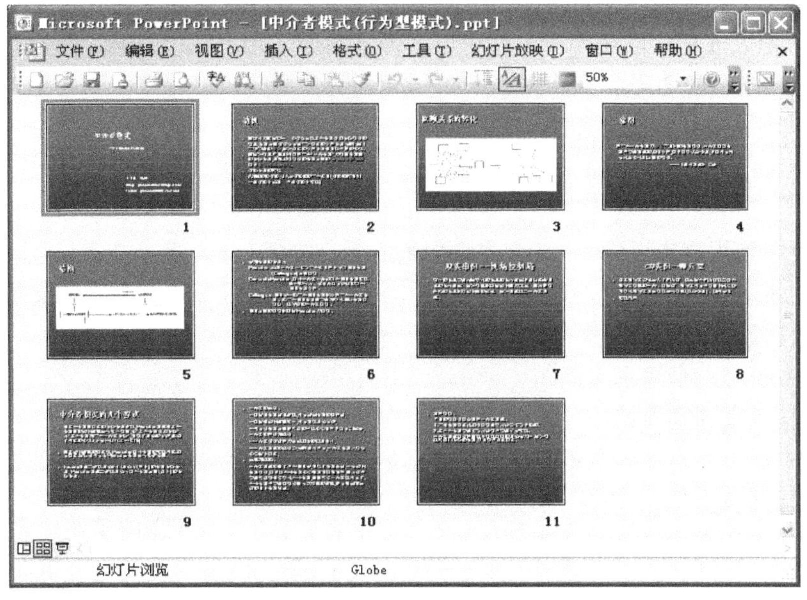

图 2-10 浏览视图方式

3）单击要复制的幻灯片，选择“编辑”菜单中的“复制”。

4）找到目标位置，单击前面的幻灯片，选择“编辑”菜单中的“粘贴”，原幻灯片将被复制到该幻灯片之后。

2. 移动幻灯片

1）打开演示文稿。

2）选择“视图”菜单中的“幻灯片浏览”，进入浏览视图方式。

3）拖动要移动的幻灯片到目标位置。

3. 删除幻灯片

1）打开演示文稿。

2）选择“视图”菜单中的“幻灯片浏览”，进入浏览视图方式。

3）单击要删除的幻灯片，如果有多个，按住〈Ctrl〉键，再分别单击。

4）按〈Delete〉键即可。

2.3 文字和图片的使用

2.3.1 相关知识

一个演示文稿离不开文字和图片，内容合理、格式优美的文字加上适当的图片能充分表达设计者的意图。

在 PowerPoint 中，幻灯片中的文字是在文本框中存在的，输入文字时要先创建文本框，然后在文本框中输入并修饰文字。幻灯片中也可以使用艺术字，使用艺术字不需要创建文本框。

利用 PowerPoint 的“绘图”工具栏可以方便地在幻灯片上画出直线、矩形、多边形、椭圆及标注等多种类型的图形，另外在 PowerPoint 幻灯片中还可以插入其他图形、图像、艺术字、剪切画、Microsoft Graph 图表、Microsoft 公式等内容。

2.3.2 实训 创建文本框与文本输入

在幻灯片中使用文本框，可以在文本框内输入特定文字（分为横排文字和竖排文字两种），同时可以对文本进行格式设置，以满足幻灯片制作的要求。以下实例是利用文本框设计一张介绍古诗《秋日》的幻灯片，操作过程如下。

1）新建或打开一个演示文稿。

2）插入一张新的空白幻灯片。

3）选择“插入”菜单下“文本框”→“垂直”命令，然后在幻灯片中上部拖动鼠标，画出一个文本框，此时文本框中有一个闪动的光标。

4）单击格式工具栏中的“居中”按钮，输入文本“秋日”，换行后输入作者“秦观”；设置“秋日”字体为“黑体”，字号为 44 磅，字体颜色为红色；设置“秦观”字体为“黑体”，字号为 24 磅；换行后输入诗的内容，设置字体为楷体，字号为 24 磅；结果如图 2-11 所示。

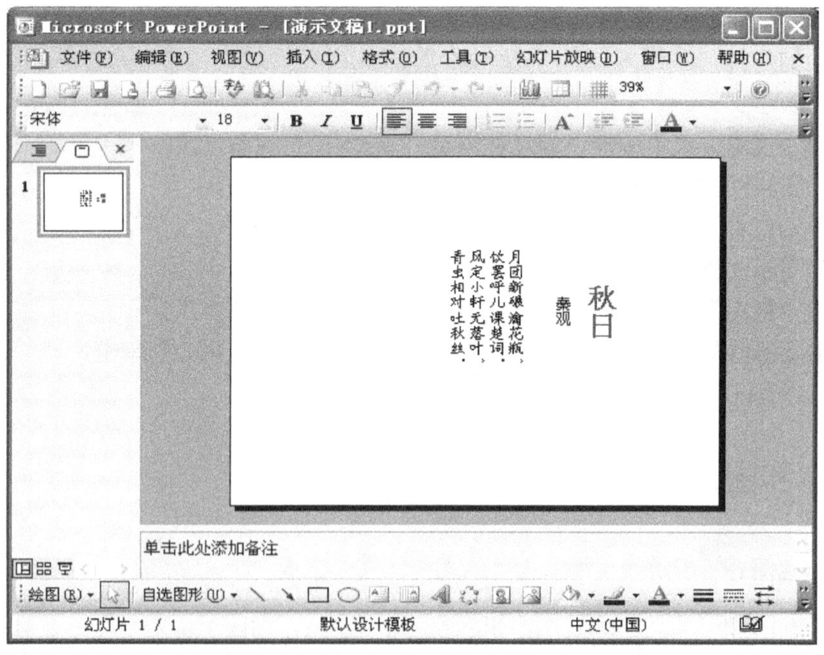

图 2-11 垂直文本框

5）选择“插入”菜单下“文本框”→“水平”命令，然后在幻灯片中下部拖动鼠标，画出一个文本框，此时文本框中有一个闪动的光标。

6）输入该诗的注释和解说，设置字号为 12 磅；将“注释”和“解说”设置为红色，如图 2-12 所示。

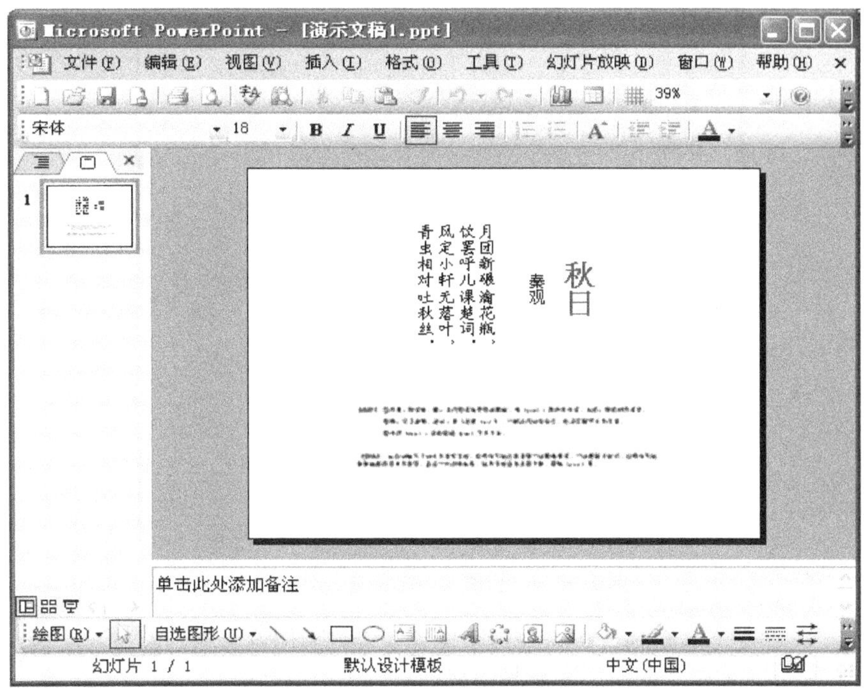

图 2-12　水平文本框

可以根据需要设置幻灯片的背景。

2.3.3　文本框的操作

在创建了文本框后，就可以对文本框进行操作，如选定、删除、添加边框、缩放、移动等。对文本框操作时，首先要选定文本框，方法是：在文本框上单击鼠标左键，则在文本框四周出现 8 个控点，这说明已经选定了该文本框。

1．缩放文本框

在选定文本框后，用鼠标左键拖动四周的小方块（控点），可以进行文本框的缩放。在对文本框进行缩放后，文本框内的文字将自动重新排列。

2．移动文本框

在选定文本框后，单击其边界虚框，鼠标指针变为十字形，拖动鼠标，可移动文本框。

3．修饰文本框

对于创建的文本框，若希望在文本框四周出现边框，可执行如下操作。

1）选中想要添加边框的文本框。

2）选择“格式”菜单中的“文本框”命令，出现图 2-13 所示的“设置文本框格式”对话框。

3）单击“颜色和线条”选项卡，在“线条”框内设置边框线的颜色、样式和粗细。设置好后单击“确定”按钮。

图 2-13 “设置文本框格式”对话框

4）可以在“设置文本框格式”对话框中设置文本框的填充效果，设置方法是：单击“无填充颜色”右部的三角箭头按钮，选择合适的颜色，设置好后单击“确定”按钮。

2.3.4 使用绘图工具栏

通过在 PowerPoint 演示文稿中创建图形对象和使用图片，可以使演示文稿更加美观，也能更直观地表达所演示的内容。使用“绘图”工具栏可设置直线、箭头、椭圆、矩形、圆(或圆弧)、艺术字、三维效果等，也可以插入一些已存在的图片，如剪贴画和图像文件。

在创建了一个图形对象之后，既可以用颜色或图案来填充图形，改变其线型与颜色及缩放、移动、旋转和翻转图形，也可以将绘制的图形对象和已插入演示文稿的图片组合起来，还可以在演示文稿的不同位置复制和粘贴这些图形。

1．创建图形对象

PowerPoint 提供了一个用于绘图的“绘图”工具栏，如图 2-14 所示。“绘图”工具栏可以创建常用的图形，进而生成复杂的图形对象。如果“绘图”工具栏未出现，可以选择“视图”菜单下的“工具栏”命令，选中“绘图”，“绘图”工具栏将会出现在屏幕下部。

图 2-14 “绘图”工具栏

“绘图”工具栏提供了绘制直线、箭头、矩形与椭圆等的工具按钮。下面以直线和椭圆为例介绍绘制方法。

1）单击“绘图”工具栏上的“直线”按钮。

2）在幻灯片上选择起点，然后将鼠标指针从绘图起点拖动到终点，就会出现一条直线。

3）单击“绘图”工具栏上的“线型”按钮，选择线的粗细。

4）单击“绘图”工具栏上的“线条颜色”按钮右侧的三角箭头，选择线的颜色。

5）单击“绘图”工具栏上的“椭圆”按钮，然后在绘图区域上拖动鼠标指针，将绘出一个椭圆形。

6）单击“绘图”工具栏上的“填充颜色”按钮右侧的三角箭头，选择椭圆的填充颜色。

2. 添加或更改自选图形

PowerPoint 包含一套现成的图形，可以在演示文稿中使用这些图形，既可以重新调整图形的大小，也可对其进行旋转、翻转、添加颜色，并同其他图形组合为更复杂的图形。很多图形都具有调整控点，可以用来更改图形大小和形状。“绘图”工具栏上的“自选图形”按钮的下拉式菜单中包含了许多种图形，如线条、基本形状、流程图、星与旗帜、标注等。

下面为一张幻灯片添加一个标注，步骤如下。

1）在“绘图”工具栏单击“自选图形”按钮，然后在弹出的下拉式菜单中选择“标注”，从弹出的图形中选择“云形标注”，如图 2-15 所示。

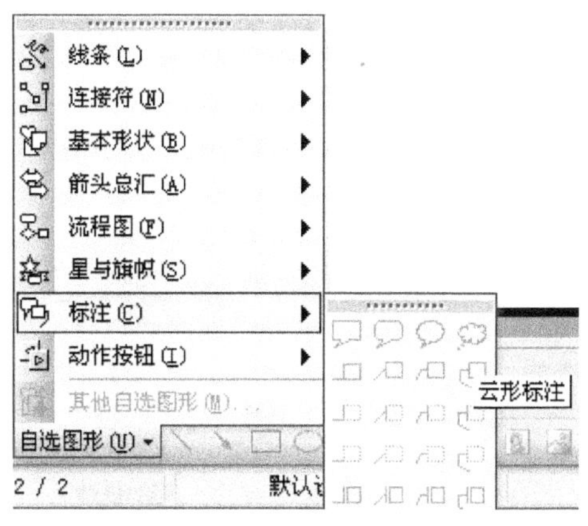

图 2-15　自选图形中的标注

2）在幻灯片上拖动鼠标，将图形拖至合适的大小。要保持图形的宽与高的比例，在拖动图形时需按住〈Shift〉键。

3）根据需要在自选图形中加入文字。单击该图形，出现虚框时单击鼠标右键，在弹出的快捷菜单中选择“编辑文本”命令，然后就可以输入文字信息，如图 2-16 所示，所添加的文字成为该图形的一部分。如果移动该图形，则文字也跟着一起移动。但如果旋转或翻转图形，文字不会跟着一起旋转或翻转。

☞说明：

在选择了图形对象后，在其拐角和选定矩形的边界会出现尺寸控点，可以通过拖动对象的尺寸控点来调整对象的大小，甚至可以进行翻转。

图 2-16　云形标注

3. 使用艺术字

使用“绘图”工具栏中的“插入艺术字”按钮，可给文字增加特殊效果，创建带阴影的、斜体的、旋转的和延伸的文字，还可创建符合预定形状的文字。因为特殊文字效果是图形对象，所以也可用“绘图”工具栏上的按钮来改变其效果。在演示文稿中插入艺术字的操作方法如下。

1）单击“绘图”工具栏上的“插入艺术字”按钮，则弹出图 2-17 所示的“艺术字库”对话框。

图 2-17　“艺术字”样式

2）在“艺术字库”对话框中选择所需的“艺术字”样式，然后单击“确定”按钮，进入“编辑‘艺术字’文字”对话框。

3）在此对话框的“文字”框中输入所需文字，同时可设置文字的“字体”与“字号”等，然后单击“确定”按钮，则在演示文稿的插入点插入了一段特殊效果的文字。

4．调整图形的层次

在一张幻灯片上，若多个图形叠加到一起时，存在一个层次问题，下层的图形将被上层的图形遮盖。可以调整一个图形的层次以确定它是否被遮盖。下面的例子是将一个图形对象上移一层，操作方法如下。

1）选定要移动的对象。如果对象不可见，则按下〈Tab〉键或〈Shift+Tab〉组合键，直到选定该对象。

2）单击“绘图”工具栏上的“绘图”按钮，在弹出的菜单中指向“叠放次序”子菜单，然后单击“上移一层”命令。

2.3.5 在演示文稿中导入图片

Office 的剪辑图片库中有许多设计完美的剪贴画，包括人物、建筑物和风景画等，可以将需要的剪贴画图片插入演示文稿的幻灯片中，插入之后，可以移动和调整并可改变颜色。另外，可以将插入的剪贴画图片拆分为单个部分（取消组合），然后像修改其他绘图对象一样修改这些部分。

如果拥有一些现成的图像文件，则可以将它们插入到幻灯片中。

1．插入剪贴画

下面的例子是在幻灯片中插入一个剪贴画，并对图片部分进行编辑，操作方法如下。

1）打开或新建一个演示文稿，插入一张空白幻灯片。

2）选择“插入”菜单中的“图片”命令，在子菜单中单击“剪贴画”，打开图 2-18 所示的右侧视图；在“搜索文字”文本框中输入“足球”，单击“搜索”按钮。在下面的图片区用鼠标指向“足球”图片，单击“足球”右边出现的向下三角，选择“插入”；也可以直接单击“足球”图片，将“足球”图片插入到幻灯片中，结果如图 2-19 所示。

图 2-18 剪贴库中的图片

图 2-19　插入“足球”图片

3）用鼠标右键单击所插入的剪贴画，在弹出的菜单中选择“组合”命令中的“取消组合”命令，然后选择“是”，此时图片分解为很多部分。

4）在空白处单击以取消选择，然后单击图片中的一部分，在“绘图”工具栏中选择填充颜色为红色，如图 2-20 所示。

图 2-20　取消组合后填色

5）拖动鼠标选中整个图片，单击鼠标右键，在弹出的菜单中选择“组合”命令中的“组合”命令，则又将它们组合成一个整体。

2．插入图片

1）打开或新建一个演示文稿，插入一张空白幻灯片。

2）选择“插入”菜单中的“图片”命令，在子菜单中单击“来自文件”，弹出图 2-21 所示的“插入图片”对话框。

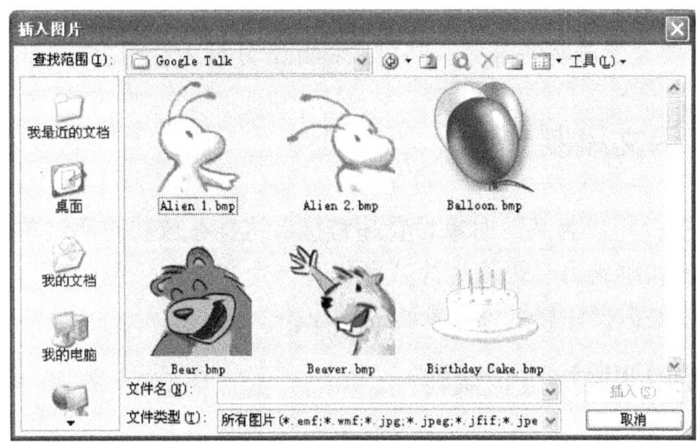

图 2-21　“插入图片”对话框

3）找到包含所需图片的文件，选中后单击“插入”按钮，则将选定的图片插入到幻灯片中，如图 2-22 所示。

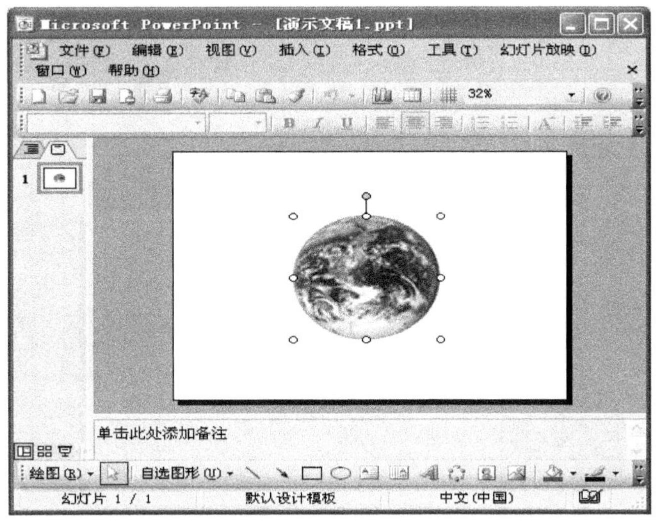

图 2-22　插入效果

4）利用图片四周的控点调整图片大小，然后拖动图片到合适的位置，还可以用“图片”工具栏中的工具对图片进行设置（如调整亮度和对比度）。

☞说明：

插入的图片如果是 GIF 类型的动画文件，则在幻灯片放映时，仍能显示动画效果。

在 PowerPoint 中，可以通过透明区域使图片与页面浑然一体。例如，对于人像的图片，可只显示人像而让背景颜色隐藏起来，其操作方法如下。

1）选定需要创建透明区域的图片。

2）在“图片”工具栏上，单击“设置透明色”按钮。

3）单击图片需要设置透明的部分，则可以将此部分设为透明。

2.4　交互式演示文稿制作

在 PowerPoint 中，可以为某一对象设置超链接，这样在放映时通过单击该对象而直接跳转到链接的内容，例如跳到另一张幻灯片或者打开一个文档；还可以对一个对象进行动作设置，设置当单击时或鼠标指针移过该对象时的动作。

2.4.1　实训 1　使用超链接进行跳转

下面的实例是制作一个物品介绍的演示文稿，第 1 张幻灯片中包含一个目录，放映时当单击一个条目（例如汽车）时，则转到对应物品（如汽车）所在的幻灯片，然后单击该物品时又回到目录幻灯片，制作步骤如下。

1）新建一个演示文稿，选择第 1 张幻灯片为“项目清单”版式，在幻灯片中输入内容，如图 2-23 所示。

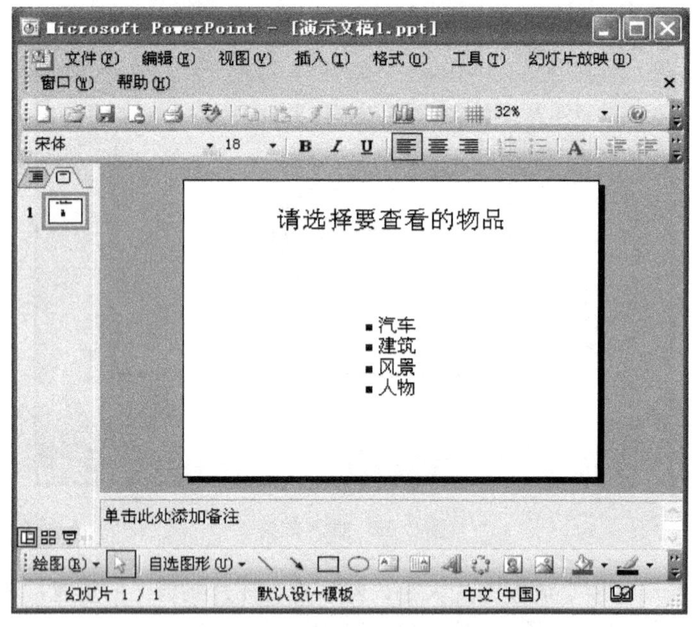

图 2-23　用项目清单建立目录

2）插入一张空白幻灯片，在幻灯片上插入一张汽车图片（来自文件），调整图片大小，使之占据整个幻灯片，然后再插入 3 张空白幻灯片，分别在上边插入代表建筑、风景和人物的图片，可以使用剪贴画或来自文件，插入完成后在“幻灯片浏览”视图下的效果如图 2-24 所示。

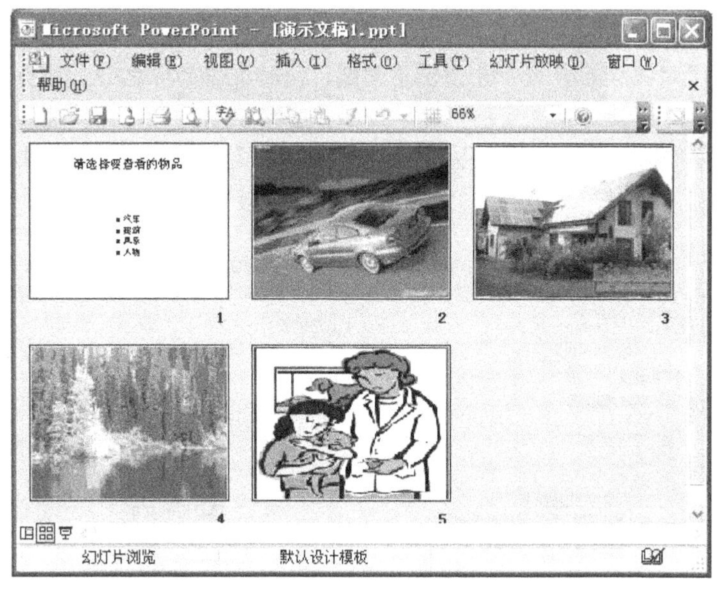

图 2-24 “幻灯片浏览”模式下的效果

3）回到普通视图，显示第 1 张幻灯片。选中条目中的“汽车”，选择“插入”菜单中的“超链接”命令，或者单击鼠标右键，在弹出的菜单中选择“超链接”，弹出图 2-25 所示的对话框。

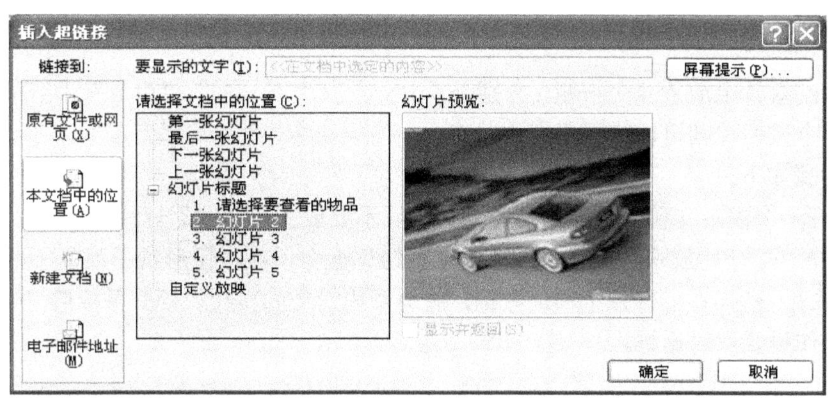

图 2-25 “插入超链接”对话框

4）在“插入超链接”对话框左侧选择“本文档中的位置”，在“请选择文档中的位置”下方的列表框中展开“幻灯片标题”，找到汽车所在幻灯片（本例中为“幻灯片 2”），单击后可以在预览框中看到幻灯片内容，然后单击“确定”按钮。

5）重复步骤 3）、4）的操作，设置条目“建筑”链接到幻灯片 3，条目“风景”链接到幻灯片 4，条目“人物”链接到幻灯片 5。

6）显示第 2 张幻灯片，鼠标右键单击汽车图片，在弹出的快捷菜单中选择“超链接”，设置链接到“本文档中的位置”的第 1 张幻灯片（其标题为“请选择要查看的物品”）。

7）重复步骤 6）操作，将每一张图片都链接到第 1 张幻灯片。

☞提示：

当文本设置了超链接后，文字会出现下划线，同时文字的颜色会有所变化。如果想改变其颜色，在“幻灯片设计”任务窗格中，单击任务窗格下端的“编辑配色方案”选项设置。在“编辑配色方案”对话框（见图 2-26）中，单击“自定义”选项卡，双击“强调文字和超链接”前的颜色框，即可修改超链接对象的颜色，修改后单击“应用”按钮。

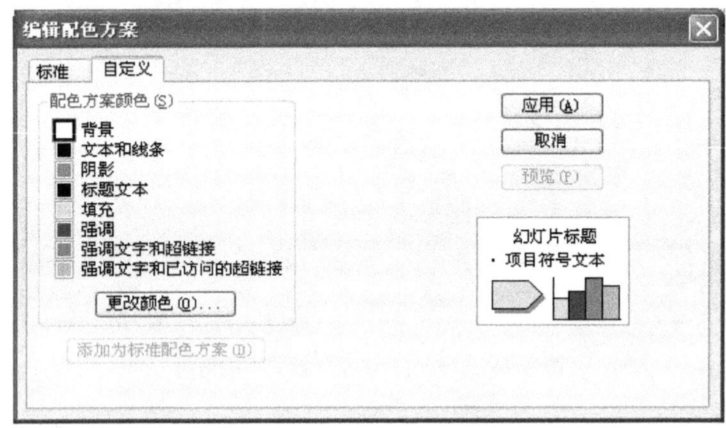

图 2-26　自定义配色方案

2.4.2　实训 2　使用动作设置

实例说明：

在一张幻灯片上放置 4 个按钮，分别是“上一页”、“下一页”、“后退”、“结束放映”，放映时单击某个按钮，则可以执行相应的动作。

设计步骤如下。

1）打开一个演示文稿，在普通视图方式下显示要放置按钮的幻灯片。

2）选择“幻灯片放映”菜单下的“动作按钮”命令，在按钮形状子菜单（见图 2-27）中单击按钮◁，然后在幻灯片上拖动鼠标，就会画出对应的按钮。松开鼠标后，弹出图 2-28 所示的“动作设置”对话框。

图 2-27　动作按钮

图 2-28　“动作设置”对话框

3）在“单击鼠标”选项卡下，选择“超链接到”为“上一张幻灯片”，然后单击“确定”按钮。

4）重复步骤 2)、3）画出按钮▷、↩和▷|，分别设置“超链接到”为“下一张幻灯片”、“最近浏览过的幻灯片”和“结束放映”。

5）调整各按钮的大小和位置，结果如图 2-29 所示。

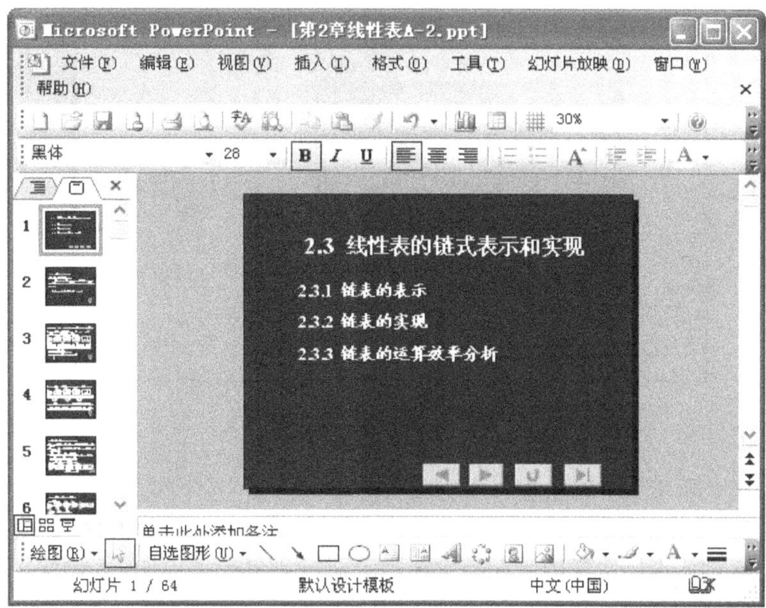

图 2-29　放置按钮后的效果

☞提示：

可以将设置好的按钮整体地复制到其他的幻灯片上。

2.5　幻灯片中动画的使用

2.5.1　关于动画设置

PowerPoint 可以在幻灯片中为文本、形状、声音、图像和其他对象等创建动画效果，还可以设置幻灯片之间的切换效果，这样可以突出重点，控制信息的流程，并提高演示文稿的趣味性。

使用“幻灯片放映”菜单的“自定义动画”命令，可以设置所需幻灯片上的动画效果。例如，可以将文本设置为按字、字词或段落出现；可以使形状和其他对象（如图表或图像）循序渐进地出现；可以设置出现的方式（如从右侧飞入、缓慢移入、螺旋、展开等）；也可以更改幻灯片上对象的出现顺序，并可设置每个对象的播放时间。

使幻灯片上的文本和对象动态显示起来的方法如下。

1）显示包含要使用动画的文本或者对象的幻灯片。

2）选择“幻灯片放映”菜单中的“自定义动画”，打开“自定义动画”任务窗格，如图 2-30 所示右侧。

图 2-30　自定义动画

3）在幻灯片中选择要添加动画的文本或者对象。此时“添加效果”按钮由灰色变为可用状态。单击该按钮设置动画效果。

4）如果要通过单击此文本或者对象来激活动画，则单击“单击鼠标时”，同时可以设置“方向”和“速度”。

5）在“重新排序”上方的列表框中，单击所设置的动画效果，再单击右边的下拉三角，选择“效果选项”，打开以动画效果名称命名的对话框，如图 2-31 所示。在“方向”下拉列表框中设置动画效果进入幻灯片的方向，在“声音”下拉列表框中设置动画效果出现时播放的声音。单击“动画播放后”下拉列表框可以设置对象播放后的状态，如果没有在“动画播放后”下拉列表框中选择任何选项，此对象会停留在屏幕上。

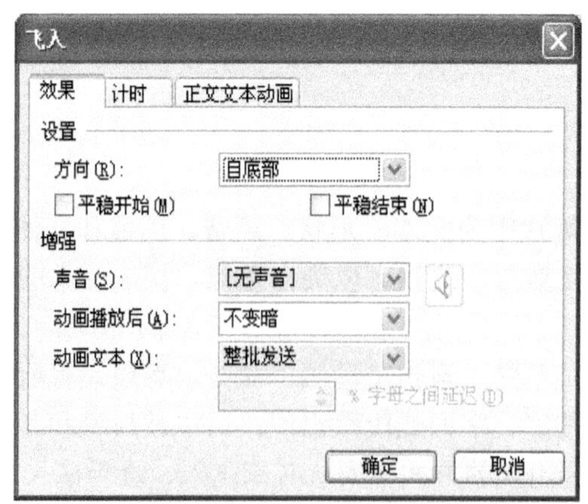

图 2-31　动画效果设置

6）对于每一个需要动态显示的对象，重复以上步骤。完成后单击“播放”按钮，可以查看动画效果。

7）如果需要调整对象出现的顺序，则在图 2-30 中使用“重新排序”文字左右的上下箭头移动一个选定的对象。

2.5.2 实训 制作动画

1. 制作飞入的文字

操作步骤如下。

1）选择“插入”菜单中的“新幻灯片”，插入一张空白幻灯片。

2）选择“插入”菜单中的“文本框”，插入一个文本框。在文本框中输入文字“螺旋飞入”，设置字体为黑体，字号 44 磅。

3）在输入的文字上单击鼠标右键，在弹出的菜单中选择“自定义动画”，打开“自定义动画”任务窗格。

4）单击“添加效果”按钮，选择“进入”→“其他效果”选项，打开“添加进入效果”对话框。选择“华丽型”→“螺旋飞入”选项。单击“确定”按钮。

5）单击“播放”按钮，查看效果。

2. 制作地球绕太阳转的动画

PowerPoint 自带的动画效果有一定的缺陷，那就是运动的轨迹往往是固定的。如果要求对象按照设定的轨迹来运动，则需要通过一些技巧来实现。下面是地球围绕太阳转的动画的设置过程。

1）首先插入一张空白幻灯片，使用“绘图”工具栏中的“椭圆”工具绘制一个圆（代表太阳），将它填充为红色。另外“绘制”一个圆并填充为绿色（代表地球），如图 2-32 所示。

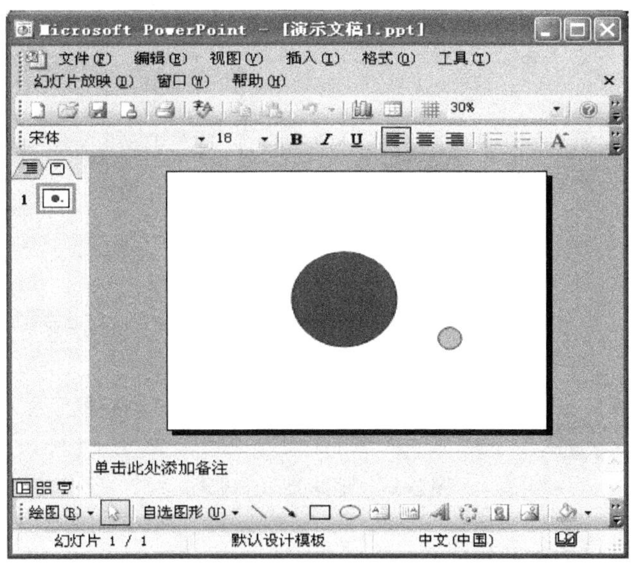

图 2-32 太阳和地球

2）选择“地球”，单击“添加效果”按钮，选择“动作路径”→“绘制自定义路径”→

“曲线”选项，然后单击“地球”，依顺时针方向围绕“太阳”依次单击，形成一个圆周路径，如图 2-33 所示。

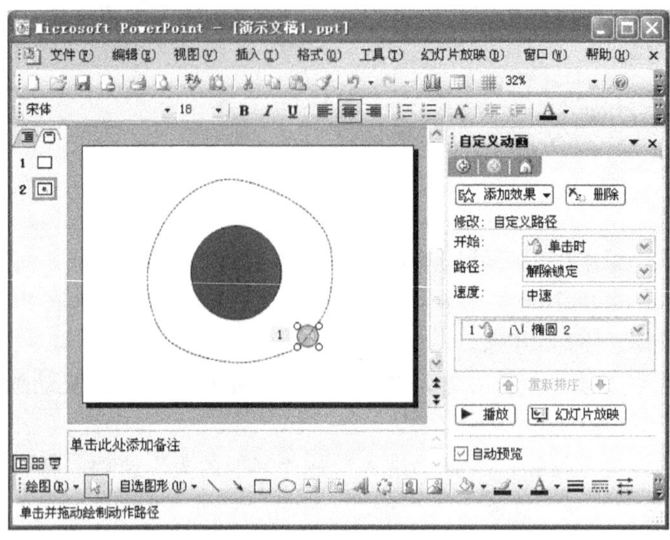

图 2-33　设置移动路径

3）用鼠标右键单击刚才用鼠标画出的路径，在弹出的快捷菜单中选择“编辑顶点”命令，路径上会显示用鼠标单击的位置，以黑色小方块显示。这时候可以用鼠标拖动黑色小方块将路径调整为一个近似圆周，如图 2-34 所示。

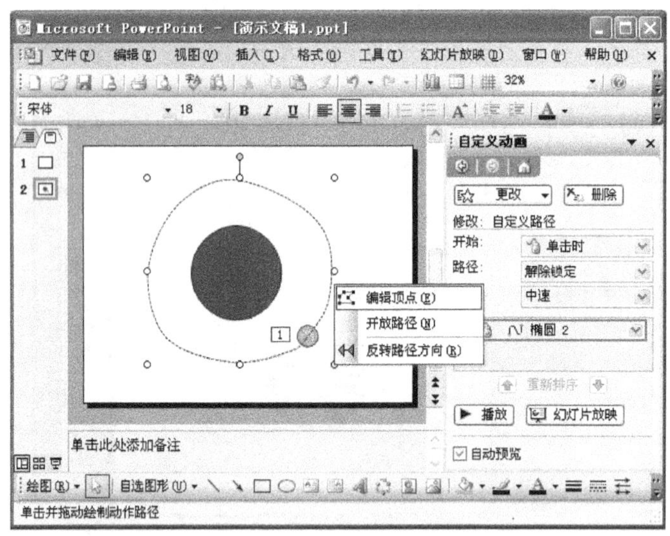

图 2-34　地球的动作设置

4）单击“播放”按钮，查看效果。

3．设置幻灯片之间的切换效果

1）打开一个演示文稿，切换到“幻灯片浏览”视图。

2）显示需要设置切换效果的幻灯片。

3）选择“幻灯片放映”菜单中的“幻灯片切换”命令，打开图 2-35 所示的“幻灯片切换”任务窗格。

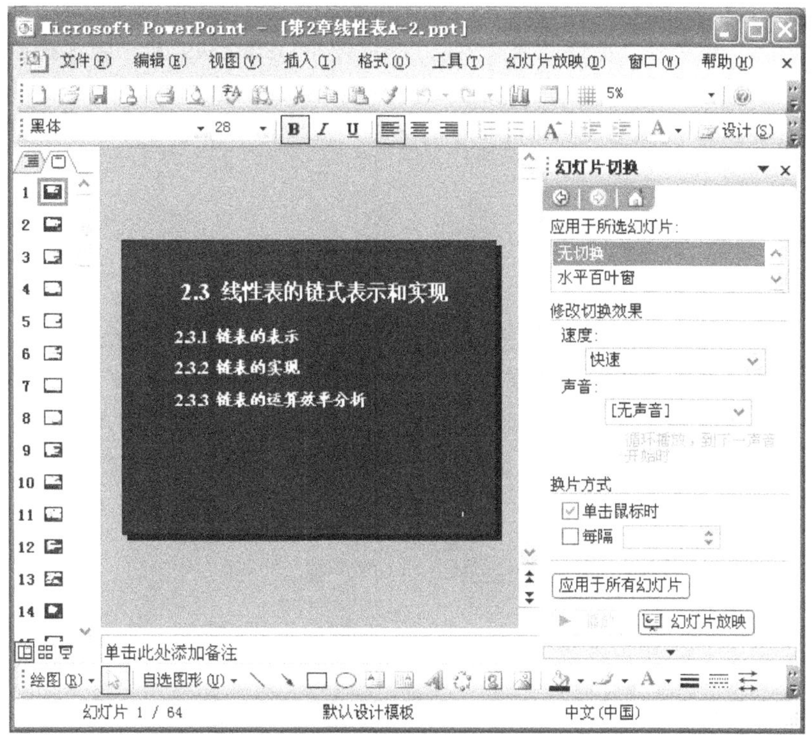

图 2-35　幻灯片切换

4）在任务窗格中，选择“应用于所选幻灯片”下面列表框中的一种切换方式（如“水平百叶窗”）。

5）如果每张幻灯片均采用同一效果，则单击“应用于所有幻灯片”按钮。单击“播放”按钮可以预览幻灯片切换效果，然后重复步骤 2）～4）的操作即可设置其他幻灯片的切换效果。

2.6　声音、音乐和视频的使用

2.6.1　相关知识

在 PowerPoint 中可以设置幻灯片放映时音乐、声音的播放效果，也可以在幻灯片中添加影片，将多媒体引入到幻灯片中。

PowerPoint 系统内部提供了一些声音效果(如打字机的声音或掌声)，可从“动画效果”工具栏上直接获得，或者使用“幻灯片放映”菜单中的“动作设置”命令。除此之外，设计者也可以将自己所拥有的声音、音乐和视频文件插入到幻灯片中，插入的声音、音乐将以图标的方式在幻灯片上显示。在插入声音、音乐和视频时，设计者可以根据需要设置是否在幻灯片放映时自动播放。在选择自动播放的情况下，对于声音图标，应尽量将大小调至最小或者移出幻灯片，以免影响整体效果；如果不想自动播放，则在幻灯片放映时，只要单击其图标即可激活声音或影片。

如果要将音乐、声音和影片等作为“媒体播放器对象”插入，则单击“插入”菜单中的“对象”命令，再单击“媒体剪辑”。此方法可使用 Windows 的“媒体播放器”来播放幻灯片中的声音或影片对象、播放多媒体文件并控制 CD 唱盘和视盘机等播放设备。

另外，Office2003 提供的“剪辑库”也有一些声音、音乐和影片剪辑，可以通过“插入”菜单完成。

2.6.2 实训 插入音乐和视频

1. 在幻灯片中插入音乐或声音

本实例的目标是为一张幻灯片配置播放时的背景音乐。其操作步骤如下。

1）选择要添加音乐或声音的幻灯片。

2）在“插入”菜单上，指向“影片和声音”。如果要从剪辑库插入声音，则单击“剪辑管理器中的声音”，再双击所需声音；如果要插入声音文件，则单击“文件中的声音”，如图 2-36 所示。

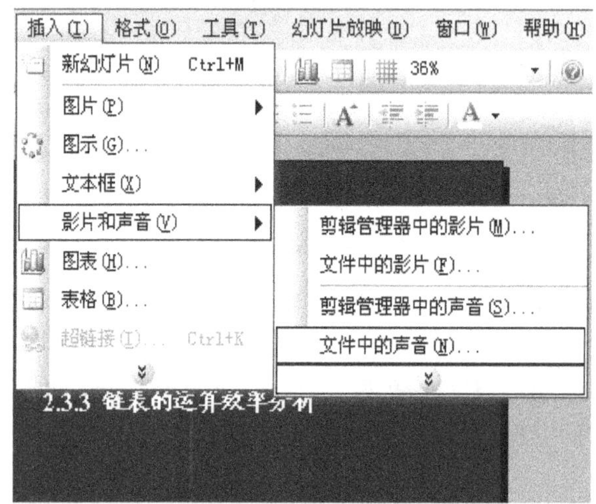

图 2-36 插入声音

3）在弹出的“插入声音”对话框中找到包含此声音的文件夹，选中所需声音文件，单击“确定”按钮。

4）系统提示如图 2-37 所示，选择“自动”按钮。

图 2-37 选择自动播放

5）在幻灯片中将声音图标调整到最小或者直接移到幻灯片外边。结果如图 2-38 所示。

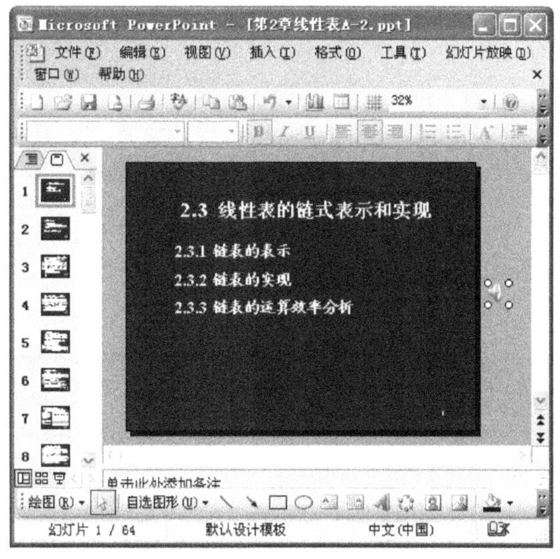

图 2-38 插入声音后的效果

2. 在幻灯片中插入 CD 乐曲

本实例的目标是在一张幻灯片中插入 CD 乐曲，插入方法如下。

1）选择要添加 CD 乐曲的幻灯片。

2）在“插入”菜单上，指向“影片和声音”，再单击“播放 CD 乐曲”选项，则弹出图 2-39 所示的“插入 CD 乐曲”对话框。

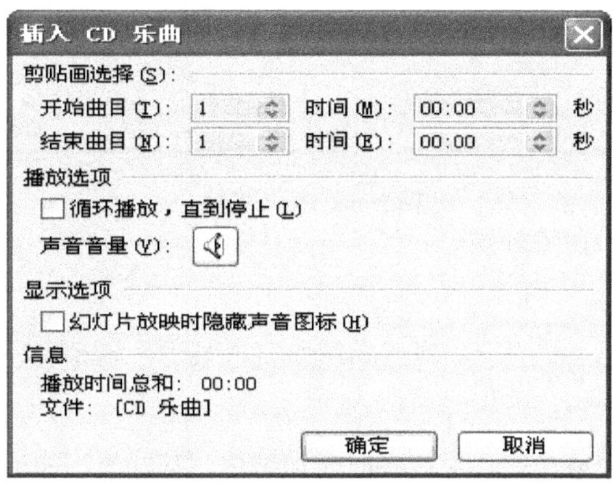

图 2-39 “插入 CD 乐曲”对话框

3）设置“剪贴画选择”栏“开始曲目”、“结束曲目”和“时间”选项，然后单击“确定”按钮，则弹出图 2-37 所示的确认对话框，选择“自动”按钮。

☞**注意：**

在播放幻灯片时，必须先在 CD-ROM 光驱中放入一张 CD 音乐盘，然后播放 CD 音乐。

3. 在幻灯片中插入影片

本实例的目标是在一张幻灯片中插入一段影片，过程如下。

1）选择要插入电影的幻灯片。

2）在“插入”菜单上，指向“影片和声音”选项。

3）选择“文件中的影片”选项，找到包含此影片的文件夹。选中所需的影片后单击“确定”按钮，然后在弹出的对话框中选择“在单击时”，这样使影片不自动播放。

4）单击幻灯片中的影片，影片四周出现 8 个控制钮，如图 2-40 所示。拖动这些按钮调整影片的大小，然后拖动影片到合适的位置。也可以用“格式”菜单中的“图片”命令，再单击“尺寸”选项卡调整大小。

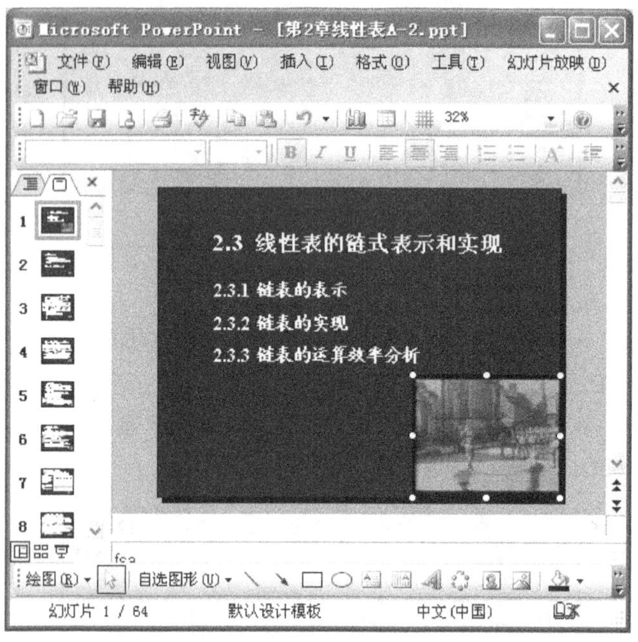

图 2-40 插入视频

☞**说明：**

因为选择不自动播放，所以在幻灯片放映时，需要单击影片才能放映。

4. 添加旁白

由于下列原因可能希望在幻灯片放映时添加旁白：某些人不能出席演示文稿会议；幻灯片的放映是自动进行的，例如用于展台；从 Internet 上访问幻灯片放映等。如果要记录旁白，计算机需要声卡和传声器。可以在运行幻灯片放映之前先记录旁白，也可以在演示时记录旁白以加上观众的意见。旁白优先于所有其他的声音，所以如果包含旁白和其他声音的幻灯片放映时，只有旁白会被播放。

旁白的记录方法如下：

单击“幻灯片放映”菜单中的“录制旁白”命令，则屏幕上会出现图 2-41 所示的“录制旁白”对话框。

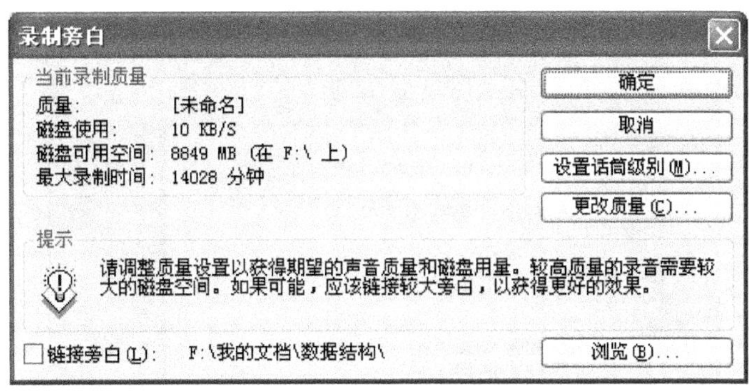

图 2-41 “录制旁白”对话框

单击“确定”按钮则进入幻灯片播放模式并开始录音。

如果要更改已记录旁白中的某些内容，则必须先删除整个旁白再重新记录。

2.7 母版设置

2.7.1 相关知识

幻灯片母版是指 PowerPoint 中的一张特殊幻灯片。幻灯片母版控制了某些文本特征（如字体、字号和颜色），称之为“母版文本”。另外，它还控制了背景和某些特殊效果（如阴影和项目符号样式）。幻灯片母版包含文本占位符和页脚（如日期、时间和幻灯片编号）占位符。如果要修改多张幻灯片的外观，不必对每张幻灯片都进行修改，只需在幻灯片母版上做一次修改，PowerPoint 将自动更新已有的幻灯片，并对以后新添加的幻灯片应用这些更改。所以如果更改幻灯片母版，将会影响所有基于母版的演示文稿幻灯片。如果要使个别的幻灯片外观与母版不同，可以直接修改该幻灯片。

2.7.2 实训 母板设置

1. 使相同的对象出现在演示文稿中的每张幻灯片上

在 PowerPoint 中使用幻灯片母版，可以使相同的对象出现在演示文稿中的每张幻灯片上。

以下实例的目标是修改幻灯片的标题文本的字体，并添加一个“上一页”的按钮。其操作过程如下：

1）选择“视图”菜单中的“母版”，然后单击“幻灯片母版”，出现图 2-42 所示的母版设计界面。

2）单击“单击此处编辑母版标题样式”，利用“格式”工具栏中的字体工具，将字体设置为“华文彩云”。

3）选择“格式”菜单中的“背景”命令，选择“填充效果”中的“纹理”命令，选择一种纹理作为背景。

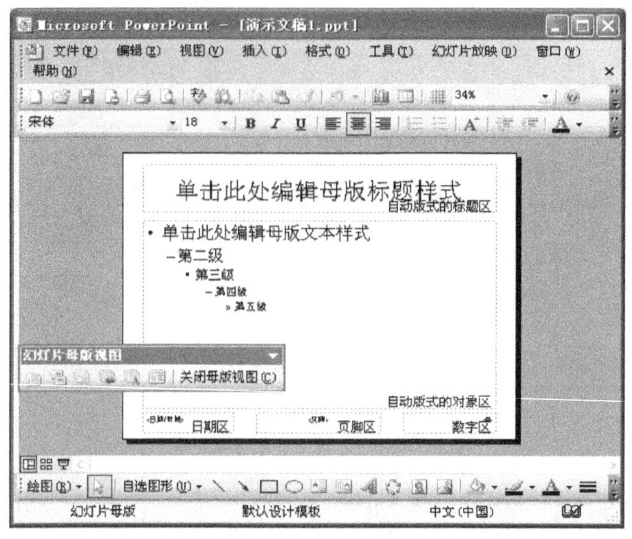

图 2-42　母版设置

4）选择“插入”菜单中的“文本框”命令，在母版底部中间插入一个文本框，用鼠标右键单击该文本框，选择“设置文本框格式”，在“颜色”选项卡下设置填充颜色为“填充效果”，在弹出的对话框中，设置“渐变”的“底纹式样”为“中心辐射”。

5）在文本框中输入文本“上一页”。

6）用鼠标右键单击该文本框，选择“超链接”，链接到“本文档中的位置”中的“上一张幻灯片”。

7）单击“母版”工具栏上的“关闭母版视图”按钮。这样，在每个幻灯片上将出现母版上所出现的对象和样式，如图 2-43 所示。

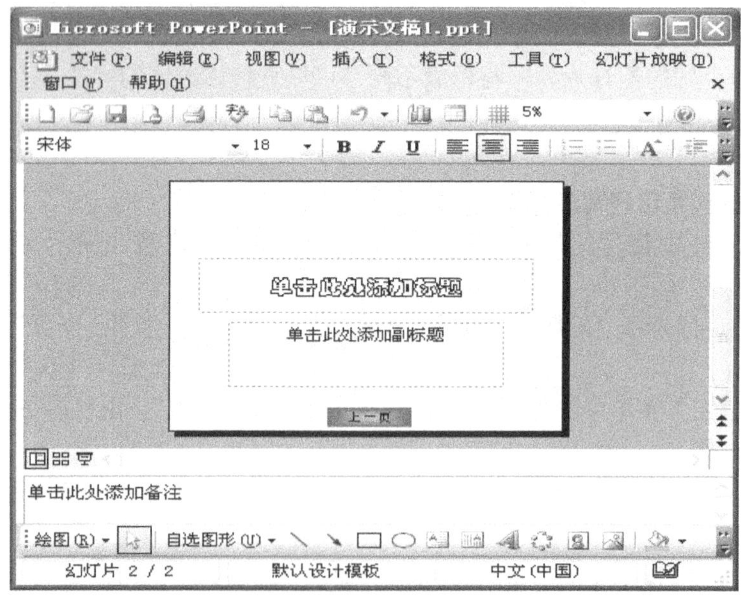

图 2-43　母版效果

如果某张幻灯片中原有的对象未显示在幻灯片上，则单击“格式”菜单上的“背景”命令，并确定已清除“忽略母版的背景图形”复选框。

2. 使幻灯片背景或标题及文本格式与母版不同

要使幻灯片背景与母版不同，操作方法如下：

1）在幻灯片视图中，选择要更改的幻灯片。

2）单击“格式”菜单中的“背景”命令，选中“忽略母版的背景图形”。

3）单击向下箭头，单击“填充效果”，再单击“纹理”或“图案”命令，根据需要进行纹理或者图案的改动，然后单击“应用”按钮，所做的更改不会影响其他幻灯片或母版。

4）根据需要更改标题和文本的格式。

2.8 放映方式

制作演示文稿，最终是要播放给观众观看。通过设置幻灯片放映方式，可以将精心创建的演示文稿展示给观众或客户，以正确表达自己想要说明的问题。为此，在放映前必须对演示文稿的放映方式进行一定的设置。在幻灯片放映时，可以设置每张幻灯片的停留时间，也可以在排练时自动记录时间。

2.8.1 设置幻灯片放映的时间间隔

1）打开要设置放映时间的演示文稿。

2）切换到幻灯片浏览视图中，然后选择要设置时间的幻灯片。

3）选择“幻灯片放映”菜单中的“幻灯片切换”命令，打开图 2-44 所示的“幻灯片切换”任务窗格。

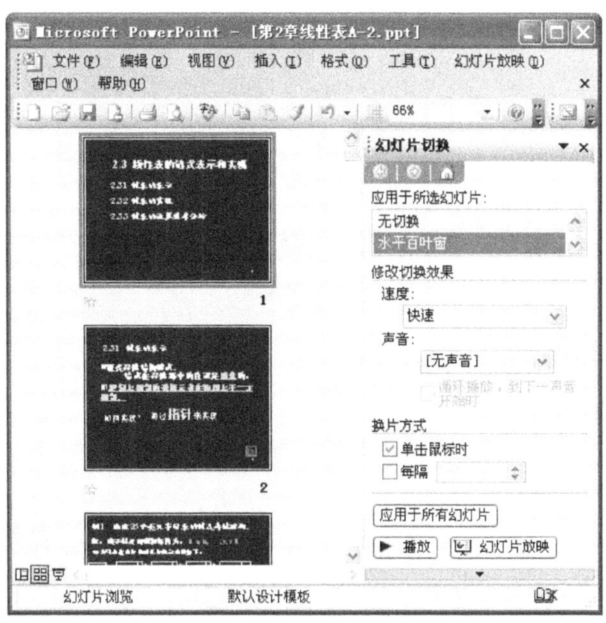

图 2-44 在“幻灯片切换”任务窗格中设置放映的时间间隔

4）在任务窗格中，选择“换片方式”下的“每隔”复选框，然后在下面的框内单击三角按钮选择或直接输入希望幻灯片停留的时间（以秒为单位）。

5）如果要将所做的设置应用于所有的幻灯片，单击“应用于所有幻灯片”按钮。如果要设置每张幻灯片的放映时间都不相同，需要运用以上的方法对每一张幻灯片的放映时间做具体的设置。

设置完毕后，可以在幻灯片浏览视图下，看到所有设置了时间的幻灯片下方都显示该幻灯片在屏幕上停留的时间。

2.8.2 排练计时

1）打开要设置时间的演示文稿。

2）选择“幻灯片放映”中的“排练计时”命令，激活排练方式。此时幻灯片放映开始，同时计时系统启动，此时需要人工控制播放。系统自动记录每张幻灯片所用的时间。

3）当放完最后一张幻灯片后，系统会自动弹出图 2-45 所示的提示框。如果选择“是”按钮，那么上述操作所记录的时间就会保留下来，并在以后播放这一组幻灯片时，以此次记录下来的时间控制放映；如果选择“否”按钮，则所做的所有时间设置将取消。

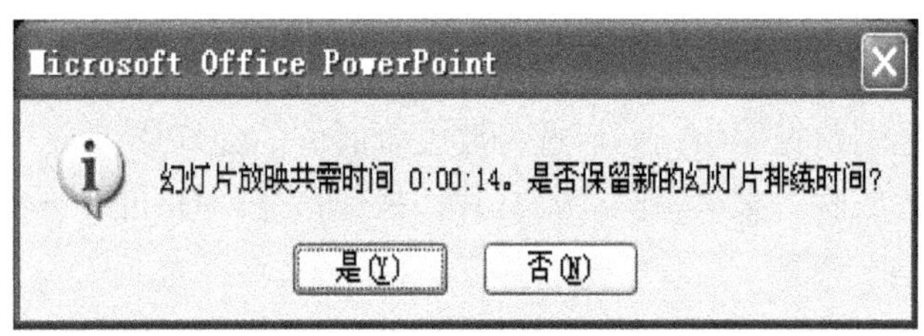

图 2-45　排练计时结果

2.9 插入日期

在制作演示文稿时，可以在演示文稿中保存日期；可以让演示文稿上的日期显示动态改变；也可以在演示文稿的不确定位置插入当前日期。

2.9.1 在页脚插入日期

1）打开要插入日期的演示文稿。

2）选择“视图”菜单中的“页眉和页脚”命令，弹出图 2-46 所示的“页眉和页脚”对话框。

3）在该对话框的“固定”选项中输入所要的固定日期。或者单击“自动更新”选项，在下拉列表框中选择需要的日期格式，可以精确到时、分、秒。如果只将该日期应用到当前演示文稿，单击“应用”按钮。如果要应用到所有的演示文稿，单击“全部应用”按钮。

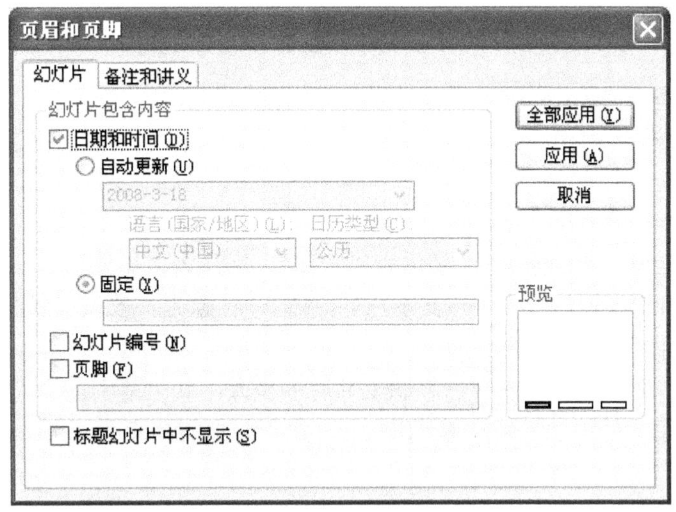

图 2-46 “页眉和页脚”对话框

2.9.2 在任意位置插入日期

1）打开要插入日期的演示文稿。

2）选择“插入”菜单中的“文本框”，插入一个水平或垂直文本框。

3）选择“插入”菜单中的“日期和时间”命令，弹出图 2-47 所示的“日期和时间”对话框。

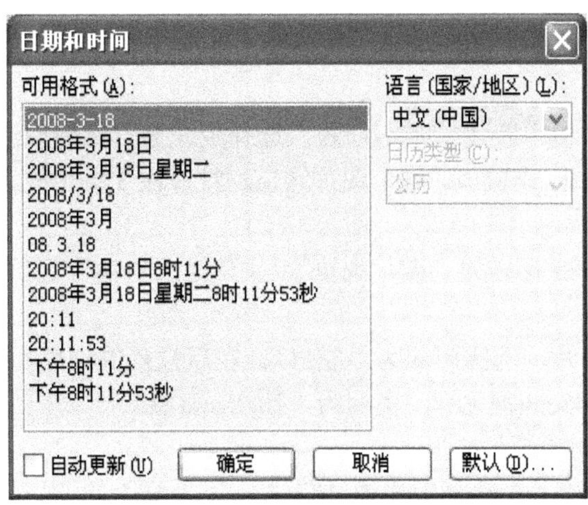

图 2-47 “日期和时间”对话框

4）在“可用格式”列表中选择要使用的格式。如果用户希望在每次打开幻灯片时，日期和时间都自动更新为当前机器上设置的日期、时间，选中“自动更新”复选框，然后单击“确定”按钮即可。

5）可以将文本框拖动到想要放置的任何地方。

2.10 习题

1．在打开的演示文稿中新建一张幻灯片，选择版式为“标题幻灯片”，并利用“格式”菜单下的应用设计模板将 straight edge 型模板应用于整个演示文稿，用来介绍学校教职工的情况。

1）主标题为学校的名字，字形为“加粗”。

2）设置副标题为“学校简介”，字体为“宋体”，字形为“斜体”。

3）插入一张新幻灯片，版式为“文本与剪贴画”，标题为“教职工概况”，字号为“60”，字形为“粗体，斜体”。

4）在添加文本处添加以下内容：教职工共有多少人，其中博士多少人，硕士多少人。

5）在插入剪贴画处添加任意一幅剪贴画,设置剪贴画的高度为“9.1cm(厘米)”，宽度为“10.8cm(厘米)”。

2．打开 PowerPoint，制作一个简单课件,内容为个人简介。

1）至少包含 3 张幻灯片，内容应体现出封面、主要目录、部分详细内容。

2）选用任一种设计模板作为背景。

3）给除封面以外的每张幻灯片插入页码和日期。

4）包含艺术字。

5）包含垂直排列标题，文字内容、字数、格式不限。

6）设置幻灯片切换方式，全部应用，换页方式为“每隔 00：02”，可以是任意一种声音。

7）保存演示文稿（不要改变路径和文件名）。

8）第 1、3 张幻灯片使用相同的设计模板“Expedition.pot”，第 2 张幻灯片使用背景色为白色。

9）保存演示文稿。

3．在打开的演示文稿中新建一张幻灯片，选择版式为“标题型幻灯片”，然后进行如下操作，完成操作后关闭该操作窗口。这个图片浏览幻灯片由 3 页组成，第 1 页为标题页，第 2 页和第 3 页为图片页。

1）在第 1 页中设置主标题为“图片浏览”，字体为“斜体”，字号为“72”，设置副标题为“图片一”。

2）插入一张新幻灯片，选择版式为“空白”，在新插入的幻灯片中插入任意一幅图片，设置图片的高度为“10.48cm(厘米)”，宽度为“20.96cm(厘米)”，在新插入的幻灯片中插入一水平文本框，文本内容为“图片二”。

3）再插入一张新幻灯片，选择版式为“空白”，在新插入的幻灯片中插入任意一幅图片，设置图片的高度为“11.83cm(厘米)”，宽度为“15.77cm(厘米)”。

4）选择幻灯片的第 1 页，选择副标题“图片一”，对其进行动作设置，在单击鼠标时链接到下一页幻灯片。

5）选择幻灯片的第 2 页，选择文本框的内容“图片二”，对其进行动作设置，在单击鼠标时链接到下一页幻灯片。

4．在打开的演示文稿中插入一张幻灯片，选择版式为“空白”，然后完成以下操作，完成之后关闭该窗口。

1）设置幻灯片的页脚为“体育”。

2）插入任意一幅图片，设置图片在幻灯片上的水平位置为“18.42cm(厘米)”，度量依据为“左上角”，垂直位置为“1.91cm(厘米)”，度量依据为“左上角”。

3）设置图片高度为“15.33cm(厘米)”，宽度为“4cm(厘米)”。

4）对幻灯片进行页面设置，宽度为“22 厘米”，高度为“16 厘米”。

5）插入一垂直文本框，输入内容为“篮球是一项伟大的运动”，设置适当的位置和大小。

6）设置文本框的自定义动画效果为“左下角飞入”，设置图片的自定义动画效果为“右下角飞入”。

5．在打开的演示文稿中新建一张幻灯片，选择版式为“标题幻灯片”，并完成以下操作，完成后关闭该窗口。

1）输入主标题为“音乐欣赏”，并适当设置字体大小。

2）输入副标题为“第一曲”。

3）设置第 1 页幻灯片的切换效果为“从全黑中淡出”，速度为“中速”。

4）对第 1 页中的副标题进行动作设置，使其超链接到下一张幻灯片。

5）插入一张幻灯片，版式为“空白”，然后在新插入的幻灯片中插入任意一个声音，并选择在幻灯片播放时自动播放声音，再插入任意一幅剪贴画，调整适当的大小和位置。

6）在新插入的幻灯片中插入自选图形→动作按钮(上一张)，选择超链接到上一张幻灯片。

7）设置整个演示文稿的应用设计模板为“Ribbons”。

第 3 章　Flash 的使用与实训

本章要点

- Flash 8 的工具箱和菜单的使用方法
- 文字效果的制作及处理的方法
- 简单动画的制作方法
- 遮罩效果的制作方法
- 连续动画的制作方法
- 声音在 Flash 8 中的应用及声音按钮的制作方法
- 在 Flash 8 中导入图片、加载动画的方法
- 综合应用 Flash 8 的工具完成多媒体融合的制作方法

Flash 是美国 Macromedia 公司推出的功能强大的网络动画制作软件，是一种集绘制矢量图形、创作互动式多媒体动画和网页动画设计的优秀软件。它是一种交互式动画设计工具，可以将音乐、声效、动画以及富有新意的界面融合在一起，制作出高品质的网页动态效果和优秀的多媒体课件。随着网络地不断发展，Flash 也不断地改进和升级，特别是 Action Script 语言的应用和升级，使得 Flash 动画的交互性变得更加轻松自如，也使得 Flash 网页动画和多媒体制作方面得到更广泛地应用。本章通过对 Flash 8 的基础知识和一些制作实训的详细介绍，让读者能够熟练使用 Flash 的工具，掌握 Flash 动画制作技巧，从而为制作出高品质的多媒体课件打下坚实的基础。

3.1　Flash 8 的主界面

Flash 8 的主界面很简洁，主要包括菜单栏、工具箱、“时间轴”面板、舞台等部分，如图 3-1 所示。

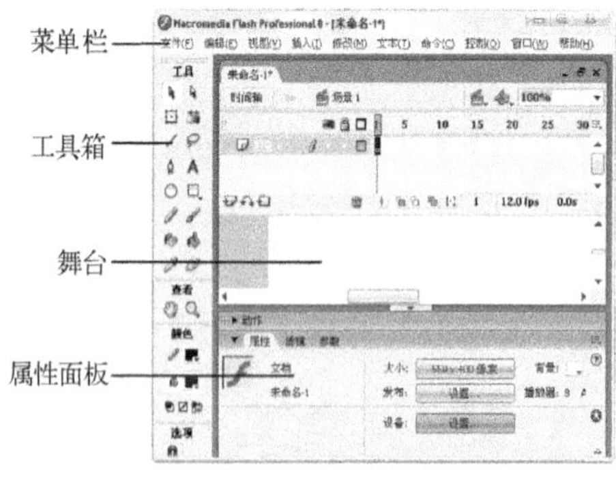

图 3-1　Flash 8 主界面

3.2 Flash 8 的工具箱

Flash 8 主界面的左边是经常用到的工具箱，如图 3-2 所示。其中，工具箱中包括绘图时常用到的选择工具和绘图工具。对工具箱中的工具按其所在嵌板列表说明见表 3-1～表 3-3。

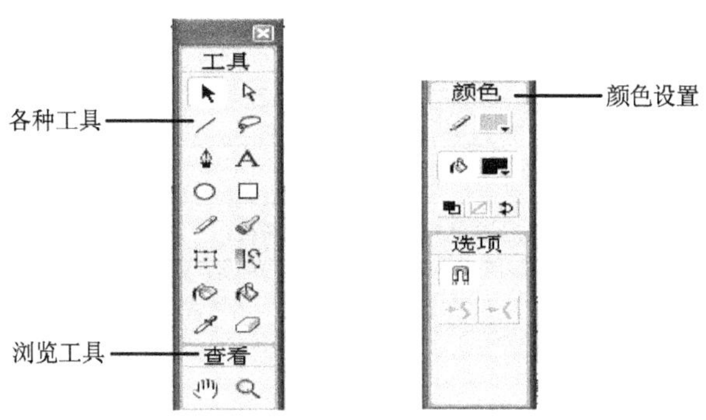

图 3-2 工具箱

表 3-1 绘图工具嵌板中的工具

工具图标	名称	作用	附属工具
	选取工具	选取对象的线条、对象的造型以及移动对象	
	次级选取工具	选取、移动或改变图形路径	无附属工具
	直线工具	绘制直线	无附属工具
	套索工具	框选任意形状的选取范围	
	钢笔工具	绘制曲线	无附属工具
A	文字工具	添加文字	无附属工具
	椭圆工具	绘制椭圆	无附属工具
	矩形工具	绘制矩形	
	铅笔工具	绘制线条	
	笔刷工具	绘制笔刷效果的图形	
	自由变形工具	对对象进行各种方式的变形处理	
	自由填充工具	对对象进行各种方式的填充颜色的处理	无附属工具
	墨水瓶工具	给图形绘制轮廓或改变当前线条的形状	无附属工具
	油漆桶工具	在指定区域填充颜色	
	吸管工具	采集某一区域的属性	无附属工具
	橡皮擦工具	擦除图形的外轮廓线和内部颜色	

表 3-2　视图工具嵌板中的工具

工具图标	名　　称	作　　用	附 属 工 具
	移动工具	移动舞台	无附属工具
	放大工具	放大或缩小舞台	

表 3-3　颜色工具嵌板中的工具

工 具 图 标	名　　称	作　　用	附 属 工 具
	边框色	设置边框颜色	无附属工具
	填充色	设置填充颜色	无附属工具
	切换按钮	在边框颜色和填充颜色之间切换	无附属工具

3.3　Flash 8 的菜单

Flash 8 的菜单栏和其他软件类似，也是位于工作界面的上方。根据功能的不同分为 10 个部分，分别为文件、编辑、视图、插入、修改、文本、命令、控制、窗口和帮助，如图 3-3 所示。

图 3-3　Flash　8 的菜单栏

菜单栏中每个菜单的英文名的首字母都有下划线，如果按住<Alt>键同时按下这个字母就可以弹出相应的菜单，<Alt>键和这个首字母就是该命令的快捷键。在菜单中如果菜单项后面带有省略号，则表示选择后会弹出对话框；如带有一个小箭头，则表示当鼠标指针移动到该菜单项上将展开下一级菜单。下面分别对各菜单命令进行介绍。

（1）“文件”菜单

“文件”菜单如图 3-4 所示，各命令的含义如下。

1）新建：新建一个 Flash 文件。

2）打开：打开一个 Flash 文件。

3）关闭：关闭当前文件，包括库文件。

4）保存：将文件保存为 FLA 格式的文件，第一次保存时将弹出“另存为”对话框，要求用户选择文件路径并输入文件名称。在保存时还可以选择是以 Flash 8 的格式存储还是以 Flash MX 2004 的格式存储。

5）另存为：将文件另存为其他的位置和名称。

6）另存为模板：将 Flash 文件存储为模板，以方便下次使用。

7）导入：可以导入各种类型的文件，如图像、声音、动画文件等。

8）导出：将当前的文件导出为动态图形文件，包括 SWF、SWT、WPL、MOV、GIF 等格式的文件，DXF、BMP、JPG、GIF、PNG 等格式的图像文件和 WAV 等声音文件。

9）发布设置：设置当前文件的发布格式。
10）发布预览：预览各种格式文件的发布效果。
11）发布：将文件按照设置的格式发布。
12）退出：退出 Flash 8 程序。

（2）“编辑”菜单

“编辑”菜单如图 3-5 所示，各命令的含义如下。

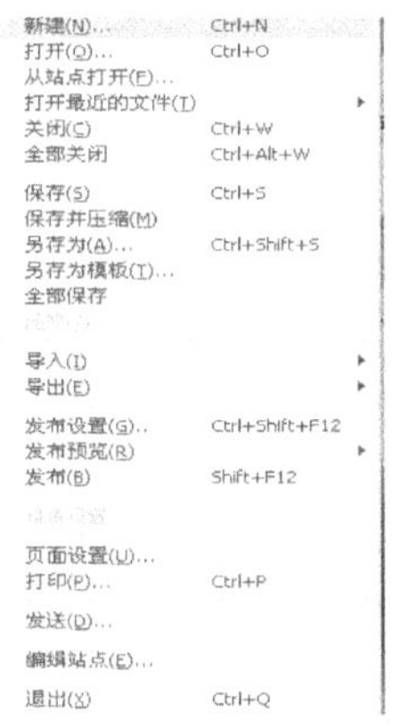

图 3-4 “文件”菜单

图 3-5 “编辑”菜单

1）剪切：将选中对象剪切到 Windows 的剪贴板上。
2）粘贴到中心位置：将 Windows 剪贴板中的内容粘贴到当前帧的场景中。
3）粘贴到当前位置：将剪贴板中的内容粘贴到场景中原来的位置。
4）清除：清除选定的对象。
5）全选：选择场景中的所有对象。
6）编辑元件：编辑场景中出现的元件。
7）编辑所选项目：编辑选中的对象。
8）在当前位置编辑：编辑当前选定对象。
9）全部编辑：对场景中的所有对象统一编辑。
10）首选参数：对一些如撤销次数、钢笔工具绘图精度等内容进行设置。
11）快捷键：用户自己设置快捷键。
12）字体映射：用于系统字体的编辑。

（3）“视图”菜单

“视图”菜单如图 3-6 所示，各命令的含义如下。

1）转到：跳转到指定的其他场景，在这个菜单项下还有子菜单项。
2）放大：将视区放大。
3）缩小：将视区缩小。
4）缩放比率；调整视区相对当前视区的大小，按百分比改变。
5）预览模式：包括轮廓、高速显示、消除锯齿、清除文字锯齿。

- 轮廓：仅显示舞台对象的轮廓。
- 高速显示：将显示速度设置为高速。

- 清除锯齿：对舞台上的对象进行清除锯齿处理。
- 清除文字锯齿：对舞台区的文字进行清除锯齿处理。

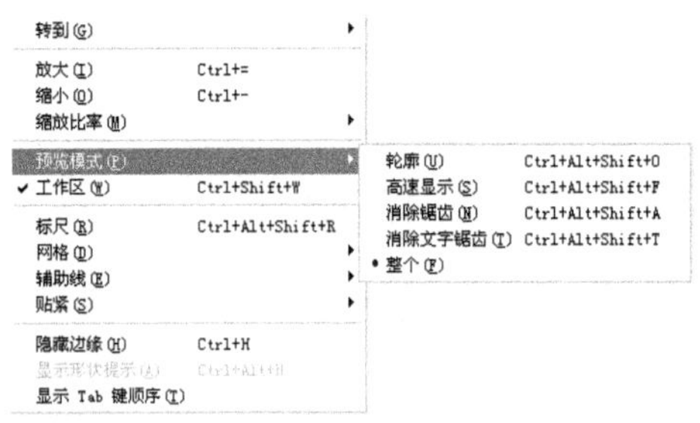

图 3-6 “视图”菜单

6）工作区：默认为显示工作区。

7）标尺：显示或隐藏标尺。

8）网格：设置网格属性。

9）辅助线：对辅助线进行处理。包括对齐像素和对齐对象

10）隐藏边缘：隐藏对象的边缘。

（4）“插入”菜单

“插入”菜单（见图 3-7）各命令的含义如下。

1）时间轴：包括图层、图层文件夹、运动引导层。

- 图层：在选中的图层上方再添加一个图层。
- 图层文件夹：建立图层目录。
- 运动引导层：可以对选中的图层添加一个运动引导层。

2）帧：插入一个普通帧。

3）关键帧：在选中的帧的位置插入一个关键帧。

4）空白关键帧：插入一个空白的关键帧。

5）创建补间动画：在两个关键帧之间创建运动动画，这两个关键帧中必须是“符号”才可以产生运动动画。

6）场景：插入一个场景。

（5）“修改”菜单

“修改”菜单如图 3-8 所示，各命令的含义如下。

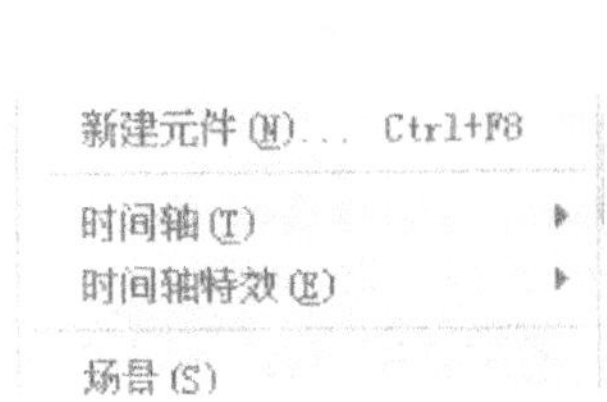

图 3-7 “插入”菜单

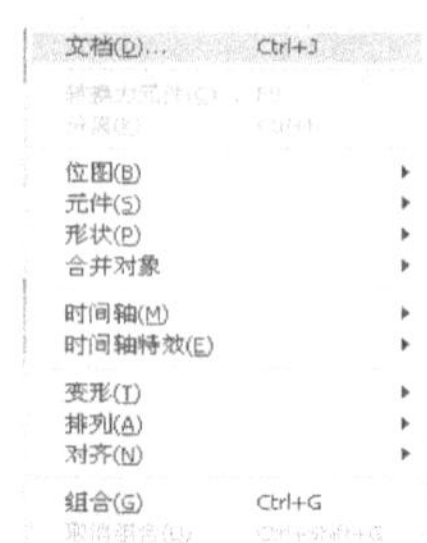

图 3-8 “修改”菜单

1）文档：修改整个文件。

2）变形：对选中对象的形状进行调整。

3）排列：调整对象之间的前后顺序。

4）对齐：调整对象之间的位置。

（6）“文本”菜单

“文本”菜单如图 3-9 所示，各命令的含义如下。

1）字体：设置文字的字体。

2）大小：设置文字的大小。

3）样式：设置文字的字体类型，如粗体、斜体等。

4）对齐：设置文字的对齐方式。

（7）“命令”菜单

使用“命令”菜单自动处理任务，如图 3-10 所示。

创建文档时，可能希望多次执行同一个任务。可以通过“历史记录”面板中的步骤在“命令”菜单中创建一个新命令，然后多次重复使用该命令。将完全按照原来的执行顺序重放这些步骤。不能在重放步骤时对它们进行修改。

如果希望将来再次使用某个步骤，如在下次启动 Flash 时使用这些步骤，应创建并保存一个新命令。命令将被永久保留直到被用户删除。在复制其他内容时，使用“历史记录”面板的“复制步骤”命令所复制的步骤将被放弃。

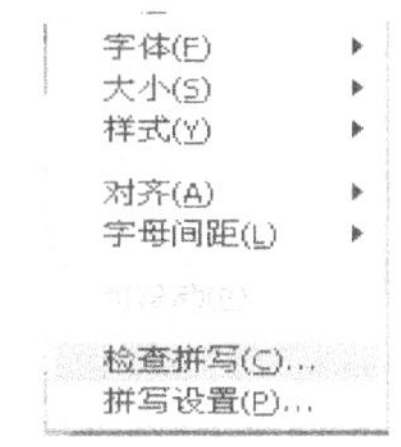

图 3-9 “文本”菜单

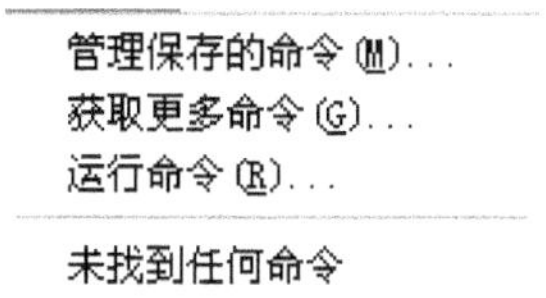

图 3-10 “命令”菜单

（8）“控制”菜单

“控制”菜单如图 3-11 所示，各命令的含义如下。

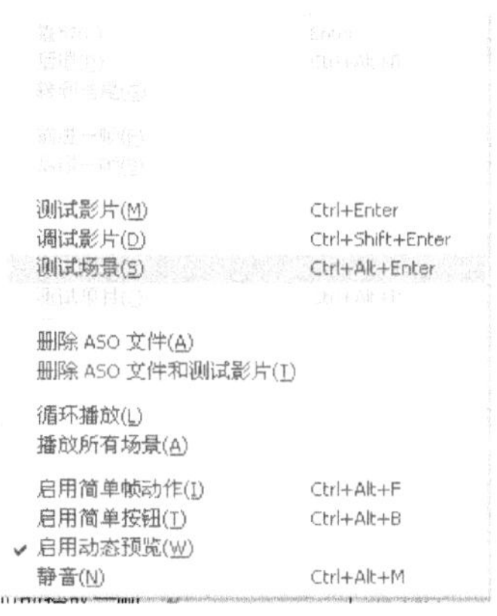

图 3-11 “控制”菜单

1）播放：在舞台中播放当前正在编辑的动画文件。

2）后退：重复播放影片。

3）转到结尾：结束播放影片。

4）前进一帧：向前播放一帧。

5）后退一帧：向后播放一帧。

6）测试影片：测试动画文件的播放效果。

7）调试影片：用“调试器”面板对影片进行调试。

8）测试场景：测试当前场景。

9）循环播放：循环播放影片。

10）播放所有场景：设置播放动画时是否播放全部场景。

11）启用简单帧动作：使帧动作脚本语句在编辑界面时已生效。

12）启用简单按钮：使按钮生效。

13）静音：使影片中的音效失效。

14）启用动态预览：使用活动预览功能。

（9）“窗口”菜单

“窗口”菜单如图 3-12 所示，各命令的含义如下。

1）直接复制窗口：新建窗口并复制当前窗口内容。

2）工具栏：显示或隐藏工具栏、状态栏或控制栏。

3）工具：显示或隐藏绘图工具箱。

4）时间轴：显示或隐藏“时间轴”面板。

5）属性：显示或隐藏“属性”面板。在 Flash MX 中的“属性”面板会随着选择对象的不同而改变。

6）对齐：显示或隐藏“对齐”面板。

7）混色器：显示或隐藏“混色器”面板。

8）颜色样本：显示或隐藏“颜色样本”面板。

9）信息：显示或隐藏“信息”面板。

10）变形：显示或隐藏“变形”面板，对选中的对象进行变形处理。

11）动作：显示或隐藏“帧动作”面板，对选中的对象添加动作脚本语句。

12）调试器：显示或隐藏“调试器”面板。

13）影片浏览器：显示或隐藏“影片浏览器”窗口。

14）输出：显示或隐藏“输出”面板。

15）组件：显示或隐藏“组件”面板。

16）库：显示或隐藏“库”面板，对其中的元件进行编辑。

17）公用库：弹出程序所带的公用库。

18）层叠：将所有编辑窗口层叠显示。

19）平铺：将所有编辑窗口平铺显示。

（10）“帮助”菜单

“帮助”菜单如图 3-13 所示，各命令的含义如下。

1）Flash 8 中的新功能：显示 Flash 8 的新特性文档。

2）Flash 技术支持中心：连接到 Internet 上的 Flash 技术中心网页。

3）关于 Flash Professional：显示 Flash 8 的有关信息。

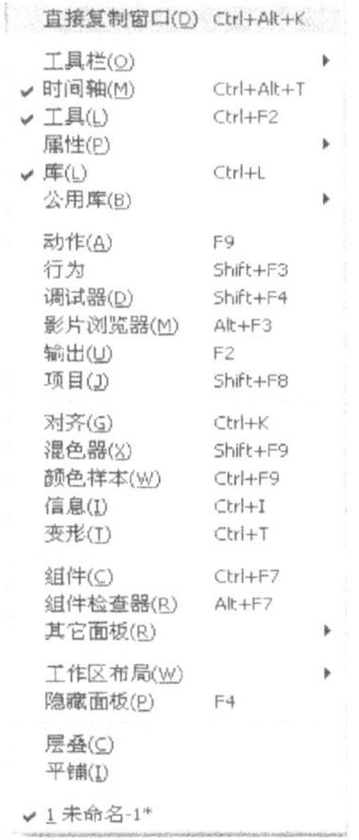

图 3-12 “窗口”菜单

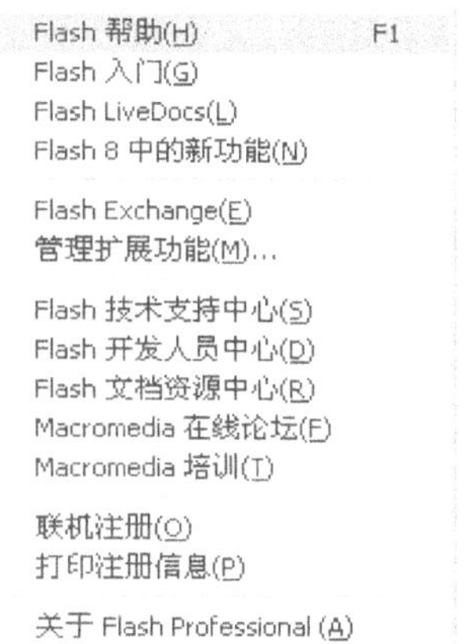

图 3-13 “帮助”菜单

3.4 实训 文字处理

本节通过对文字处理制作过程的详细介绍，对实训中应用到文本工具、文本属性面板、文本的打散、文本的矢量转换以及形状渐变等工具及操作技巧的详细说明，使读者掌握文字动画的制作技巧，从而提高在 Flash 8 文字动画的制作能力。

3.4.1 实训 1 输入和修改文字

下面的实训主要介绍有关文字处理方面的知识。选取“文本工具”，然后移动鼠标到工作区上，单击鼠标左键，工作区上就出现一个文本框。

☞注意：

在工作区中拖动鼠标将会产生一个固定大小的文本框。

当文字框内出现一闪一闪的插入点光标“|”时，可以用键盘输入文字，按〈Enter〉换到下一行，也可以用复制、粘贴的方法，把文字复制到文本框里。

编辑文字的方法和一般的字处理软件相同，可以插入或删除一个文字，删除的方法是使用退格键或者〈Delete〉键，它们的区别是退格键删除光标左边的字符，〈Delete〉键删除光标后面的字符。下面通过制作文字动画的实训，介绍文字工具的使用方法。

1）选择文本工具，在窗口下边的属性面板中，将字体设为华文行楷，字号为 24，颜色为蓝色，如图 3-14 所示。

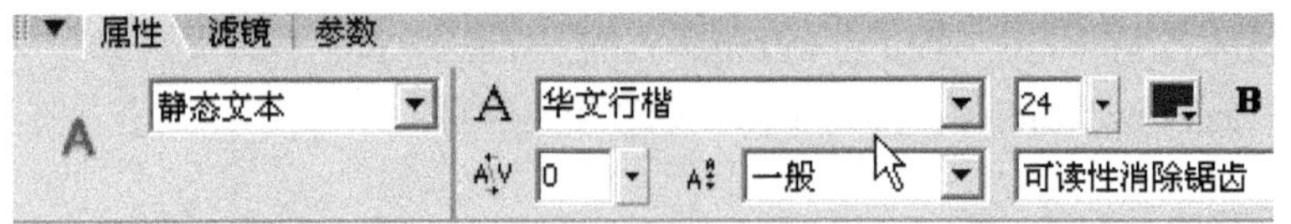

图 3-14　设置文字属性面板

2）在工作区中单击鼠标左键，在文本框里输入 5 行古诗：画↙ 远看山有色，↙近听水无声。↙春去花还在，↙人来鸟不惊。"（↙表示每行输完后的〈Enter〉键，如图 3-15 所示。以"诗"为文件名，保存文件。

3）设置文本格式，对诗的内容进行排版。在第 2 帧上单击鼠标右键，选择"插入关键帧"。

4）把标题字体调大。用文本工具选中标题"画"，如图 3-16 所示在"文字属性"面板字号框中输入 48，如图 3-17 所示。

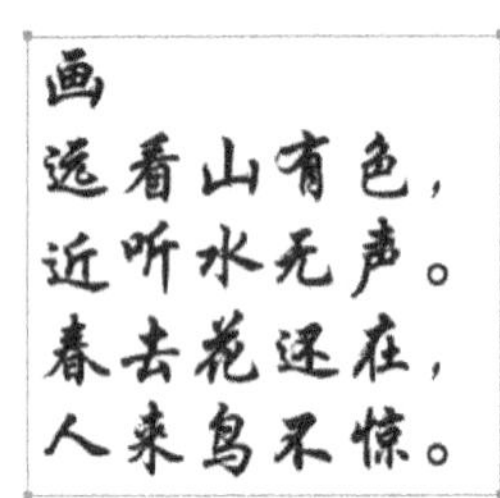

图 3-15　文字输入效果

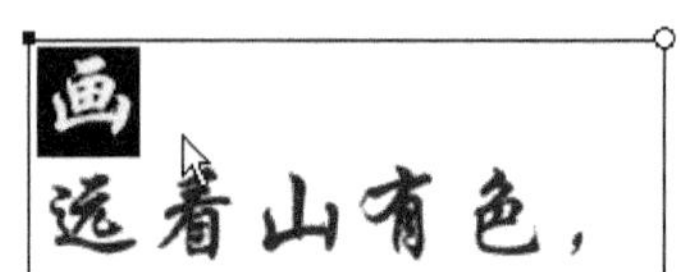

图 3-16　使用文本工具选中"画"

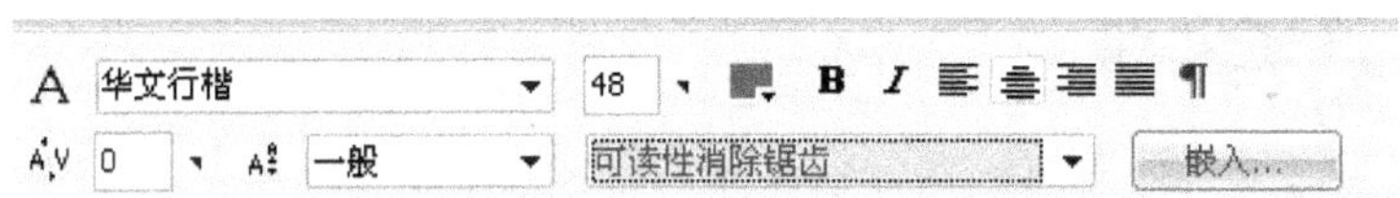

图 3-17　"文字属性"面板

5）选中诗的正文部分，用步骤 4 的方法，将字号改为 36。

6）选中标题"画"字，在"文字属性"面板（见图 3-17）右边单击"居中对齐"按钮，这样选中的标题"画"就到了正文的正中央，保存文件后文字修改完成，效果如图 3-18 所示。

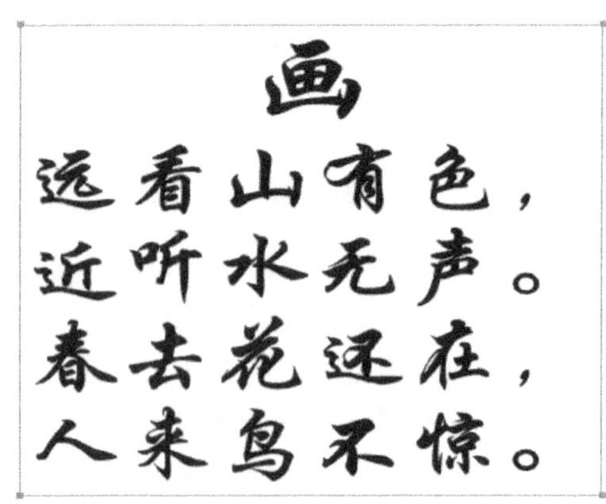

图 3-18　设置"居中对齐"后的效果

3.4.2 实训 2 制作文字缩放效果

下面的实训通过文字缩放动画的制作，介绍形状渐变的缩放功能。制作时首先在工作区中输入文本，然后将其打散、放大，即可运用形状渐变实现文字的缩放效果，制作步骤如下。

1）单击“文件”→“新建”命令，创建一个新的文件。

2）单击“修改”→“文档”命令，弹出“文档属性”对话框，如图 3-19 所示，在其中设置文档的“尺寸”为“550×400”像素，“背景颜色”为蓝色（#6666FF），单击“确定”按钮。

图 3-19 设置文档属性

3）单击“视图”→“网格”→“显示网格”命令，显示网格，以便对文本进行精确定位。

4）单击“视图”→“网格”→“对齐网格”命令，使鼠标指针自动向网格对齐。

5）选择工具箱中的文本工具，然后单击“窗口”→“属性”命令，在弹出的“属性”面板中设置“文本类型”为“静态文本”，“字体”为“隶书”，“字体大小”为 60，“文本填充颜色”为红色（#FF0000），如图 3-20 所示。在工作区以外输入文本“天道酬勤”，如图 3-21 所示。

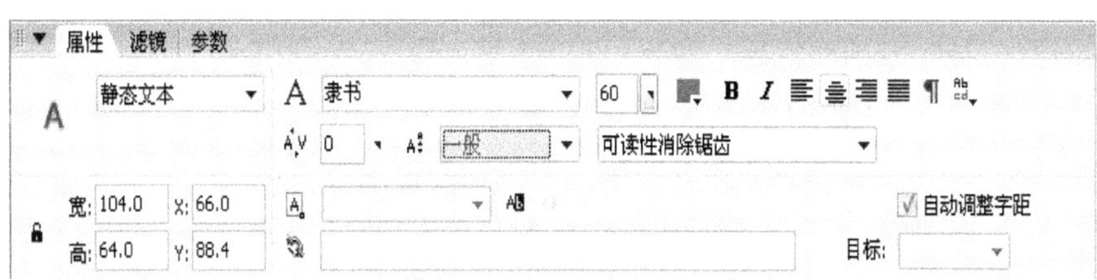

图 3-20 设置文本属性

6）用箭头工具选中工作区中的文本，单击“修改”→“分离”命令，将文本打散，如图 3-22 所示。

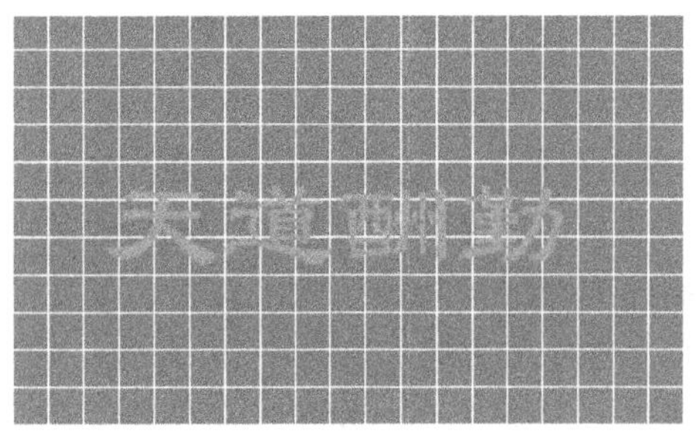

图 3-21　输入文本

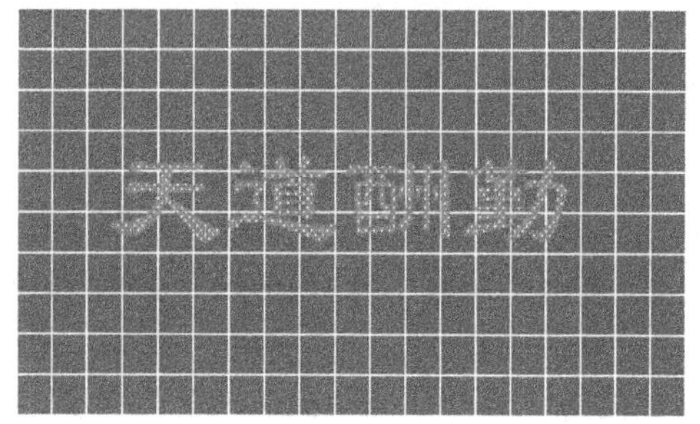

图 3-22　将文本打散

☞提示：

Flash 不能直接对群组、元件、文本块和位图应用形状渐变，不过用户可以先单击“修改”→“分离”命令将其打散，然后再应用形状渐变。另外，将文本打散需要连续单击“修改”→“分离”命令两次。

7）单击图层 1 的第 20 帧，单击“插入”→“关键帧”命令，插入关键帧。

8）单击“修改”→“变形”→“缩放与旋转”命令，在弹出的“缩放和旋转”对话框中设置“缩放”为 150%，如图 3-23 所示。单击“确定”按钮，放大后的文本如图 3-24 所示。

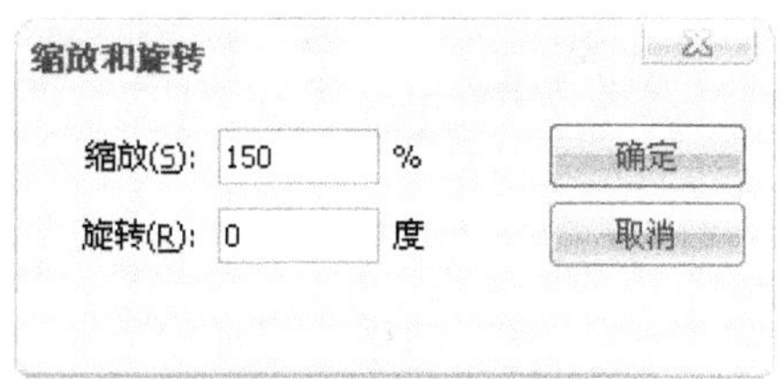

图 3-23　“缩放和旋转”对话框

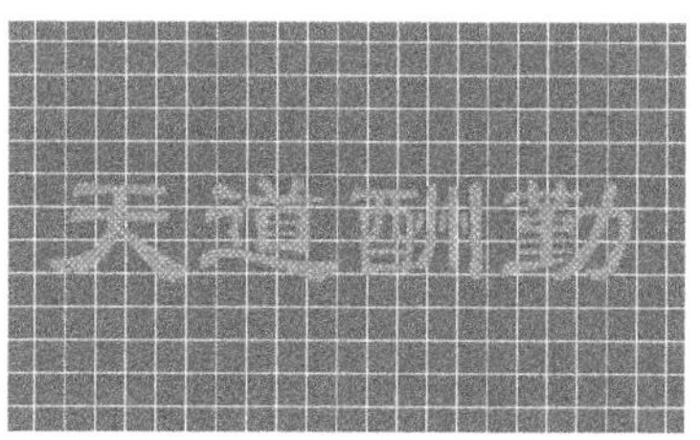

图 3-24　放大后的文本

☞提示：

使用“缩放和旋转”对话框可以对文本进行任意比例地缩放。

9）单击图层 1 的第 40 帧，单击“插入”→“关键帧”命令，插入关键帧。

10）单击图层 1 的第 1 帧，按〈Ctrl+C〉组合键复制文字，然后单击图层 1 的第 40 帧，单击“编辑”→“粘贴到当前位置”命令，将复制的内容粘贴到第 40 帧中。

11）分别单击图层 1 的第 1 帧和第 20 帧，然后单击“窗口”→“属性”命令，在弹出的“属性”面板的“补间”下拉列表框中选择“形状”选项，如图 3-25 所示。

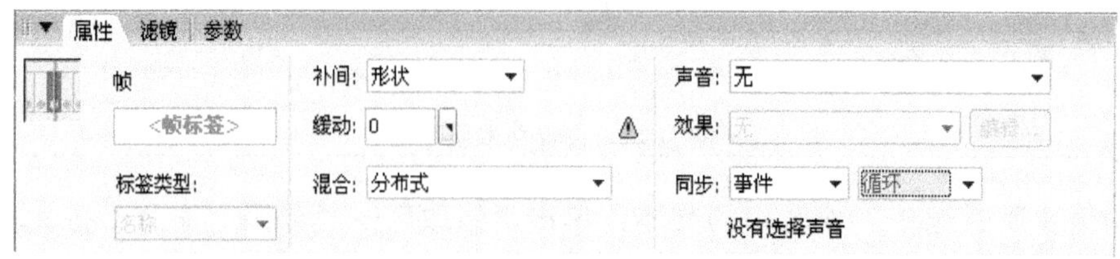

图 3-25　帧“属性”面板

12）单击“文件”→“另存为”命令，弹出“另存为”对话框，设置文件名称为“缩放文字”然后单击“保存”按钮。

13）单击“控制”→“播放”命令，预览该动画的效果，如图 3-26 所示。

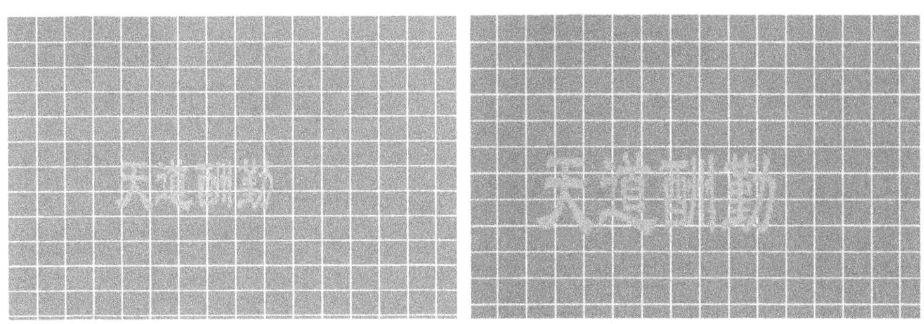

图 3-26　动画效果

3.4.3　实训 3　制作文字淡入淡出效果

下面的实训通过文字淡入淡出动画的制作，介绍文本的矢量转换和淡入淡出效果的制作方法。制作时首先创建起始帧和结束帧，然后将起始帧中文本的 Alpha 值设为 0%，即可实现文字的淡入效果，同样将结束帧中文本的 Alpha 值设为 0%，即可实现文字的淡出效果，制作步骤如下。

1）单击“文件”→“新建”命令，创建一个新的文件。

2）单击“修改”→“文档”命令，弹出“文档属性”对话框，在其中设置文档的“尺寸”为“420×300”像素，“背景颜色”为黑色（＃000000），单击“确定”按钮。

3）单击“视图”→“网格”→“显示网格”命令，显示网格，以便对图形进行精确定位。

4）单击“视图”→“网格”→“对齐网格”命令，使鼠标指针自动向网格对齐。

5）选择工具箱中的文本工具，单击“窗口”→“属性”命令，在弹出的“属性”面板中设置“文本类型”为“静态文本”，“字体”为“华文行楷”，“字体大小”为 80，“文本填充颜色”为红色（#FF0000），如图 3-27 所示。在工作区以外输入文本“天道酬勤”，如图 3-28 所示。

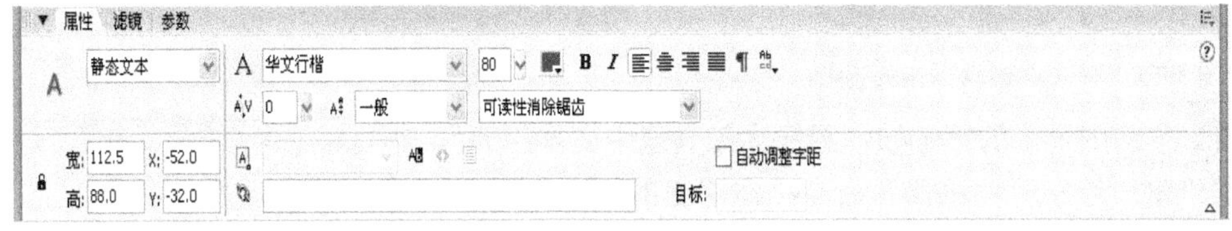

图 3-27　设置文本属性

6）用箭头工具选中工作区外面的文本，单击“修改”→“分离”命令，将文本打散，如图 3-29 所示。

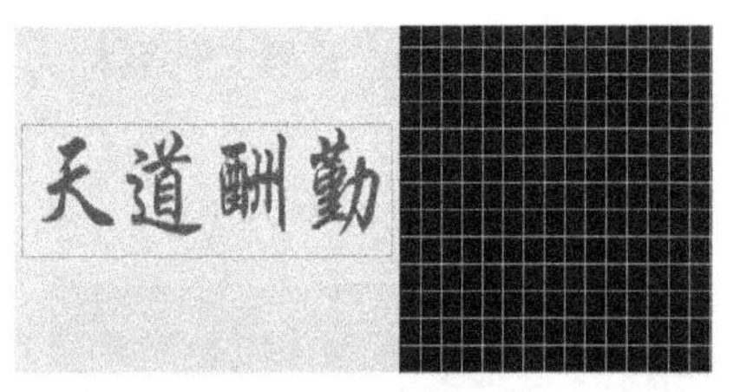

图 3-28　输入文本

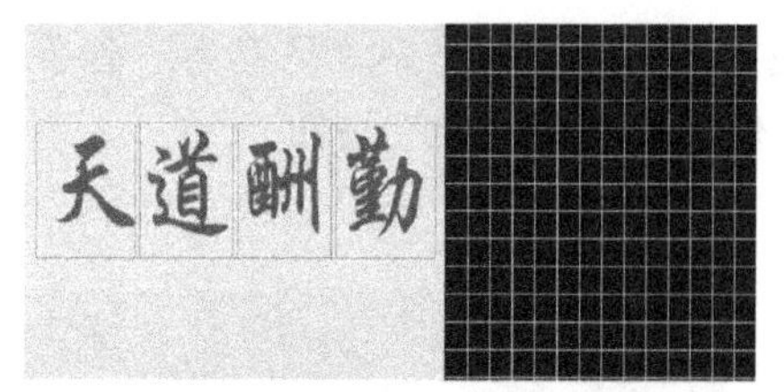

图 3-29　将文本打散

7）选择工具箱中的箭头工具，选中文本“道”，在颜色栏中设置“填充色”为黄色（#FFFF00），此时文本“道”的颜色变为黄色，如图 3-30 所示。

8）重复步骤 7）的操作，将文本“酬”的颜色变为绿色，文本“勤”的颜色变为蓝色，如图 3-31 所示。

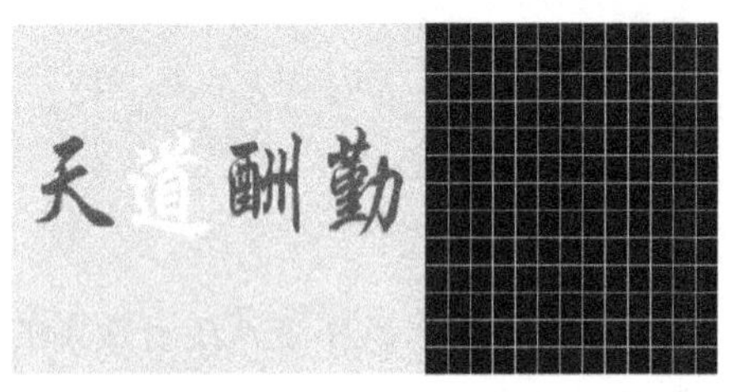

图 3-30　将文本“道”的颜色变为黄色

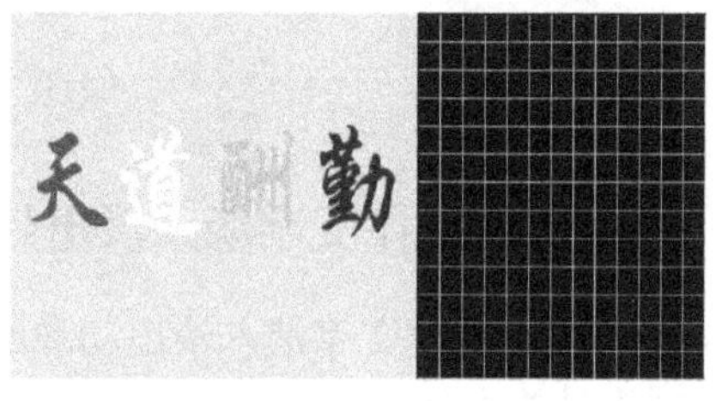

图 3-31　改变文本“酬”和“勤”的颜色

☞**提示：**

Flash 中的文本工具有矢量图形的特性，因此可以将文本转换为图形。用箭头工具选中文本，然后单击“修改”→“分离”命令，就可以将文本转换为矢量图形。转换为矢量图形后的文本，就可以像图形一样进行编辑。

9）单击图层 1 的第 20 帧，单击“插入”→“关键帧”命令，插入关键帧，并将文本“天道酬勤”拖到工作区的中心，如图 3-32 所示。

10）单击图层 1 的第 40 帧，单击“插入”→“关键帧”命令，插入关键帧，并将文本“天道酬勤”拖到工作区的外面，如图 3-33 所示。

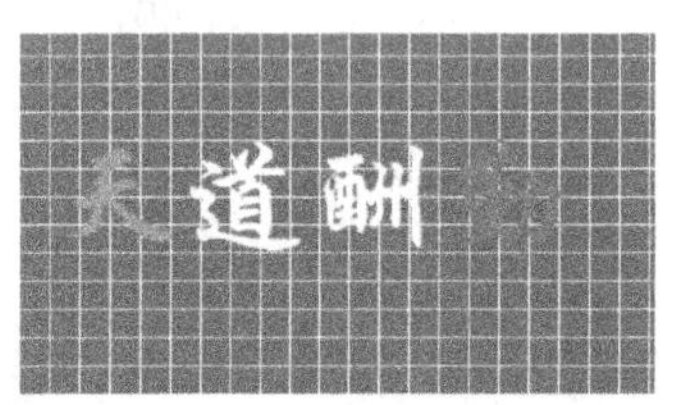

图 3-32　将文本拖到工作区中心

图 3-33　将文本拖到工作区外面

11）单击图层 1 的第 1 帧，用箭头工具选中文本“天”，然后单击“窗口”→“混色器”命令，在弹出的“混色器”面板中设置 Alpha 为 0%，如图 3-34 所示。

12）重复步骤 11）的操作，将文本“道”、“酬”和“勤”的 Alpha 均设置为 0%。

13）重复步骤 11）和 12）的操作，将第 40 帧的文本“天

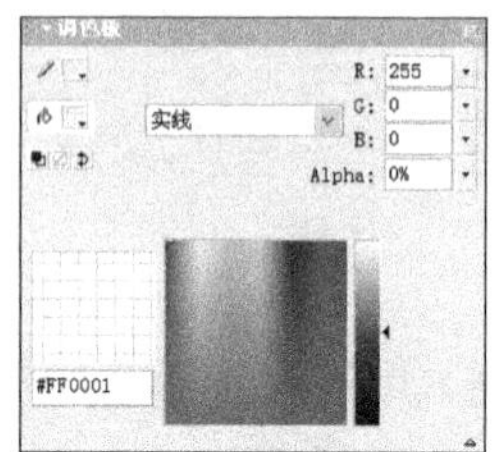

图 3-34　“混色器”面板

道酬勤”的 Alpha（透明度）值也设置为 0%。

14）分别单击图层 1 的第 1 帧和第 20 帧，然后单击“窗口”→“属性”命令，在弹出的“属性”面板的“补间”下拉列表框中选择“形状”选项。

15）单击“控制”→“播放”命令，预览该动画的效果。此时动画的变形杂乱无章，如图 3-35 所示。

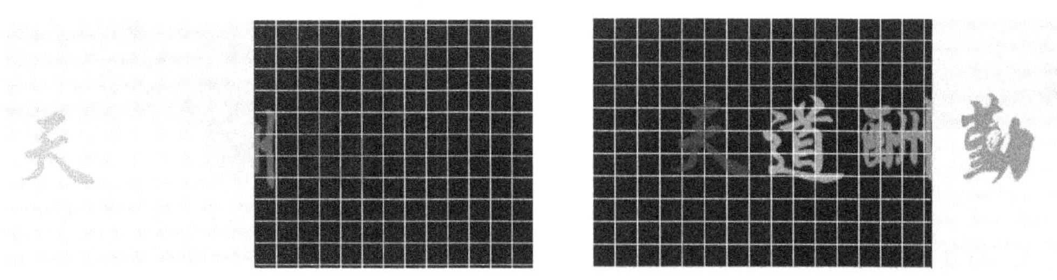

图 3-35　动画效果图

☞**提示：**

在 Flash 8 中，形状渐变可以完成对象整个形状变化的过程，但是形状渐变并没有规定形状具体是如何变化的，也就是说并没有规定开始时的某一点经过变形后将移动到哪一个位置上，所以整个变形过程有一点杂乱无章。因此 Flash 8 提供了“形状提示”功能用于解决这一问题。

16）单击图层 1 的第 1 帧，然后单击“修改”→“形状”→“添加形状提示”命令，给文本“道”添加形状提示，如图 3-36 所示。

17）单击图层 1 的第 20 帧，然后单击“修改”→“形状”→“添加形状提示”命令，给文本“道”添加形状提示，如图 3-37 所示。

图 3-36　给第 1 帧的文本“道”添加形状提示

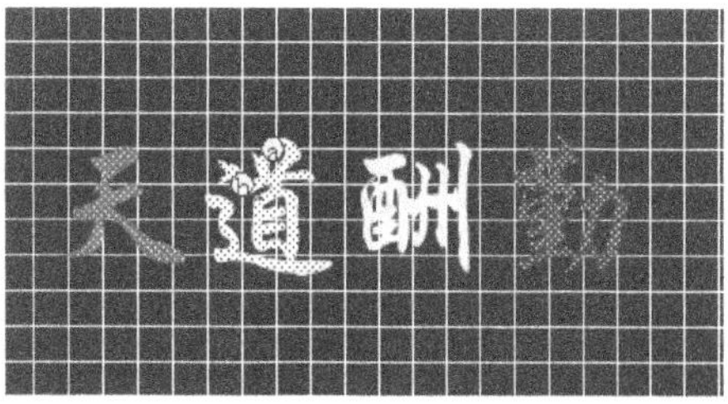

图 3-37　给第 20 帧的文本“道”添加形状提示

18）重复步骤 16）和 17）的操作，给图层 1 的第 20 帧和第 40 帧的文本“道”添加形状提示。

☞**提示：**

形状提示的编号顺序是 a~z，也就是说用户最多可以设置 26 个点，形状提示的添加顺序是按字母顺序进行的。形状提示在变化的关键帧中是黄色的，在结束关键帧中是绿色的，如果某一个点没有加到变形对象上，它会显示红色。

19）单击“文件”→“另存为”命令，弹出“另存为”对话框，设置文件名称为“文字的淡入淡出”，然后单击“保存”按钮。

20）单击“控制”→“播放”命令，预览该动画的效果，如图 3-38 所示。

图 3-38　动画效果

3.4.4　实训 4　制作文字倒影效果

下面的实训是制作一排跳跃的文字，同时它的镜像图形也作相应地跳跃。制作时分别将每一个字母复制并垂直翻转，再将翻转后的字母设置为半透明，即可产生倒影的效果，制作步骤如下。

1）单击“文件”→“新建”命令，创建一个新的文件。

2）单击“修改”→“文档”命令，弹出“文档属性”对话框，在其中设置文档的“尺寸”为“550×400”像素，“背景颜色”为浅蓝色，单击“确定”按钮。

3）选择工具箱中的矩形工具，在其“属性”面板中设置“笔触颜色”为无，“填充颜色”为深蓝色，在工作区的下半部分绘制一个矩形，如图 3-39 所示。

图 3-39　绘制深蓝色的矩形

4）下面制作字母 C 跳动的动画。单击“插入”→“新建元件”命令或按〈Ctrl+F8〉组合键，打开“创建新元件”对话框，设置“名称”为 C，“行为”为“影片剪辑”，单击“确定”按钮，进入 C 影片剪辑元件的编辑状态。

5）选择工具箱中的文本工具，在其“属性”面板中设置字体为 Arial Black，字体大小为 72，填充颜色为黄色，然后在工作区中输入大写字母 C。

6）用箭头工具选中字母 C，在“属性”面板中设置字母的 x 和 y 坐标为（0，0），单击“插入”→“转换为元件”命令或按〈F8〉快捷键，将字母转换为图形元件，并命名为 C1 元件。

7）按住〈Ctrl〉键的同时单击图层 1 的第 10 帧和第 20 帧，再单击“插入”→“关键帧”或按〈F6〉快捷键，这时将在第 10 帧处和第 20 帧处插入两个关键帧。

8）选中图层 1 第 10 帧中的字母，在其“属性”面板中设置字母的 x 和 y 坐标为（0，–120），这时字母 C 将垂直向上移动 120 个单位。

9）单击“时间轴”面板中图层 1 的名称，将图层中所有的帧选中，然后用鼠标右键单击其中的任意一帧，从弹出的菜单中选择“创建补间动画”选项，这时 3 个关键帧中的字母 C 将产生上下直线运动的效果。

10）选择图层 1 的第 30 帧，按〈F5〉快捷键，使图层的帧数扩展到 30 帧，此时的“时间轴”面板如图 3-40 所示。

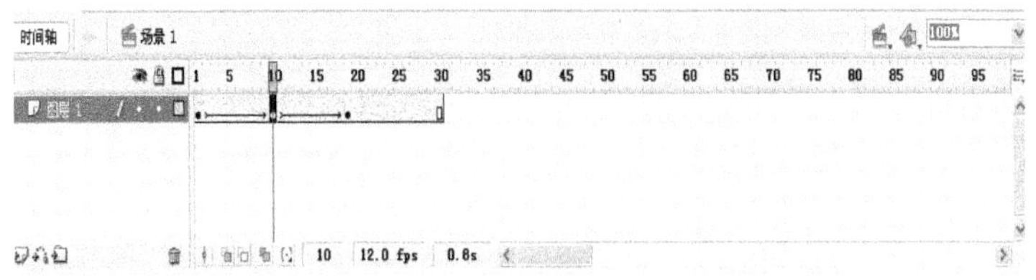

图 3-40　“时间轴”面板

11）下面制作字母 H 跳动的动画。单击“插入”→“新建元件”命令或按〈Ctrl+F8〉组合键，打开“创建新元件”对话框，在其中设置“名称”为 H，“行为”为“影片剪辑”，单击“确定”按钮，进入 H 影片剪辑元件的编辑状态。

12）选择工具箱中的文本工具，其“属性”面板中的参数保持不变，在工作区中输入大写字母 H。

13）用箭头工具选中字母 H，在“属性”面板中设置字母的 x 和 y 坐标为（0，0），单击“插入”→“转换为元件”命令或按〈F8〉快捷键，将字母转换为图形元件，并命名为 H 元件。

14）按住〈Ctrl〉键，单击图层 1 的第 3、13、23 帧，再单击“插入”→“关键帧”命令或按〈F6〉快捷键，这时将插入 3 个关键帧。

15）选中图层 1 的第 13 帧中的 H 元件，在“属性”面板中设置字母 x 和 y 坐标为（0，–120），这时字母 H 将垂直向上移动 120 个单位。

16）选中“时间轴”面板中图层 1 的第 3 帧至第 23 帧，然后用鼠标右键单击其中任意一帧，从弹出的快捷菜单中选择“创建补间动画”选项，这时 3 个关键帧中字母 H 将产生上下直线运动的效果。

17）选中图层 1 的第 30 帧，按〈F5〉快捷键，使图层的帧数扩展到 30 帧，此时的“时间轴”面板如图 3-41 所示。

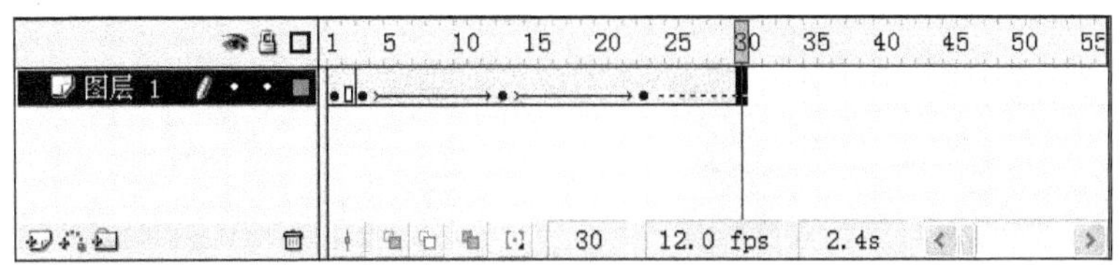

图 3-41　“时间轴”面板

18）按照步骤 11）～17）的方法制作 A、L、K 影片剪辑元件，使它们产生同样的上下直线运动效果，各影片剪辑元件的“时间轴”面板分别如图 3-42～图 3-44 所示。

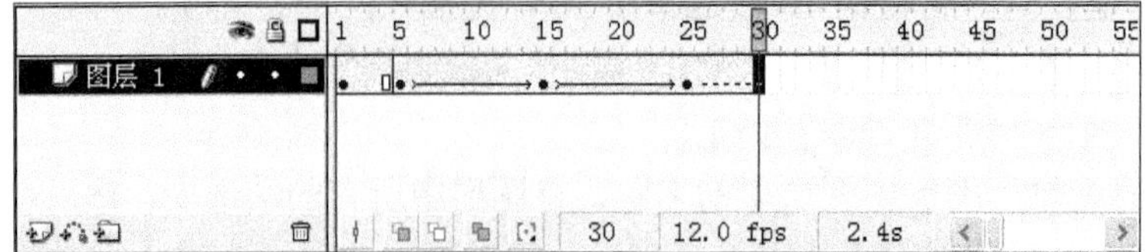

图 3-42　A 影片剪辑元件的“时间轴”面板

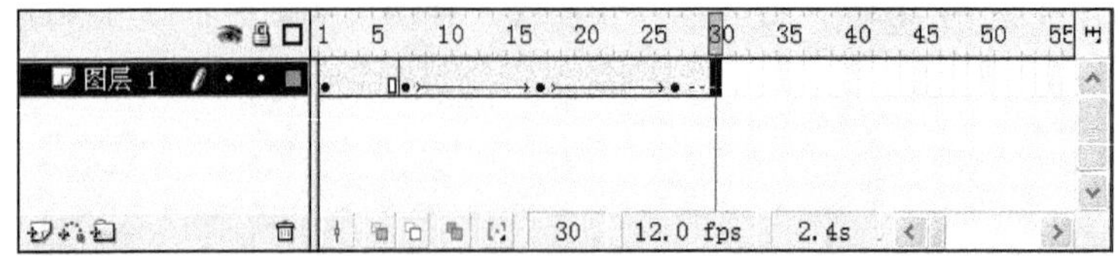

图 3-43　L 影片剪辑元件的“时间轴”面板

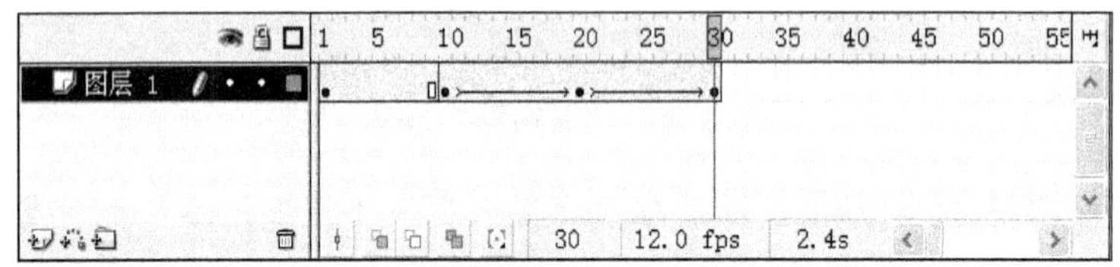

图 3-44　K 影片剪辑元件的“时间轴”面板

19）单击工作区左上角的“场景 1”按钮，返回场景编辑窗口。单击“时间轴”面板左下角的“插入图层”按钮，在当前图层的上面添加一个新图层——图层 2。

20）单击“窗口”→“库”命令或按〈Ctrl＋L〉组合键，打开“库”面板，将 C 影片剪辑元件拖动到工作区的左侧。

21）按住〈Shift+Ctrl〉组合键，向下拖动 C 影片剪辑元件，将复制一个新的 C 影片剪辑元件。单击“修改”→“变形”→“垂直翻转”命令，将复制后的 C 影片剪辑元件垂直翻转，并将它移动到图 3-45 所示位置。

22）选中复制的 C 影片剪辑元件，在其“属性”面板中设置“颜色”为 Alpha，并设置其值为 40%，使之成半透明状态。

23）按照步骤 20）～22）的操作方法，依次添加 H、A、L、K 影片剪辑元件，并分别复制和翻转，效果如图 3-46 所示，此时的“时间轴”面板如图 3-47 所示。

图 3-45　复制并垂直翻转后的 C 影片剪辑元件

图 3-46　添加所有的影片编辑元件

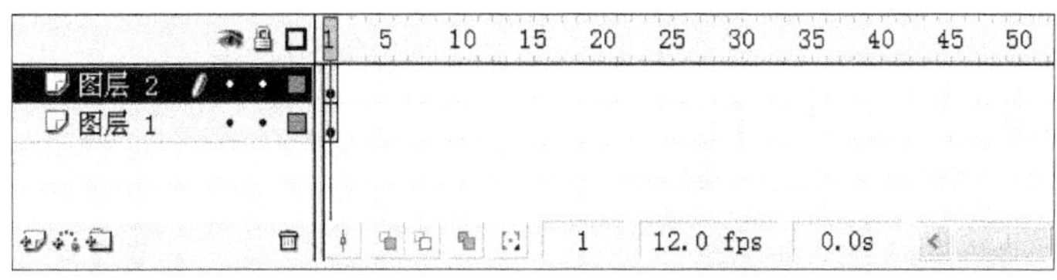

图 3-47 “时间轴”面板

24）单击“文件”→“另存为”命令，打开“另存为”对话框，设置“名称”为“倒影文字效果”，单击“保存”按钮。

25）单击“控制”→“播放”命令，预览该动画效果。

3.5 实训 制作简单动画

本节通过对简单动画制作过程的详细介绍，对实训中应用到各种绘图工具的使用技巧进行了详细地介绍，在直线运动实训和制定运动路径实训中对创建补间动画、引导层的应用以及形状渐变等操作进行了讲解，从而使读者进一步熟悉动画的制作技巧。

3.5.1 实训 1 制作动态绘字效果

时间轴上的帧可以分为关键帧、过渡帧和空白帧。

关键帧有一个小黑点，在动画中起关键作用；空白帧不含有任何内容、图形，颜色是白色的，如果有小圈就是空白关键帧；过渡帧是电脑产生，最后有一个小方框。怎样选择帧呢？主要应注意鼠标指针。当鼠标指针是白箭头的时候才能选择，单击就可以选中一个帧。帧选中后是黑色的，同时工作区中的所有对象也都被选中了，可以作为“全选”命令使用。多个帧选择方法是当指针是白箭头时拖动鼠标（不要犹豫），就可以选择多个帧；如果停了一下，指针后面有小尾巴了，就是拖动帧而不是选择帧了。

插入帧的方法是先选择插入位置，单击鼠标右键选择“插入帧”命令，若选择了多个帧表示要插入多个帧。删除的操作跟插入刚好相反，选中后单击鼠标右键选择“删除帧”命令，影片自动缩短一帧。刚建立的新文件只有一个图层 1 和一个帧，帧是空白的关键帧，制作动画还需要插入帧和图层。

☞注意：

按〈Delete〉键只是删除工作区中的内容，不删除帧，而“删除帧”则两者都会删除。

下面实训是制作一个激光文字动画，效果是一只激光笔写出一个字母。

1）选择“视图”→“网格”→“显示网格”命令，然后选择“贴紧”→“贴紧至网格”命令，准备好以便于作图。

2）先在第 27 帧处插入空白关键帧，这时第 1 帧和第 27 帧上有一个小圆圈，表示它们是关键帧，其他帧都是过渡帧，如图 3-48 所示。

3）选择文本工具，在下边的属性面板中，将字体设为“Arial”，字号设为 200，颜色为绿色，如图 3-49 所示。在工作区中单击鼠标，输入大写字母“L”。

图 3-48 时间轴上的“关键帧”

图 3-49 设置文字

4）这时可以发现第 27 帧中的圆圈变黑，说明其中有了内容，找一个网格线把字母对齐，字母大约有 8 个网格的高度。

5）将图层 1 名称改为“文字”，单击“文字”右边的第 2 个白点，会出现一把小锁，这样就把文字层锁定，可以防止误操作。添加图层 2，名称改为“笔画”，以“激光文字”为文件名保存文件，如图 3-50 所示。

6）选择直线工具，将边框色设为红色，粗细为 3，顺着字母“L”的边缘画一圈，一共是 6 画（6 条线），如图 3-51 所示。

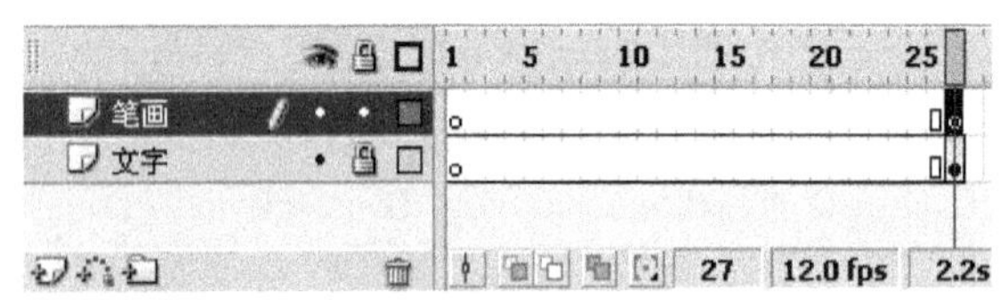

图 3-50 添加“图层”及“关键帧”

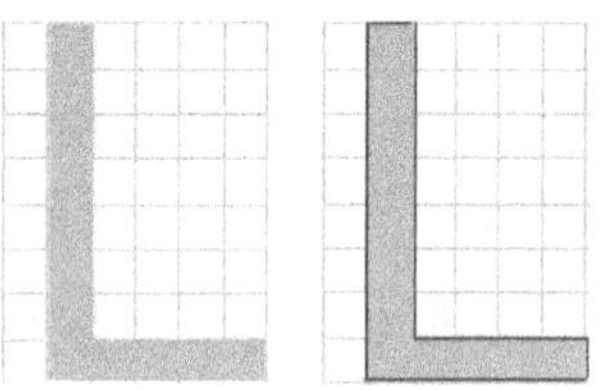

图 3-51 绘制字母“L”

7）写字的效果是一笔跟着一笔，直到这个字写完。第 27 帧是最后帧，这时文字已经完成，而在第 26 帧时还差最后一笔，依此类推。

8）在第 27 帧上单击鼠标右键，选择“复制帧”命令，然后再选择“笔画”层的第 26 帧，单击鼠标右键，选择“粘贴帧”命令，把第 27 帧复制过来。

9）粘贴过来的文字是一样的，需要修改一下，第 26 帧时字还没写完，没写完的部分要去掉。

10）把工作区中字母“L”的最上面一横用放大镜框一下，这样就可以局部放大，然后用箭头工具框选最后一笔，按〈Delete〉键删除，也就是第 26 帧时还有半条线没写，如图 3-52 所示。

11）选中第 26 帧，单击鼠标右键，选择“复制帧”，然后在第 25 帧上单击鼠标右键选择“粘贴帧”，把第 26 帧复制到第 25 帧去修改，用箭头工具，框选左边竖线的第一格，按〈Delete〉键删除，如图 3-53 所示。

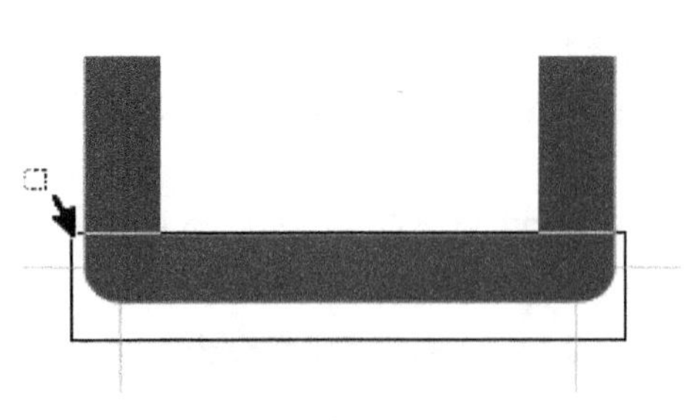

图 3-52 选择字母局部

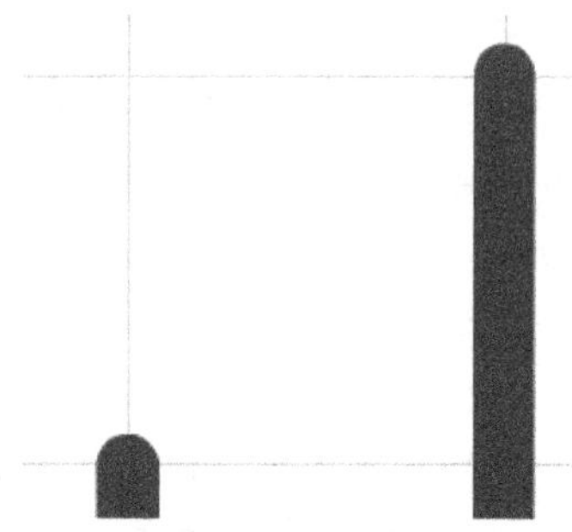

图 3-53 修改字母效果

12）同样用复制的方法，从后往前修改每一帧，每次“复制帧”→“粘贴帧”、删除一个网格的线段长度，一直到第 1 帧所有笔画都清除掉，从第 1 帧到第 27 帧笔画逐渐增多，时间轴如图 3-54 所示。

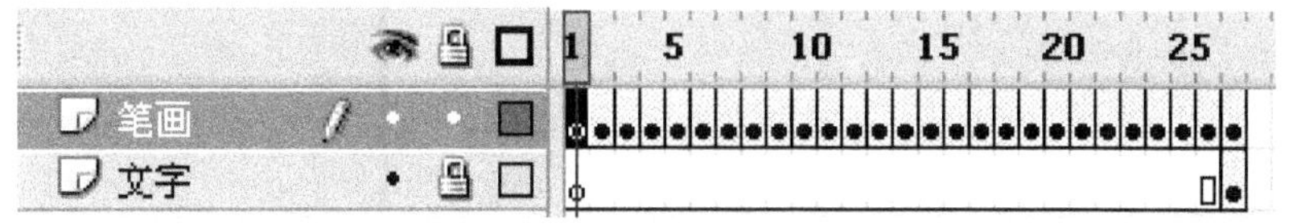

图 3-54　复制帧

13）保存文件，按〈Ctrl＋Enter〉键进行测试。按〈Ctrl＋W〉组合键返回，准备画一支笔，重新添加一个图层，名称改为“画笔”。

14）选中矩形工具，选择边框色为红色，填充色为黄色，绘制一个网格宽、8 个网格高的矩形，用放大镜工具把上面两个顶点框选，然后放大，如图 3-55 所示。

15）选择箭头工具，拖动 4 个顶点，注意当箭头工具尾巴上出现折线时开始拖动，把矩形变成一个细长的梯形，如图 3-56 所示。

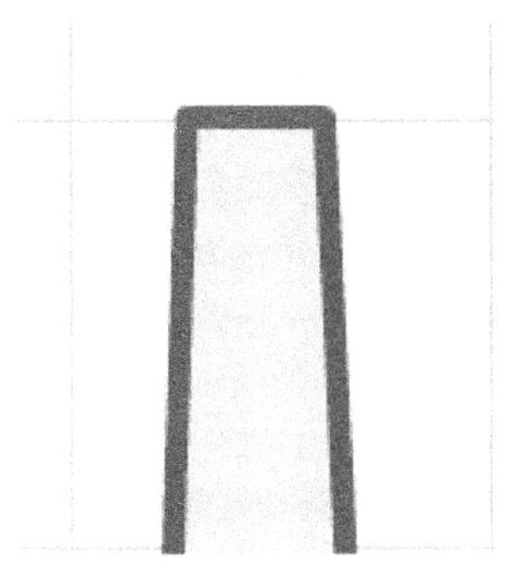

图 3-55　绘制梯形

图 3-56　拉长梯形

16）在“手形图标”上双击，将工作区自动缩放，然后选择箭头工具，在梯形的红色边线上双击，选中所有边线，按〈Delete〉键删除。

17）选中黄色梯形，按〈Ctrl＋G〉组合键把它组合成一个组件，用任意变形工具把它旋转一定角度，然后将笔尖移到字母“L”的开头。

18）创建激光笔的动画，得先找到动画的起点和终点。拖动时间轴上红色的指针，找到每一笔画的起点和终点。

19）“L”的第 1 笔是竖，动画的两个关键帧就是第 1 帧到第 8 帧的补间动画，第 1 帧是空的，单击第 2 帧，把画笔移到竖线的上端，用方向键调整画笔对准竖线，如图 3-57 所示。

20）在第 8 帧上单击鼠标右键，选择“转换为关键帧”命令，然后把画笔移到竖线的最下面，选中第 1 帧，单击鼠标右键，创建补间动画。

21）找到第 2 笔横画，从第 8 帧到第 12 帧，在第 12 帧上单击鼠标右键，选择“转换为关键帧”，把画笔移到横画的右边端点上，再在第 8 帧上创建补间动画，如图 3-58 所示。

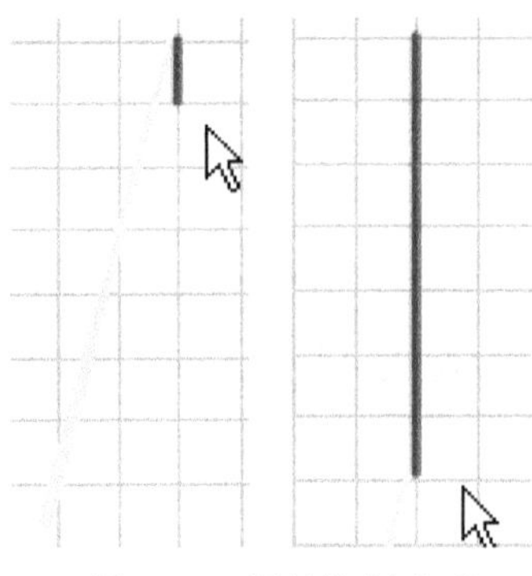

图 3-57　调整绘制“L”

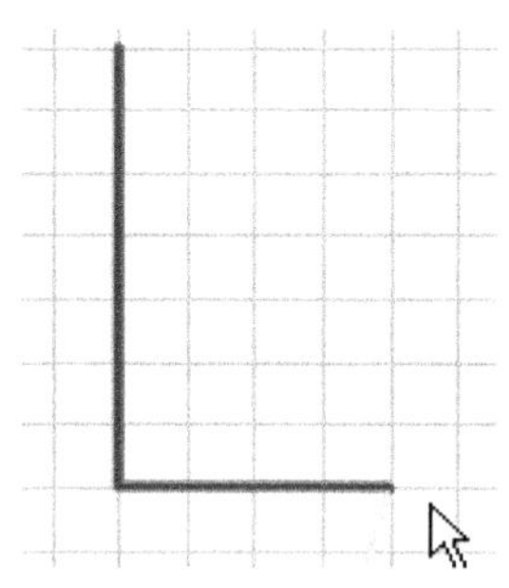

图 3-58　补间创建后效果

22）如上所示一段一段制作动画，在“画笔”图层中每一笔的末尾帧上，单击鼠标右键选择“转换为关键帧”命令，把笔尖移到笔画的终点，创建补间动画，这样笔尖跟笔画就一起运动了。

23）保存并测试文件，这样一个奇妙的动画就做好了。

24）绿色的文字是起参考作用，现在可以删除了。在“文字”图层上单击鼠标右键，选择“删除”命令，就可以去掉这一层，然后重新保存、测试。

☞**提示：**

有一种更简单的创建文字外边框的方法，按〈Ctrl + B〉组合键把文字“L”打散，然后用墨水瓶工具给文字边上喷上另一种颜色，描边以后删掉内部，可以得到文字的精确外边框。

3.5.2　实训 2　制作物体直线运动效果

本实训通过制作直线运动小球，介绍了椭圆工具的使用方法和运动渐变动画制作方法。制作直线运动小球时，只需创建起始帧和结束帧，然后在两个关键帧之间创建“运动渐变”补间，制作步骤如下。

1）单击“文件”→“新建”命令，创建一个新的文件。

2）单击“修改”→“文档”命令，弹出“影片属性”对话框，设置文档的“尺寸”为“420×300”像素，如图 3-59 所示，单击“确定”按钮。

3）单击“视图”→“网格”→“显示网格”命令，显示网格，以便对图形进行精确定位。

4）单击“视图”→“网格”→“对齐网格”命令，使鼠标指针自动向网格对齐。

5）单击“视图”→“网格”→“编辑网格”命令，弹出“网格”对话框，在其中设置网格的大小为“30×30”像素，如图 3-60 所示，单击“确定”按钮。

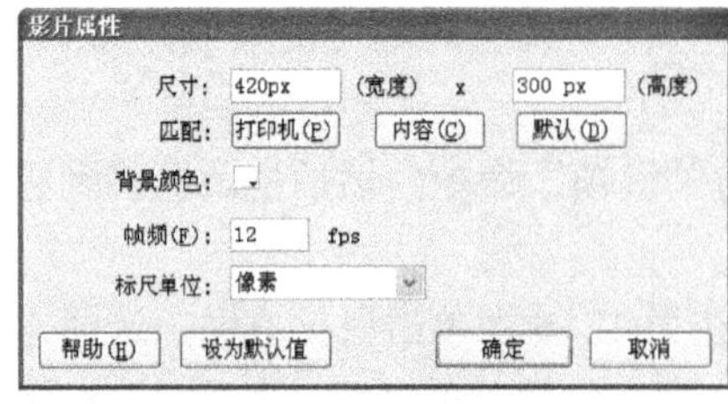

图 3-59　设置文档属性

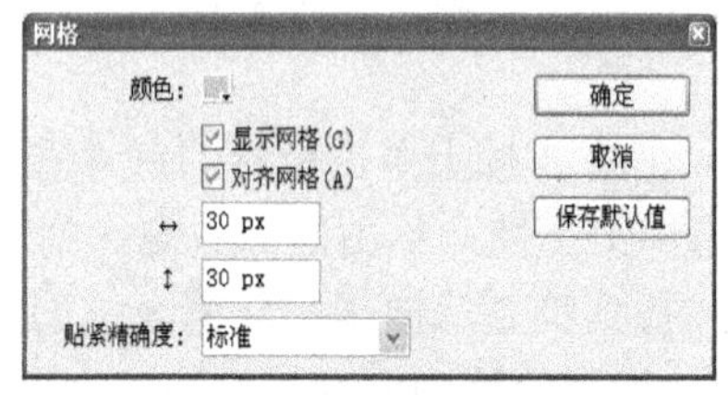

图 3-60　调整网格大小

6）单击“插入”→“新建元件”命令，弹出“创新建元件”对话框，在其中设置“名称”为“小球”，“作用”为“图形”，如图3-61所示，单击“确定”按钮。

7）选择工具箱中的椭圆工具，在颜色栏中设置“笔触颜色”为无色，“填充色”为深绿色放射渐变效果，然后在工作区的中心绘制一个圆，如图3-62所示。

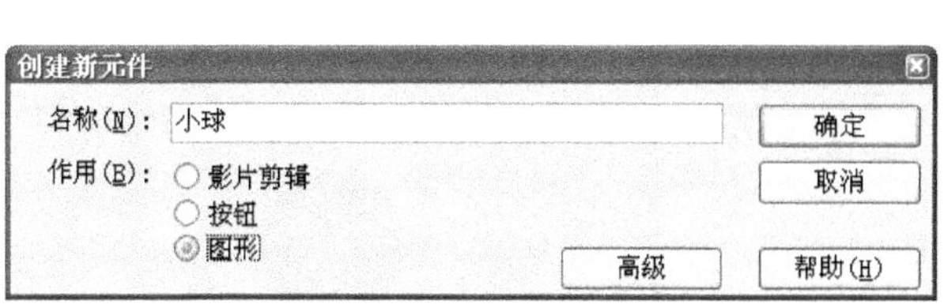

图3-61　创建小球元件

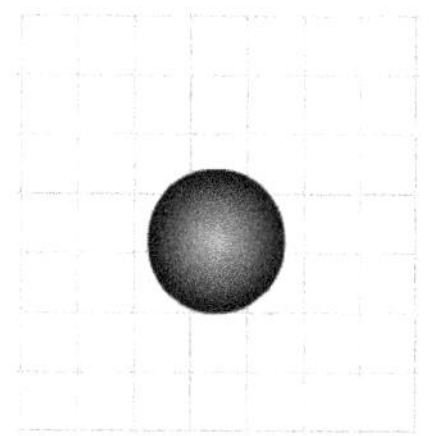

图3-62　绘制的圆

☞提示：

使用椭圆工具可以绘制椭圆或正圆。先选择工具箱中的椭圆工具，然后在颜色栏中设置笔触颜色和填充颜色，最后在工作区中拖动鼠标，即可绘制椭圆；若按住〈Shift〉键的同时拖动鼠标，即可绘制正圆。

8）单击“编辑”→“编辑文档”命令或单击工作区左上角的“场景1”按钮，退出元件编辑窗口。

9）单击“窗口”→“库”命令，打开“库”面板，如图3-63所示，将小球元件拖动到工作区的左端，如图3-64所示。

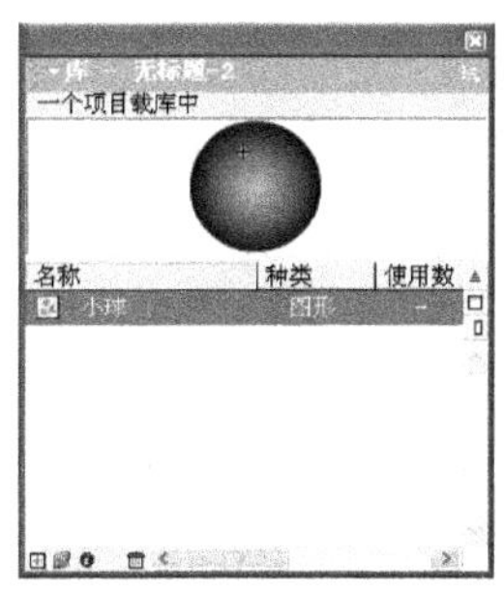

图3-63　“库”面板

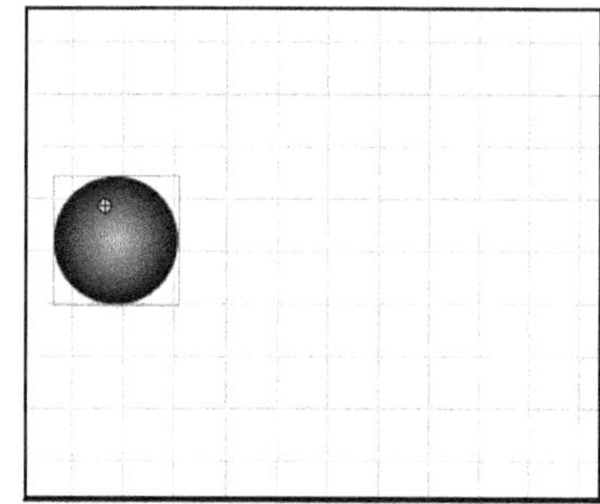

图3-64　添加小球元件

10）单击图层1的第20帧，然后单击“插入”→“关键帧”命令，插入关键帧，将工作区左端的小球元件拖动到右端，如图3-65所示。

11）单击图层1的第1帧，然后单击“窗口”→“属性”命令，在弹出的“属性”面板的“补间”下拉列表框中选择“动画”选项，如图3-66所示。

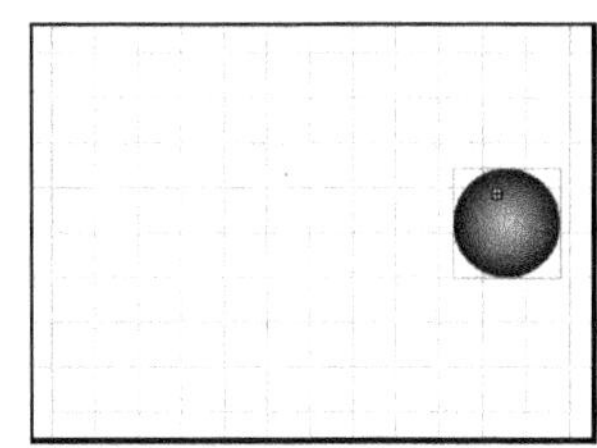

图3-65　将小球元件拖动到工作区的右端

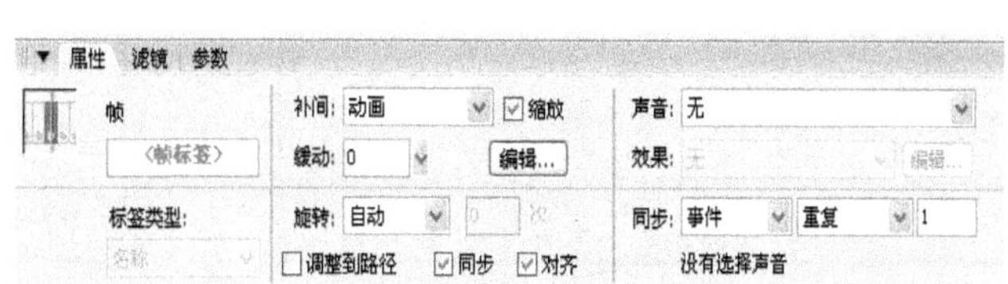

图3-66　帧“属性”面板

12）单击“文件”→“保存”命令，弹出“另存为”对话框，设置文件名称为“直线运动的小球”，单击“保存”按钮，如图3-67所示。

13）单击“控制”→“播放”命令，预览该动画的效果，如图3-68所示。

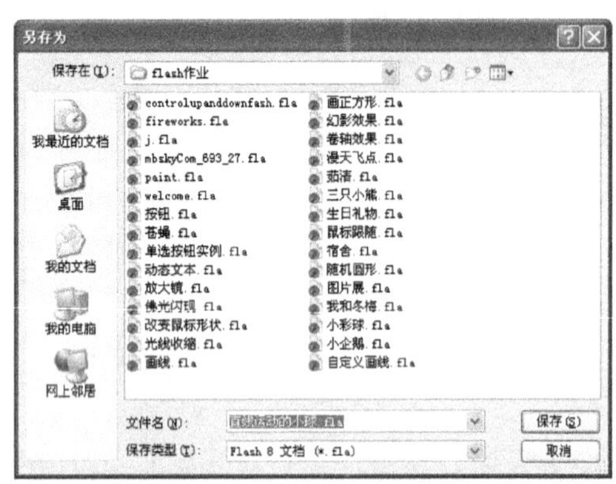

图3-67　“另存为”对话框

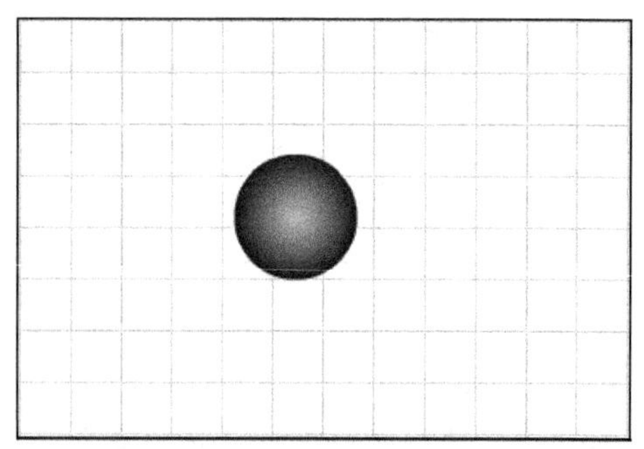

图3-68　第8帧的效果

☞提示：

运动渐变可以实现对象的位置、大小、旋转和颜色的渐变效果。在创建“运动渐变”动画之前，需要把对象转换为元件。

3.5.3　实训3　制作物体按指定路径运动效果

本节通过制作按指定路径运动的小球，进一步熟悉“运动渐变”功能。沿路径运动小球动画的制作需要建立一个引导层。制作的过程中球的中心要和路径的起始点、终点对齐，才能使小球沿路径运动，制作步骤如下。

1）单击“文件”→“新建”命令，创建一个新的文件。

2）单击“修改”→“文档”命令，弹出“影片属性”对话框，在其中设置文档的“尺寸”为“500×300”像素，如图3-69所示，单击“确定”按钮。

3）单击“视图”→“网格”→“显示网格”命令，显示网格，以便对图形进行精确定位。

4）单击“视图”→“网格”→“对齐网格”命令，使鼠标指针自动向网格对齐。

5）单击“视图”→“网格”→“编辑网格”命令，弹出“网格”对话框，在其中设置网格的大小为“18×18”像素，如图3-70所示，单击“确定”按钮。

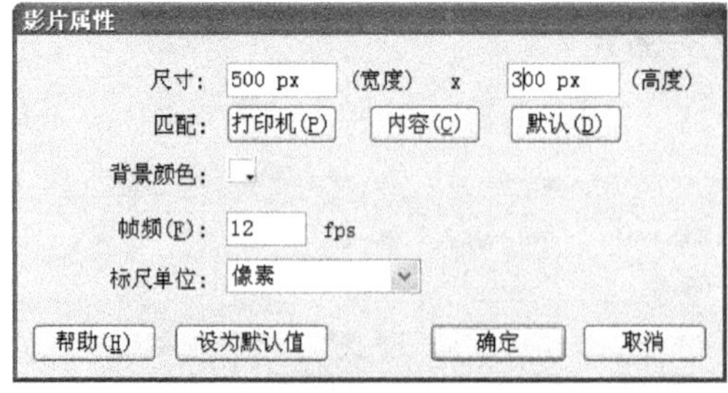

图3-69　设置文档属性

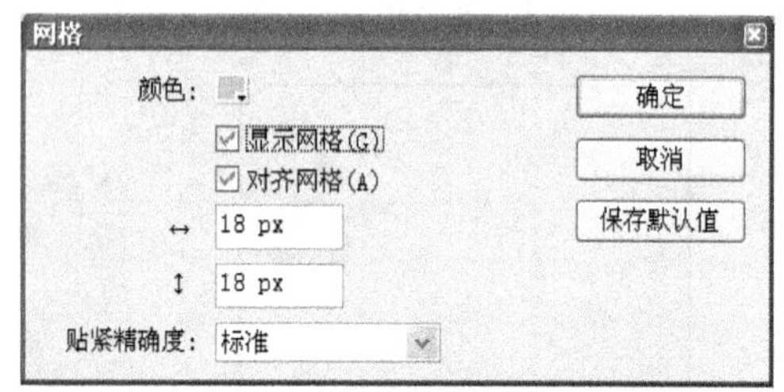

图3-70　“网格”对话框

6）双击“时间轴”面板中的图层 1 名称，将图层重新命名为“小球”。

7）选择工具箱中的椭圆工具，在颜色栏中设置“笔触颜色”为无色，“填充色”为深红色放射渐变效果，然后在工作区的中心绘制一个圆。

8）选择工具箱中的椭圆工具，按住〈Shift〉键的同时在工作区中绘制一个小球，如图 3-71 所示。

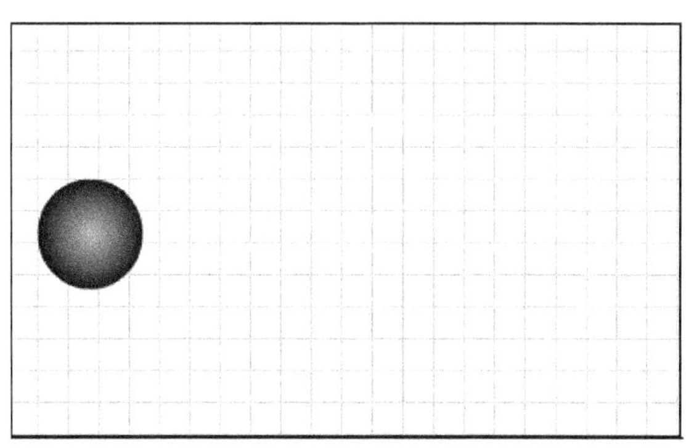

图 3-71　绘制小球

9）单击“时间轴”面板左下角的“添加运动引导层”按钮，小球图层的上边会自动添加引导层。

10）锁定小球图层，单击引导层的第 1 帧，从工具箱中选择线条工具，在工作区中绘制一条不规则的折线作为小球运动的路径；单击引导层的第 20 帧，按〈F7〉功能键插入空白关键帧。

☞**提示：**

小球的中心一定要和路径的起始点以及终点对齐，这样小球才会沿着路径运动。

11）解除对小球图层的锁定，单击小球图层的第 1 帧，将小球中心与折线的起始点对齐，单击小球图层的第 20 帧，按〈F6〉功能键插入关键帧，将小球中心与折线终点对齐。

12）用鼠标右键单击小球图层的第 1 帧，在弹出的快捷菜单中选择“创建补间动画”选项，此时的“时间轴”面板如图 3-72 所示。

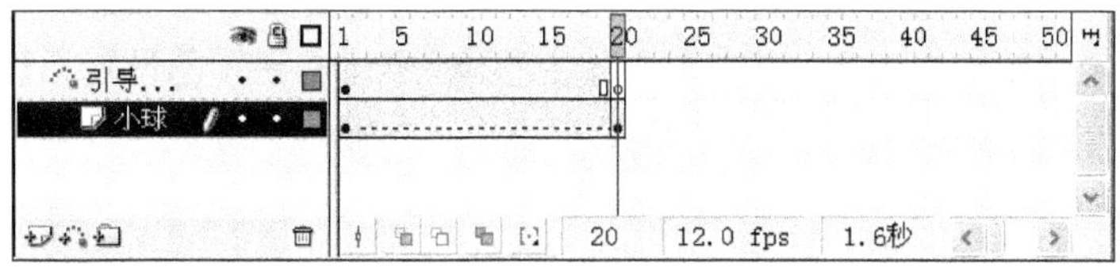

图 3-72　“时间轴”面板

13）单击“视图”→“网格”→“显示网格”命令，隐藏网格，以便观看动画的效果。

14）单击“文件”→“另存为”命令，弹出“另存为”对话框，设置文件名称为“按指定路径运动的小球”，单击“保存”按钮。

15）单击“控制”→“播放”命令，播放动画，播放过程中的几个画面如图 3-73～图 3-76 所示，还可以通过单击“时间轴”面板上的某一帧来观察动画效果。

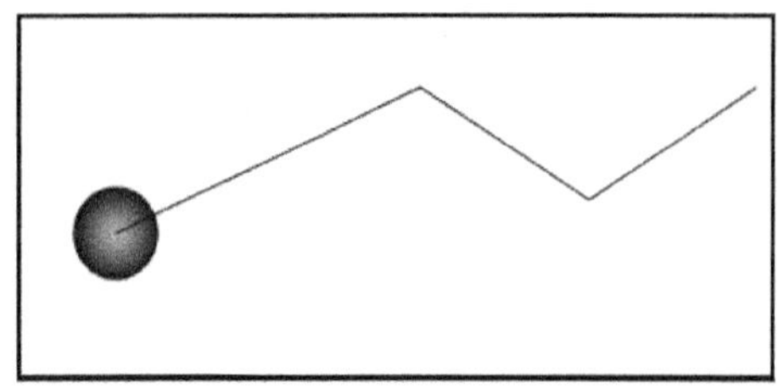

图 3-73　小球起始的位置

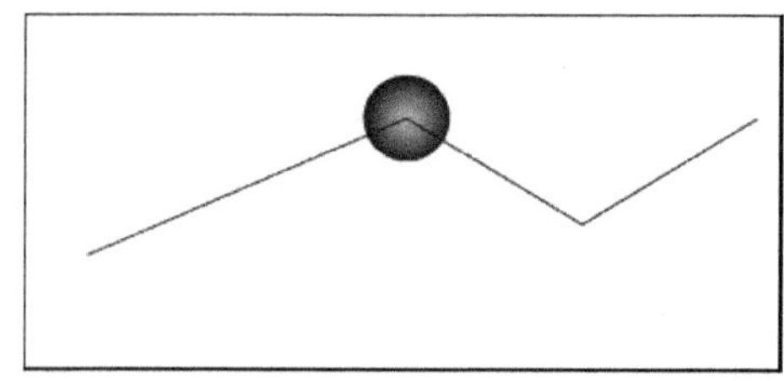

图 3-74　小球经过路径第一转折点

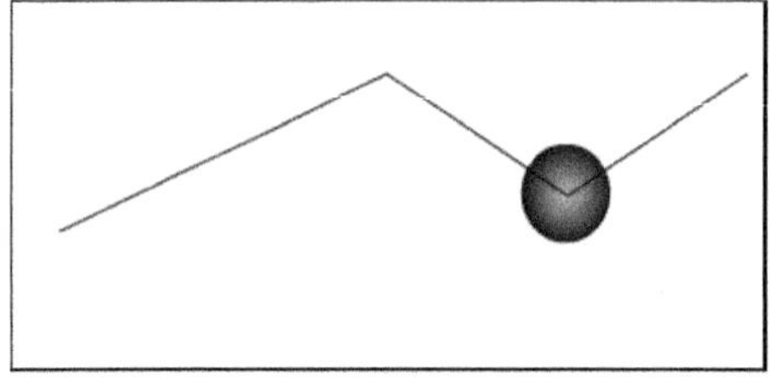

图 3-75　小球经过路径第二转折点

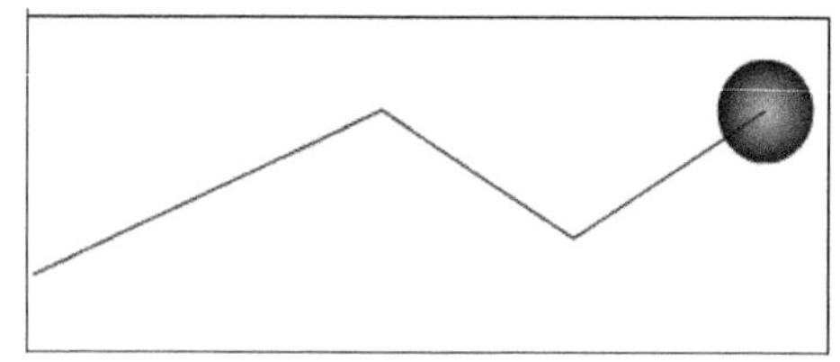

图 3-76　小球终点位置

3.5.4　实训 4　制作书写粉笔字效果

本节通过模拟用粉笔在黑板上写空心字动画的制作，介绍引导层的使用方法。该实训综合运用了引导层和沿路径运动的效果。主要包括空心字的制作、粉笔的制作、路径的制作以及使粉笔在路径上运动，制作步骤如下。

1）单击“文件”→“新建”命令，创建一个新的文件。

2）单击“修改”→“文档”命令，弹出“影片属性”对话框，在其中设置文档的“尺寸”为“480×380”像素，“背景色”为黑色（#000000），单击“确定”按钮。

3）单击“视图”→“网格”→“显示网格”命令，显示网格，以便对图形精确定位。

4）单击“视图”→“网格”→“对齐网格”命令，使鼠标指针自动向网格对齐。

5）单击“视图”→“网格”→“编辑网格”命令，弹出“网格”对话框，在其中设置网格的大小为“18×18”像素。

6）双击“时间轴”面板中的图层 1 名称，将该图层重新命名为 Text。

7）选择工具箱中的文本工具，并在其“属性”面板中将文字颜色设置为蓝色，字体为“方正姚体”，字号为 120，如图 3-77 所示，然后在工作区中输入字母 E，如图 3-78 所示。

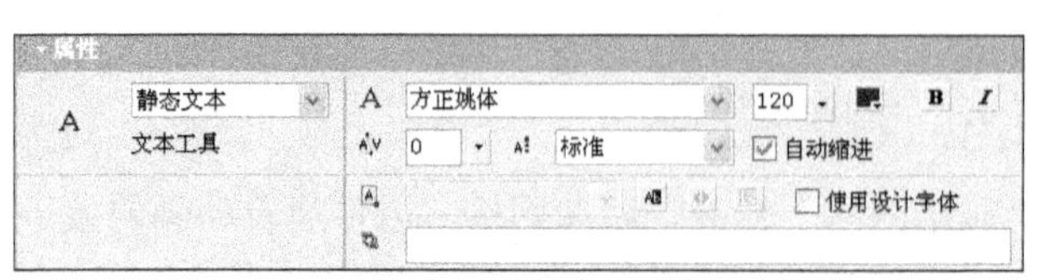

图 3-77　“属性”面板

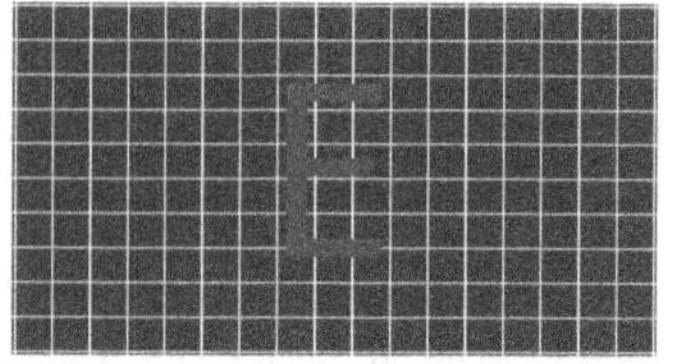

图 3-78　在工作区中输入字母 E

8）选择工具箱中的箭头工具，单击字母 E，使其处于选中状态。单击“修改”→“分离”命令或按〈Ctrl+B〉组合键，将字母 E 分离。

☞**提示：**

这一步很重要，如果不将字母打散，就不能将字母分离开来，空心的效果也就做不出来。

9）选择工具箱中的墨水瓶工具，在其“属性”面板中设置笔触颜色为白色，线宽为 4，笔触样式为实线，如图 3-79 所示。

10）用墨水瓶工具单击工作区中的字母 E，为图形勾勒其轮廓线。按〈Delete〉键，将分离图形删除，只留下白色轮廓线，空心字制作完成，效果如图 3-80 所示。

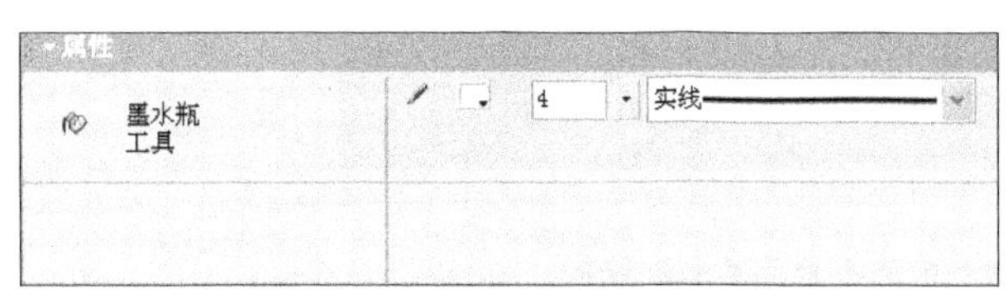

图 3-79 “墨水瓶”属性面板

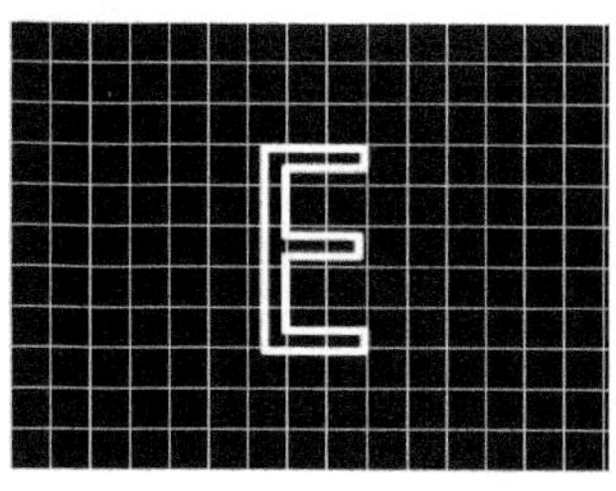

图 3-80 制作空心字母 E

11）单击“时间轴”面板中的“插入图层”按钮，在当前图层的上面新建一个图层，并将新图层命名为 Chalk。在图层 Chalk 的工作区中，用矩形工具绘制一根“粉笔”。

12）用箭头工具选中“粉笔”，然后单击“插入”→“转换为元件”命令，将“粉笔”转换为元件，如图 3-81 所示。

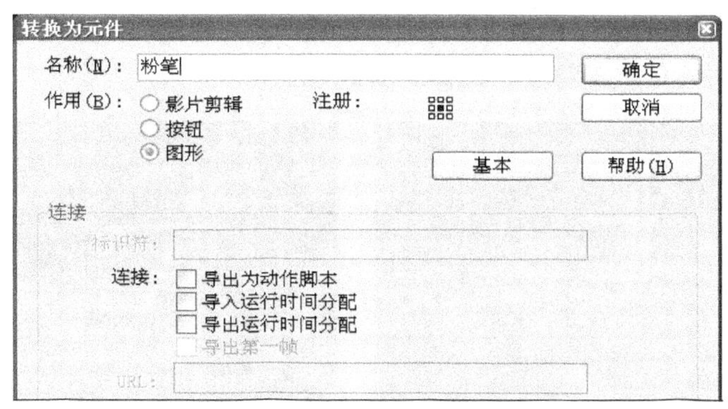

图 3-81 将“粉笔”转换为元件

13）下面开始制作运动路径。单击“时间轴”面板中的“添加运动引导层”按钮，在 Chalk 图层的上面添加引导层，并自动命名为“引导层：chalk”。

14）单击“时间轴”面板中的 Text 图层，并用鼠标右键单击字母 E，在弹出的快捷菜单中选择“复制”选项，将该字母复制到剪贴板中。

15）单击“时间轴”面板中的“引导层：chalk”图层，将复制的字母粘贴到该图层中，并调整到合适的位置。为使复制的字母与原字母易于区分，可将轮廓线设置为另一种颜色。

16）由于该运动路径是一个封闭的图形，为了使“粉笔”有明显的运动方向，应使路径不再封闭，如图 3-82 所示。将开口上面的端点作为“粉笔”运动路径的起点，下面的端点作为“粉笔”运动路径的终点。

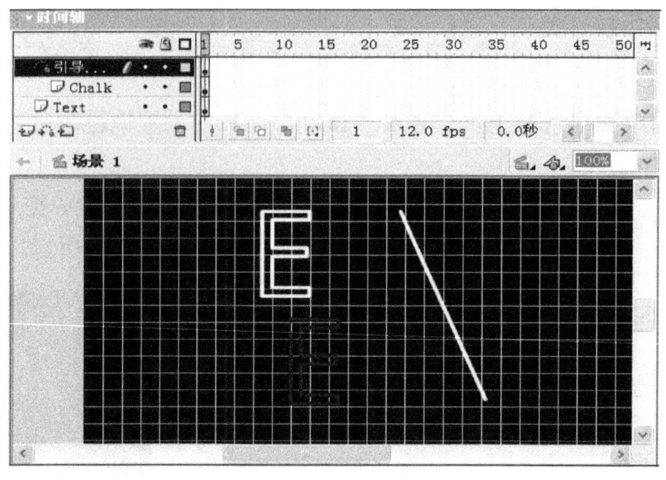

图 3-82　创建不封闭的运动路径

☞提示：

制作开口的时候，小口的宽度应该稍大于粉笔的宽度。

17）单击工具箱中的“对齐对象”按钮。

18）单击“粉笔”的中心位置，并将“粉笔”拖到路径的起点上，当鼠标指针对齐到起点时释放鼠标，“粉笔”的中心就会自动锁定在运动路径的起点上，效果如图 3-83 所示。

19）将图层 Text 上的字母 E 移动到合适的位置，使“粉笔”笔尖在文字上的位置与“粉笔”中心在运动路径上的位置对应，如图 3-84 所示。

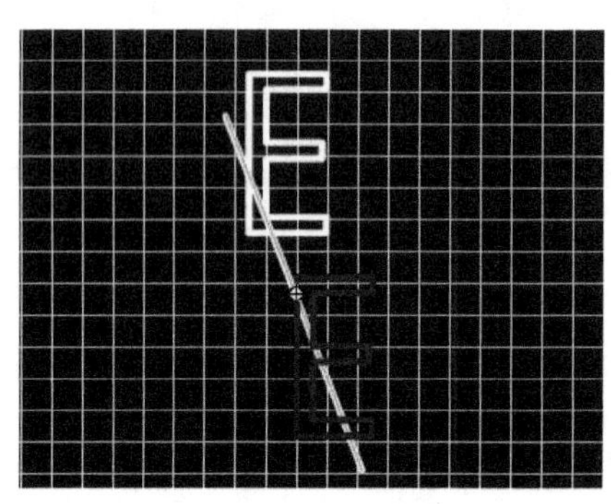

图 3-83　对齐路径起点

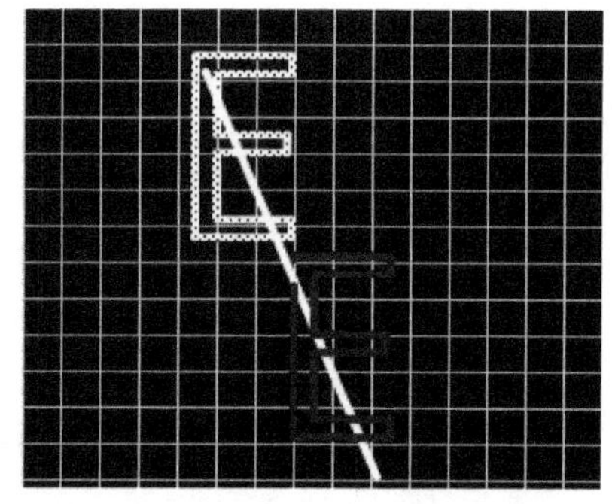

图 3-84　移动空心字到合适位置

20）在“时间轴”面板中用鼠标右键分别单击 3 个图层上的第 40 帧，在弹出的快捷菜单中选择“插入帧”选项，如图 3-85 所示，使 3 个图层都扩展到第 40 帧。

21）用鼠标右键单击 Chalk 图层的第 40 帧，在弹出的快捷菜单中选择“插入关键帧”选项，插入一个关键帧。

22）在“时间轴”面板中，按住〈Alt〉键的同时单击 Chalk 图层的“锁定”按钮，将其他图层锁定，便于对“粉笔”的单独操作。

23）在 Chalk 图层的第 40 帧中，将“粉笔”中心对齐到路径的终点上。

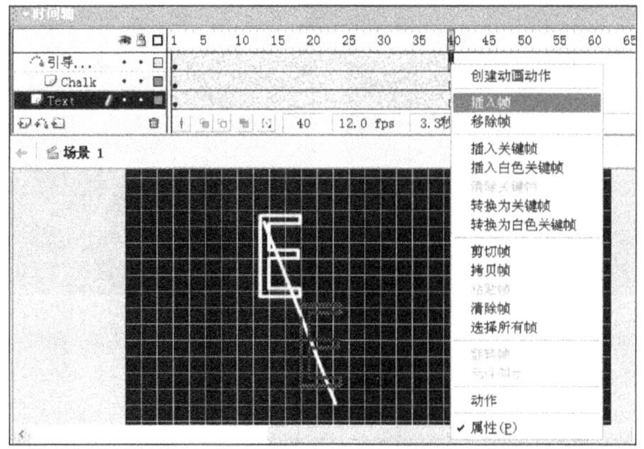

图 3-85　插入帧

24）用鼠标右键单击 Chalk 图层的第 1 帧，在弹出的快捷菜单中选择“创建补间动画”选项。Chalk 图层的时间轴上出现浅蓝色背景的箭头标记，表示在两帧之间建立了运动渐变的关系，最终的“时间轴”面板如图 3-86 所示。

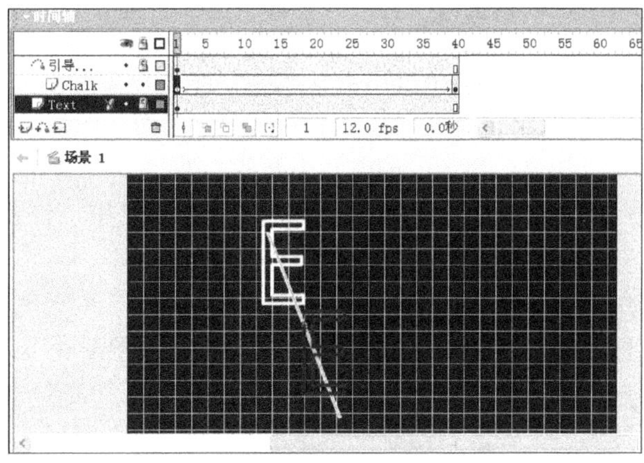

图 3-86　创建运动渐变关系

25）单击“视图”→“网格”→“显示网格”命令，隐藏网格，观看动画效果。

26）单击“文件”→“保存”命令，弹出“另存为”对话框，设置文件名称为“写粉笔字”，单击“保存”按钮。

27）单击“控制”→“播放”命令，预览该动画的效果。图 3-87～图 3-90 所示为动画播放过程的 4 个画面，也可以通过单击“时间轴”面板中的某一帧观察写粉笔字的过程。

图 3-87　第 1 帧的效果

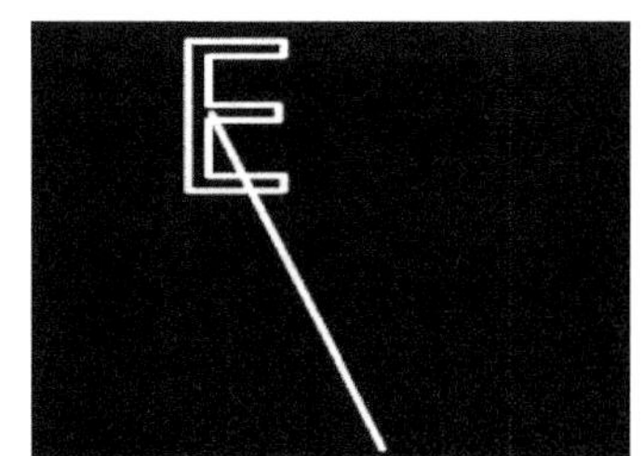

图 3-88　第 15 帧的效果

图 3-89　第 30 帧的效果

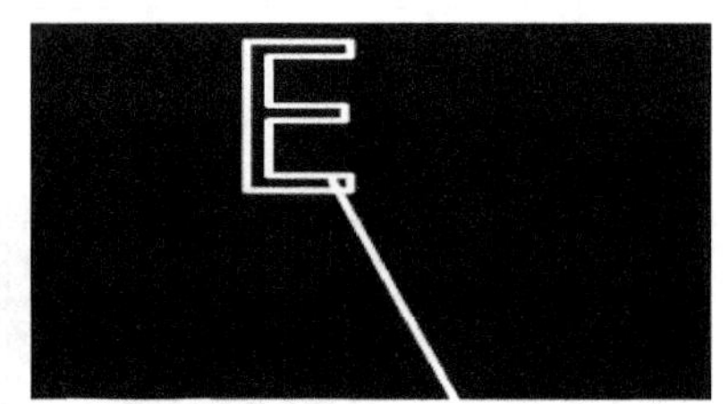
图 3-90　第 40 帧的效果

3.6　实训　制作遮罩效果

本节通过对动画序幕、速度文字和书本翻页 3 个实训制作过程的详细介绍，使读者掌握遮罩层的使用方法并进一步熟悉 Flash 工具的操作技巧。

3.6.1　实训 1　制作动画序幕效果

本实训通过文字动画序幕效果的制作，介绍文本工具和遮罩层的使用。实训制作时首先制作被遮罩图层的矩形，然后将带有文字移动的图层设置为遮罩图层，制作步骤如下。

1）单击“文件”→“新建”命令，创建一个新的文件。

2）单击“修改”→“文档”命令，弹出“文档属性”对话框，设置尺寸为“360×240”像素，背景色为黑色，如图 3-91 所示，单击“确定”按钮。

3）选择工具箱中的矩形工具，并在颜色栏中设置“笔触颜色”为无色，然后单击“窗口”→“混色器”命令，弹出“混色器”面板，设置填充样式为“线型渐变”，并设置渐变颜色的色标，其 RGB 值从左到右依次为（0，0，0）、（255，255，255）、（255，255，255）和（0，0，0），如图 3-92 所示，然后在工作区中绘制一个矩形，如图 3-93 所示。

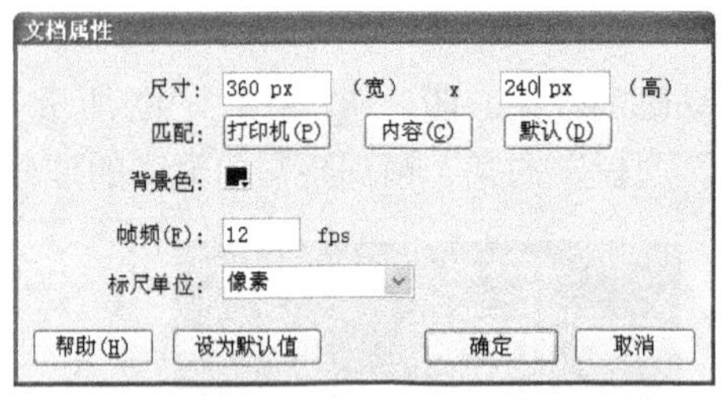

图 3-91　设置文档属性

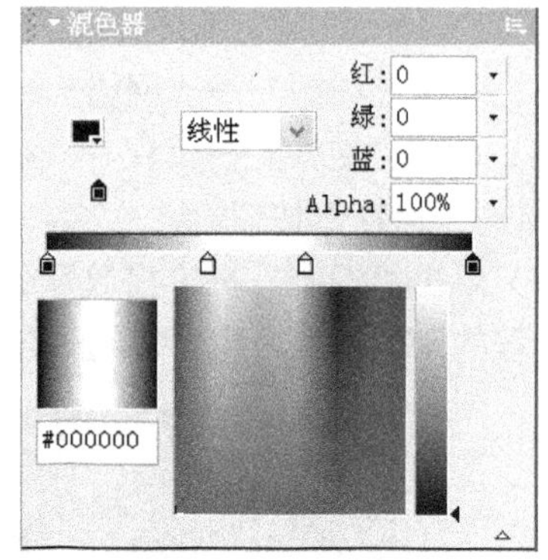

图 3-92　“混色器”面板

4）选择工具箱中的填充变形工具，然后将渐变填充的颜色旋转 90°，效果如图 3-94 所示。

5）单击“时间轴”面板左下角的“插入图层”按钮，新建一个图层，命名为“文本 2”。

图 3-93　绘制矩形

图 3-94　旋转矩形

6）选择工具箱中的文本工具，单击“窗口”→“属性”命令，在弹出的“属性”面板中设置文本类型为“静态文本”，字体为“华文行楷”，字体大小为50，文本颜色为红色（#FF0000），如图 3-95 所示，然后在工作区的下面输入文本，效果如图 3-96 所示。

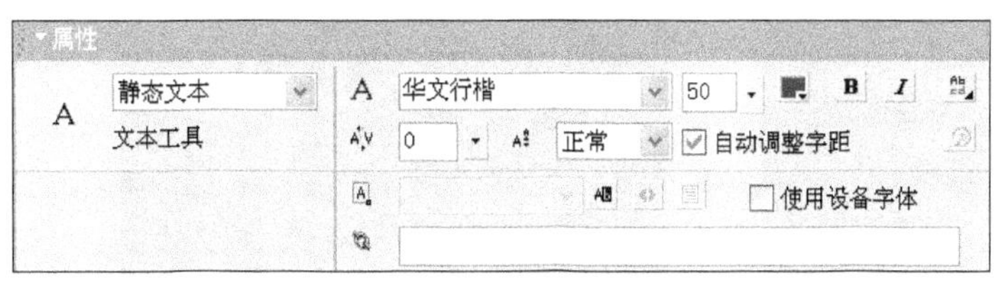

图 3-95　“属性”面板

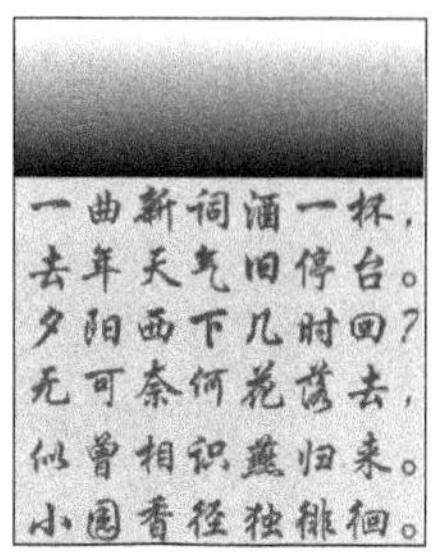

图 3-96　输入文本

☞提示：

使用文本工具，可以在工作区中创建文本行以及编辑文本格式。

7）选中工作区下面的文本，然后单击“插入”→“转换为元件”命令，弹出“转换为元件”对话框，设置“名称”为“文本 1”，如图 3-97 所示，单击“确定”按钮。

8）单击文本 2 图层的第 80 帧，然后单击“插入”→“关键帧”命令，插入关键帧。将工作区下面的文本拖动到工作区上面，效果如图 3-98 所示。

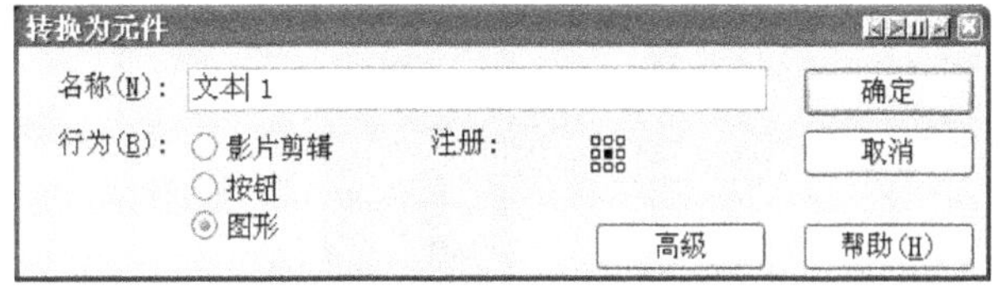

图 3-97　“转换为元件”对话框

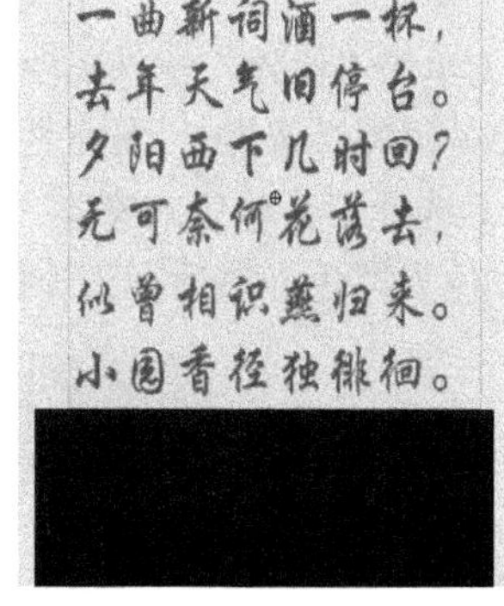

图 3-98　将文本拖动到工作区的上面

9）用鼠标右键单击文本 2 图层的第 1 帧，在弹出的快捷菜单中选择“创建补间动画”选项。

10）用鼠标右键单击图层 1 的第 80 帧，在弹出的快捷菜单中选择“插入帧”选项。

11）用鼠标右键单击文本 2 图层，在弹出的快捷菜单中选择“遮罩层”选项，此时的“时间轴”面板如图 3-99 所示。

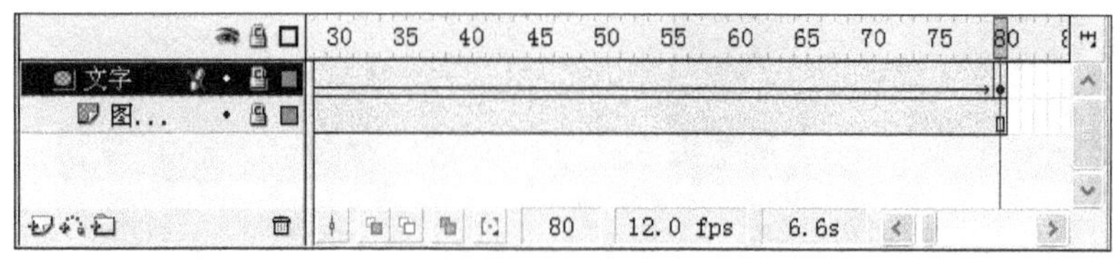

图 3-99 “时间轴”面板

12）单击“文件”→“另存为”命令，弹出“另存为”对话框，设置文件名称为“动画序幕”，然后单击“保存”按钮。

13）单击“控制”→“测试影片”命令，预览该动画的播放效果，其中的画面如图 3-100 所示。

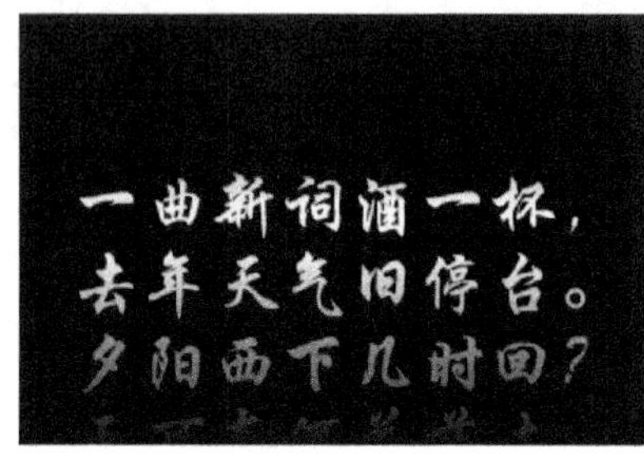

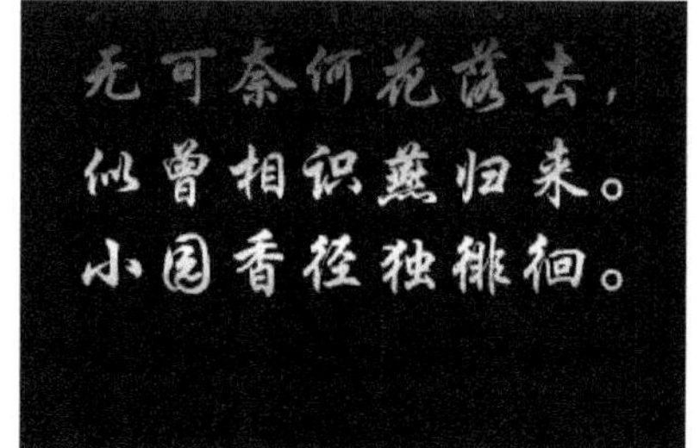

图 3-100 播放动画中的画面

3.6.2 实训 2 制作速度文字效果

本实训通过速度文字的制作，使读者进一步熟悉遮罩层的使用，掌握制作特殊遮罩效果的方法，制作步骤如下。

1）单击“文件”→“新建”命令，创建一个新的文件。

2）单击“修改”→“文档”命令，弹出“文档属性”对话框，在其中设置文档的“尺寸”为“550×400”像素，“背景色”为深蓝色（#000066），单击“确定”按钮。

3）选择工具箱中的文本工具，在其“属性”面板中设置字体为隶书，字体大小为 18，填充颜色为黑色，然后在工作区中输入图 3-101 所示的文字。

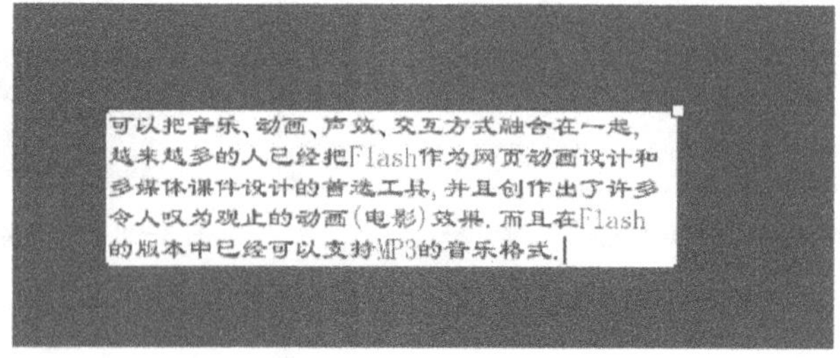

图 3-101 输入的文字

4）单击“插入”→“新建元件”命令或按〈Ctrl+F8〉组合键，打开“创建新元件”对话框，设置“名称”为“矩形”，“行为”为“图形”，单击“确定”按钮，进入矩形图形元件编辑窗口，如图 3-102 所示。

图 3-102 “创建新元件”对话框

5）选择工具箱中的矩形工具，并在其“属性”面板中设置“笔触颜色”为无，“填充颜色”为黑色，设置“宽”和“高”分别为 800.0、16.4，如图 3-103 所示，然后在工作区中绘制一个细长矩形。

图 3-103 设置矩形的“宽”和“高”

6）在矩形工具的“属性”面板中设置“宽”和“高”分别为（700，16.4）、（600，16.4）、（500，16.4）、（400，16.4），在工作区中再绘制 4 个细长矩形。

7）按住〈Shift〉键，依次选中绘制的 5 个长短不一的矩形，单击“修改”→“对齐”→“左对齐”命令，使它们左端对齐。

8）使用箭头工具调整矩形的位置，使各矩形之间的间隔大约为一个行距，并完全把前边的文字覆盖，调整后各矩形的位置如图 3-104 所示。

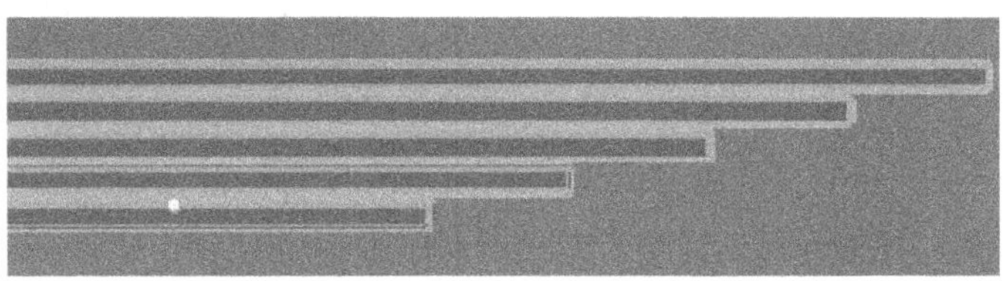

图 3-104 5 个矩形在工作区中的相对位置

☞**提示：**

调整各矩形位置时，可以单击工作区左上角的“场景”按钮，回到场景编辑窗口工作区，在“库”面板中将“矩形”元件拖动到工作区中，用箭头工具拖动元件实训到文字上方，如果元件实训还不能覆盖文字，可以双击元件实训，进入图形编辑窗口，对矩形位置进行调整，直到一个矩形恰好能完全覆盖一行文字为止。

9）选择工具箱中的矩形工具，在其“属性”面板中设置“笔触颜色”为无，“填充颜色”设置为黑白渐变色，设置“宽”和“高”分别为 210、16.4，然后在工作区中绘制图 3-105 所示的矩形。

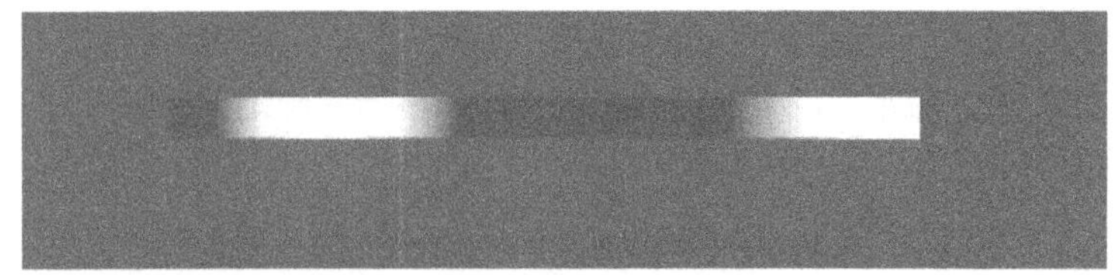

图 3-105　绘制的矩形

10）按住〈Shift+Alt〉组合键的同时拖动黑白渐变的矩形，释放鼠标则复制一个黑白渐变的矩形，重复该操作 4 次，复制 4 个黑白渐变的矩形，将这 5 个黑白渐变的矩形移动到前面 5 个矩形的右端并相接，如图 3-106 所示。

图 3-106　将黑白渐变的矩形与前面的 5 个矩形在右端相接

11）按〈Ctrl＋A〉组合键，选中所有图形，单击“修改”→“组合”命令或按〈Ctrl＋G〉组合键，将所有图形组成一个组合对象。

12）单击工作区左上角的“场景 1”按钮，回到场景编辑窗口工作区。单击“时间轴”面板左下角的“插入图层”按钮，在当前文字图层的下面添加一个新图层——图层 2。

13）单击图层 2 的第 1 帧，在“库”面板中将“矩形”元件拖动到工作区中，选择工具箱中的箭头工具，拖动“矩形”元件至文字框的左端，如图 3-107 所示。

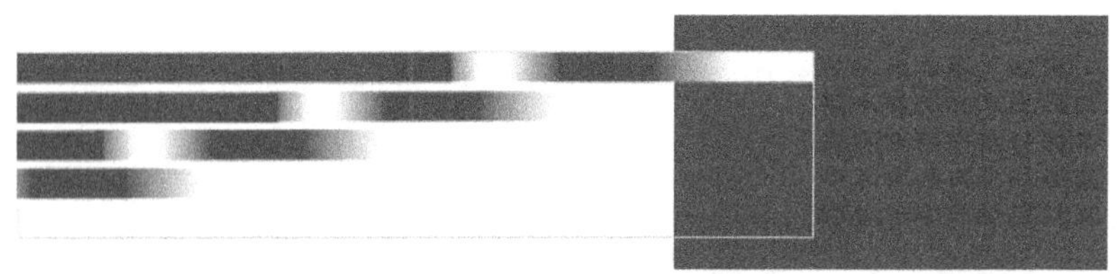

图 3-107　拖动矩形到文字框左端

14）按住〈Shift〉键的同时依次单击两个图层的第 30 帧，按〈F6〉快捷键，在第 30 帧处插入一个关键帧。

15）单击图层 2 的第 30 帧，选择箭头工具，按住〈Shift〉键的同时平移“矩形”元件，直至“矩形”左端与文字框左端对齐，并使矩形完全覆盖文字框，如图 3-108 所示。

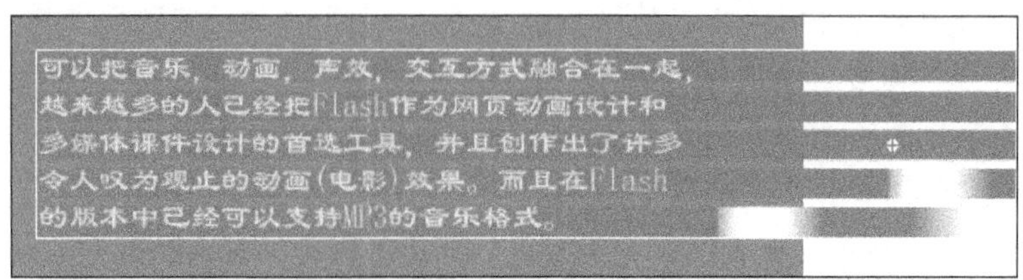

图 3-108　矩行覆盖文字框

16）单击图层 2 的名称，选中该图层中所有的帧，用鼠标右键单击其中任意一帧，在弹出的快捷菜单中选择“创建补间动画”选项，使第 1 帧到第 30 帧中“矩形”产生从左向右的运动渐变。

17）用鼠标右键单击图层 1 的名称，在弹出的快捷菜单中选择“遮罩层”选项。这时，图层 1 成为遮罩层，而图层 2 成为被遮罩层。

18）单击任意一层的最后一帧，在其“动作-帧”面板中选择“动作”→“影片控制”→“Stop”选项，为动画添加 Stop()语句。

19）单击“文件”→“另存为”命令，打开“另存为”对话框，在其中设置“名称”为“速度文字效果”，单击“保存”按钮，此时的“时间轴”面板如图 3-109 所示。

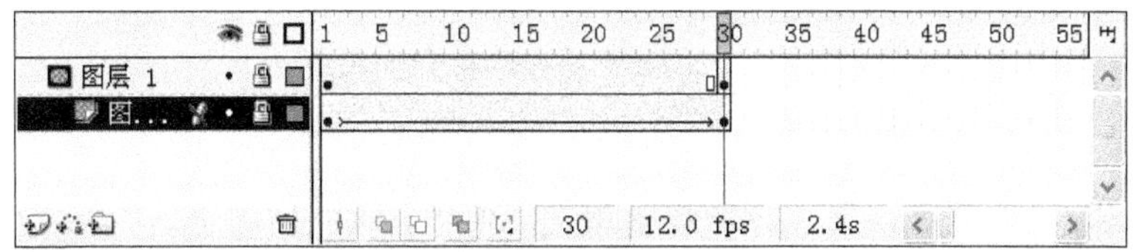

图 3-109　“时间轴”面板

20）单击“控制”→“测试影片”，可以预览播放效果，其中的画面如图 3-110 所示。

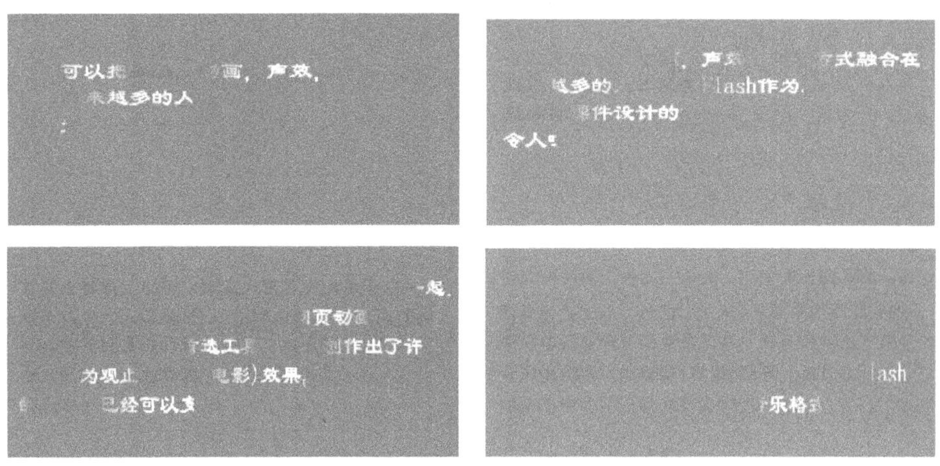

图 3-110　动画播放过程中的画面

3.6.3　实训 3　制作书本翻页效果

本实训通过书本翻页动画的制作，介绍箭头工具、线条工具的使用以及添加形状提示和产生形状渐变的方法。制作过程中通过制作页面右水平、右上方倾斜、垂直、左上方倾斜和左水平 5 个关键图形，使它们之间依次产生变形来实现书本翻页效果，制作步骤如下。

1）单击“文件”→“新建”命令，创建一个新的文件。

2）单击“修改”→“文档”命令，弹出“文档属性”对话框，在其中设置文档的“尺寸”为“500×400”像素，“背景色”为蓝色，单击“确定”按钮。

3）选择工具箱中的矩形工具，并在其“属性”面板中设置“笔触颜色”为黑色，“笔触样式”为 1，“填充颜色”为蓝色以外的任意一种颜色，然后在工作区中绘制一个矩形。

4）用箭头工具选中矩形，在其“属性”面板中将 x 设置为 250.1，y 设置为 150.0，“宽”设置为 130.0，“高”设置为 190.0。

5）选择工具箱中的箭头工具，在工作区中将矩形的上下两条边线向上拖曳成弧形，效果如图 3-111 所示。

图 3-111 制作弧形

6）用箭头工具将变形后的矩形全部选中，单击“编辑”→“复制”命令或按〈Ctrl+C〉组合键，复制图形。

7）单击“时间轴”面板左下角的“插入图层”按钮，在当前图层上面插入一个图层——图层 2。

8）单击图层 2 的第 1 帧，然后按〈Ctrl+V〉组合键，在图层 2 中复制一个与图层 1 相同的图形。

☞**提示：**

因为页面翻起后，水平位置上还应保留书本的图形，所以在图层 1 上方插入图层 2，并将图层 1 中的图形复制到图层 2 中。当图层 2 中的页面翻动时，图层 1 中的页面保持不动，这样才能制作出页面翻动的效果。

9）单击图层 2 的第 10 帧，再单击“插入”→“关键帧”菜单或按〈F6〉快捷键，在第 10 帧处插入一个关键帧。

10）取消对第 10 帧中图形的选择，然后依次拖曳图形右侧的两个端点，使第 10 帧中的图形变成向右上方倾斜的效果，如图 3-112 所示。

11）单击“时间轴”面板中图层 1 的第 1 帧，选中图形，在其“属性”面板中的“补间”下拉列表框中选择“形状渐变”选项，使第 1 帧到第 10 帧产生从右侧水平到右上方倾斜的翻页效果。

12）单击“时间轴”面板中图层 2 的“眼睛”图标，使该图层处于隐藏状态。

13）单击“时间轴”面板中图层 1 的第 1 帧，然后按住〈Shift+Alt〉组合键，并用箭头工具向左拖动选中的图形，复制一个新的图形。调整它的右边线与原图形的左边线重合，左侧水平页面效果如图 3-113 所示。

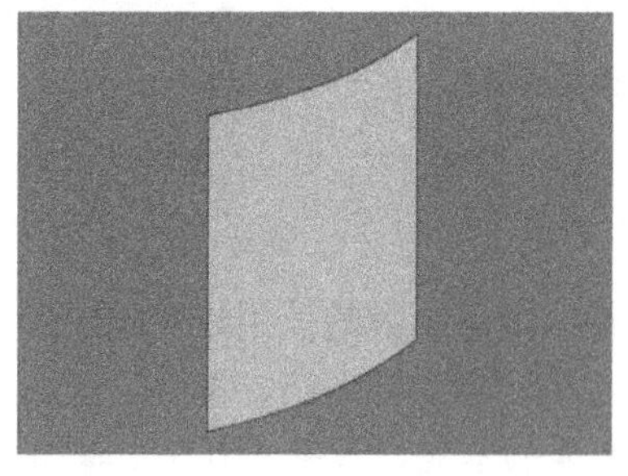

图 3-112 右上方倾斜的效果

图 3-113 左侧水平页面效果

14）按〈Ctrl+C〉组合键，将图层 1 中的左侧水平页面复制到系统剪贴板中。

15）单击图层 2 的“眼睛”图标，使图层 2 的图形处于可见状态。

16）按住〈Ctrl〉键的同时单击图层 2 的第 30 帧和第 40 帧，按〈F6〉快捷键，为第 30

帧和第 40 帧添加关键帧。

17）单击图层 2 的第 30 帧，单击“编辑”→“清除”菜单或按〈Delete〉键，将第 30 帧中的图形删除。

18）按〈Ctrl+V〉组合键，将左侧水平页面复制到第 30 帧中。

19）选择工具箱中的箭头工具，依次拖曳第 30 帧中图形左侧的两个端点，使第 30 帧中的图形产生向左上方倾斜的页面效果，如图 3-114 所示。

20）单击图层 2 的第 40 帧，然后单击“编辑”→“清除”命令或按〈Delete〉键，将第 40 帧中的图形删除。

21）按〈Ctrl+V〉组合键，将左侧水平页面复制到第 40 帧中。

22）单击“时间轴”面板中的第 30 帧，选中工作区的图形，在其“属性”面板中的“补间”下拉列表框中选择“形状渐变”选项，使第 30 帧到第 40 帧产生从左上方倾斜到左侧水平的翻页效果。

23）下面制作垂直页面。单击图层 2 的第 20 帧，按〈F6〉快捷键，插入关键帧。

24）取消对第 20 帧中图形的选择，然后依次拖曳第 20 帧中图形的两个弧形边线，使其变成直线，再拖曳图形右侧的两个端点，使其产生图 3-115 所示的图形效果。

图 3-114　左上方倾斜的页面效果

图 3-115　垂直页面效果

25）依次单击“时间轴”面板中图层 2 的第 11 帧和第 21 帧，在其“属性”面板中的“补间”下拉列表框中选择“形状渐变”选项，使第 11 帧到第 21 帧产生翻页的变形效果。

☞**提示：**

单击“时间轴”面板中的第 1 帧，单击“控制”→“播放”菜单，这时，可以看到书页翻开的效果，但是在翻开的过程中，出现了跳动的现象，因此，还需要设置控制变形的基点。

26）选中图层 2 的第 10 帧，单击“修改”→“形状”→“添加形状提示”菜单或按〈Ctrl+Shift+H〉组合键，这时，将在工作区中出现一个 a 符号，这个小 a 符号是图形变形的一个基点。

27）按〈Ctrl+Shift+H〉组合键，添加控制基点 b、c 和 d。

28）选择工具箱中的箭头工具，并单击工具箱底部的 按钮，对齐对象。用箭头工具分别拖动这 4 个基点到图形的 4 个端点上，如图 3-116 所示。

29）单击图层 2 的第 20 帧，用箭头工具分别将这 4 个基点拖动到相应的 4 个端点上，如图 3-117 所示。

☞**提示：**

这 4 个基点控制了从右上方倾斜页面到垂直页面的翻动过程，使页面翻动时第 10 帧中的 a、b、c、d 点相应地移动到第 20 帧中的 a、b、c、d 点。

30）用同样的方法在图层 2 的第 30 帧中图形的 4 个端点处添加新的 4 个基点，如图 3-118 所示。

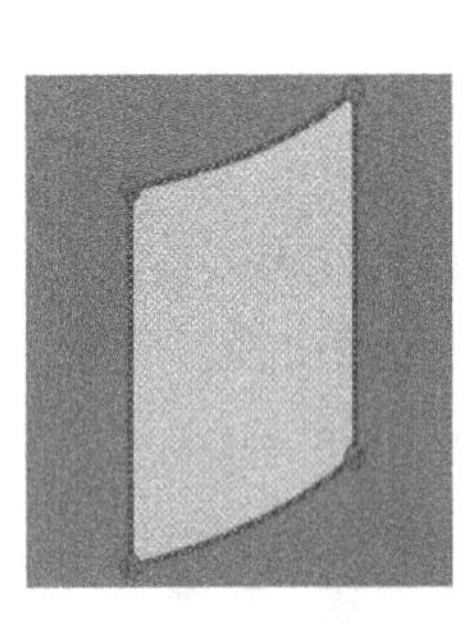

图 3-116　第 10 帧中的 4 个基点

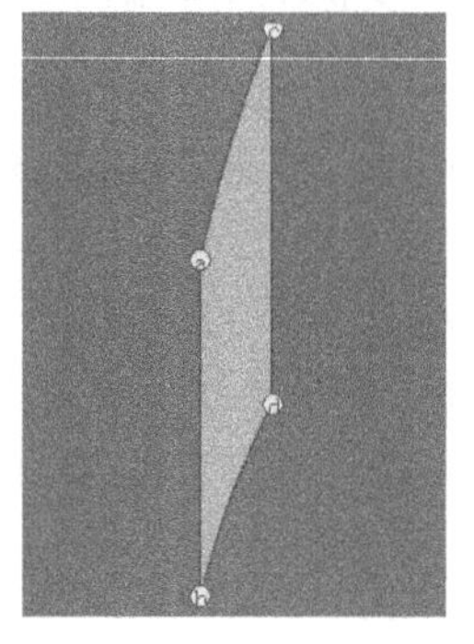

图 3-117　第 20 帧中的 4 个基点

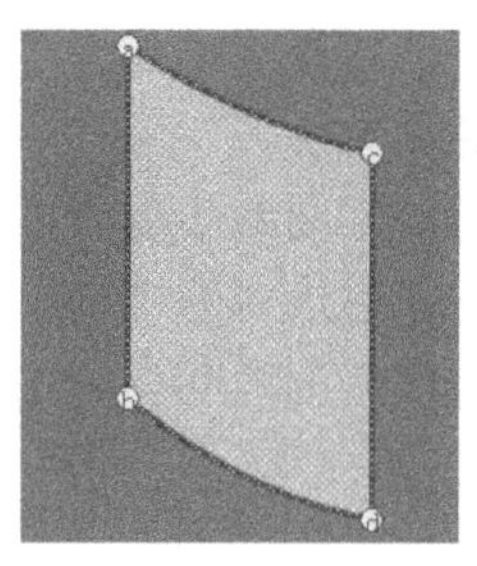

图 3-118　第 30 帧中的 4 个基点

31）下面制作具有厚度的书本图形。使图层 2 处于隐藏状态，单击图层 1 的第 1 帧，按住〈Shift〉键的同时单击右侧书页右下方的两条黑线，将它们选中。

32）通过对这两条黑线的复制、粘贴和移动，得到图 3-119a 所示的图形。

33）选择工具箱中的线条工具，在工作区中绘制线条，使书本图形如图 3-119b 所示。

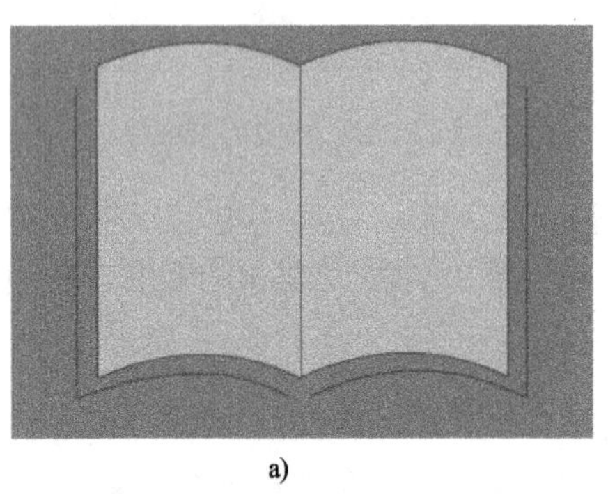

a)

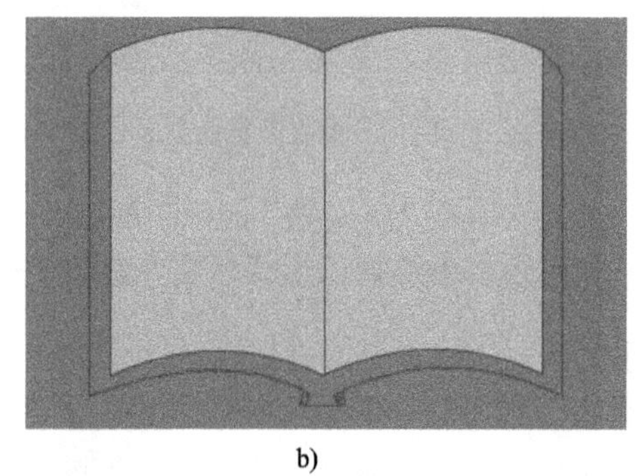

b)

图 3-119　书本边框的制作

a) 处理边框后的图形　b) 加入连线后的书本图形

34）单击“时间轴”面板中图层 1 的第 40 帧，按〈F5〉快捷键，使图层 1 扩展到 40 帧，此时的“时间轴”面板如图 3-120 所示。

35）单击“文件”→“保存”命令，弹出“另存为”对话框，设置文件名称为“书本翻页”，单击“保存”按钮即可。

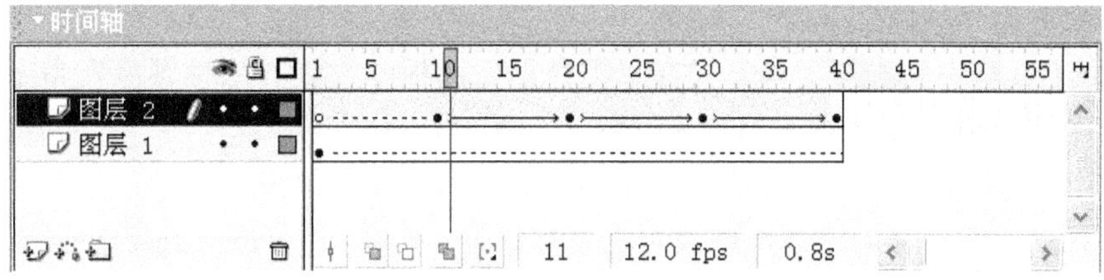

图 3-120 “时间轴”面板

36）按〈Ctrl+Enter〉组合键，可以预览书页翻动的动画效果，效果如图 3-121 所示。

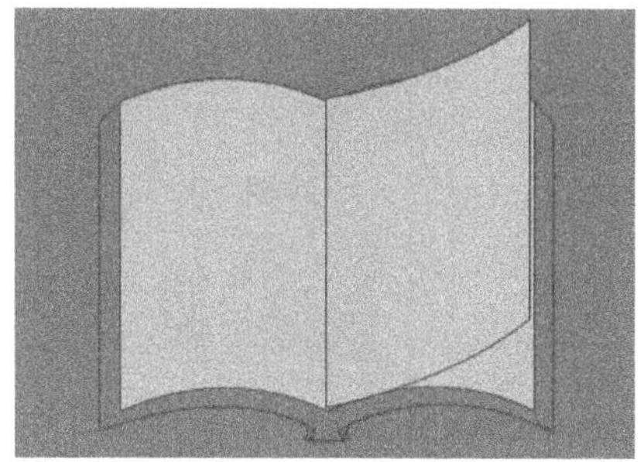

图 3-121 书页翻动的动画效果

3.7 实训 制作连续动画

本节通过对碰壁小球和图形变换制作过程的详细说明，使读者掌握连续动画的制作技巧，熟悉形状渐变的使用方法。

3.7.1 实训 1 制作碰壁小球效果

下面实训通过碰壁小球的制作，介绍连续动画的制作方法。制作过程中首先要制作碰壁小球图形，以及实现连续运动的效果，制作步骤如下。

1）单击“文件”→“新建”命令，创建一个新的文件。

2）单击“修改”→“文档”命令，弹出“文档属性”对话框，在其中设置影片的“尺寸”为“480×300”像素，“背景色”为淡蓝色，单击“确定”按钮。

3）选择工具箱中的矩形工具，在其“属性”面板中设置“笔触颜色”为无，“填充颜色”为黑色→紫色→黑的线性渐变。

4）在工作区中绘制一个矩形，矩形大小和位置如图 3-122 所示。

图 3-122 绘制矩形

5）用箭头工具选中矩形，按〈F8〉快捷键，将矩形转换为元件，在打开的“转换为元件”对话框中设置“名称”为“球棍”，单击“确定”按钮。

6）单击“时间轴”面板左上角的“插入图层”按钮，在当前图层的上面插入一个新图层，并将其重新命名为“小球”。

7）选择工具箱中的椭圆工具，并在“混色器”面板中设置“笔触颜色”为无，“填充样式”设置为“放射渐变”，如图 3-123 所示。

8）在工作区中绘制一个圆，并设置圆的“宽”和“高”都为 30。按〈F8〉快捷键，将该圆转换为元件，在打开的对话框中设置“名称”为“小球”，单击“确定”按钮。

9）单击“球棍”图层的第 1 帧，用箭头工具拖动“球棍”元件到合适的位置，再单击“小球”图层的第 1 帧，将“小球”元件拖动到合适的位置，两者在工作区中的相对位置如图 3-124 所示。

图 3-123 “混色器”面板

图 3-124 第 1 帧中小球与球棍的位置

10）按住〈Ctrl〉键的同时依次单击“时间轴”面板上两个图层的第 50 帧，然后按〈F6〉快捷键，使两个图层的帧数都扩展到 50 帧。

11）按住〈Ctrl〉键的同时依次单击“时间轴”面板上两个图层的第 15 帧，按〈F6〉快捷键，在两个图层上各插入一个关键帧，然后拖动该帧中的元件到图 3-125 所示的位置。

12）按住〈Ctrl〉键的同时依次单击“时间轴”面板上两个图层的第 25 帧，按〈F6〉快捷键，在两个图层上各插入一个关键帧，并拖动该帧中的元件到图 3-126 所示的位置。

13）按住键盘上的〈Ctrl〉键，依次单击时间轴上两个图层的第 40 帧，按快捷键〈F6〉键，在两个图层上各插入一个关键帧，调整元件的位置，两者在工作区中的相对位置如图 3-127 所示。

图 3-125 第 15 帧中元件的位置

图 3-126 第 25 帧中元件的位置

图 3-127 第 40 帧中元件的位置

14）按住〈Ctrl〉键的同时单击两个图层的名称，选中所有的帧，在其“属性”面板中设置“补间”为“运动渐变”。

15）单击“文件”→“保存”命令，弹出“另存为”对话框，设置文件名称为“碰壁小球”，单击“保存”按钮，此时的“时间轴”面板如图 3-128 所示。

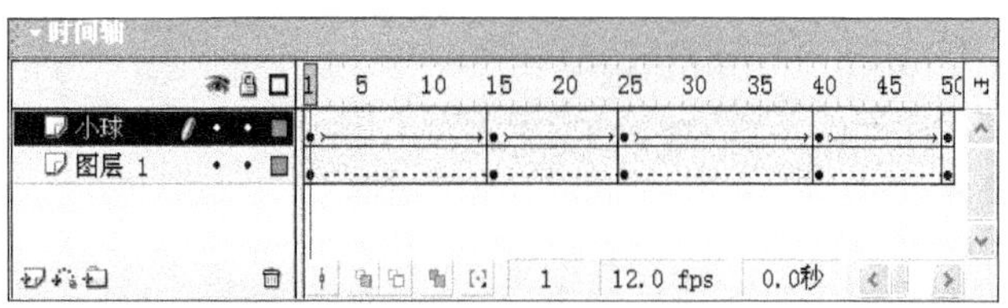

图 3-128 “时间轴”面板

16）单击“控制”→“测试影片”命令，预览该动画的效果，如图 3-129 所示。也可以通过单击“时间轴”面板中的某一帧观察小球运动的过程。

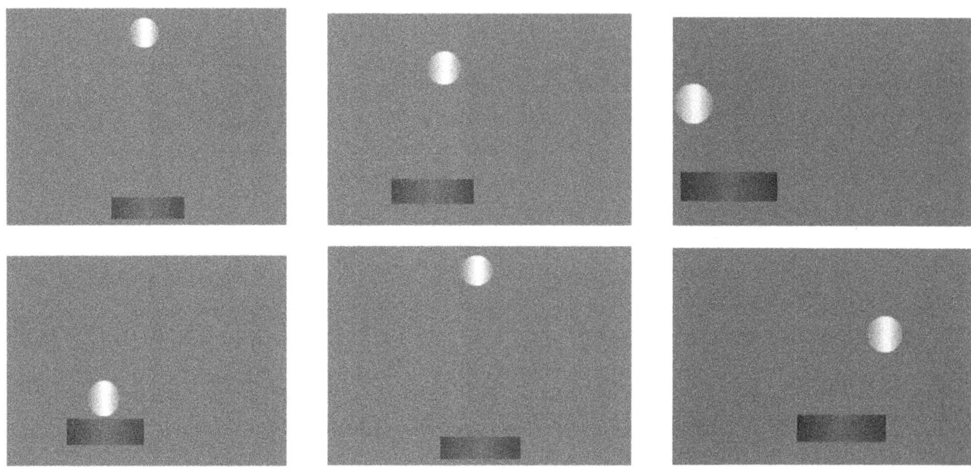

图 3-129 播放动画中的画面

3.7.2 实训 2 制作图形变换效果

本实训通过图形间变换动画的制作，介绍“属性”面板的使用，掌握形状渐变动画的制作方法。制作时需要在不同的关键帧里绘制不同的图形，然后应用形状渐变即可实现图形间的变换，制作步骤如下。

1）单击“文件”→“新建”命令，创建一个新的文件。

2）单击“修改”→“文档”命令，弹出“文档属性”对话框，在其中设置文档的“尺寸”为“480×300”像素，“背景色”为白色（#FFFFFF），如图 3-130 所示，单击“确定”按钮。

3）单击“视图”→“网格”→“显示网格”命令，显示网格，以便对图形进行精确定位。

4）单击“视图”→“网格”→“对齐网格”命令，使鼠标指针自动向网格对齐。

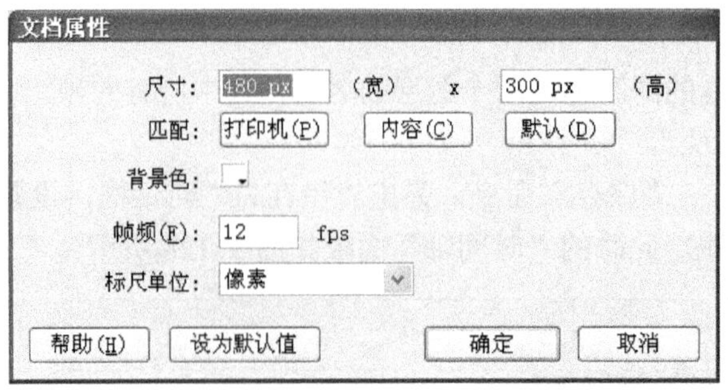

图 3-130　设置文档属性

5）选择工具箱中的矩形工具，然后单击“窗口”→“属性”命令，在弹出的“属性”面板中设置“笔触颜色”为红色（#FF0000），“笔触高度”为 3，“填充色”为橙黄色（#FFCC00），如图 3-131 所示。然后在工作区的左端绘制一个矩形，如图 3-132 所示。

6）单击图层 1 的第 20 帧，单击“插入”→“关键帧”命令，插入关键帧。

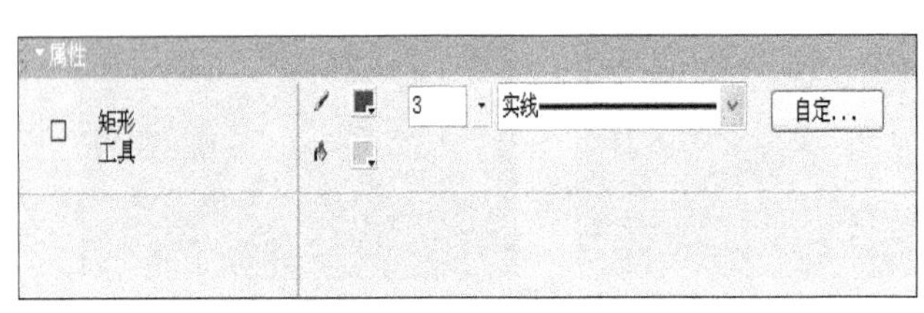

图 3-131　设置矩形工具的属性

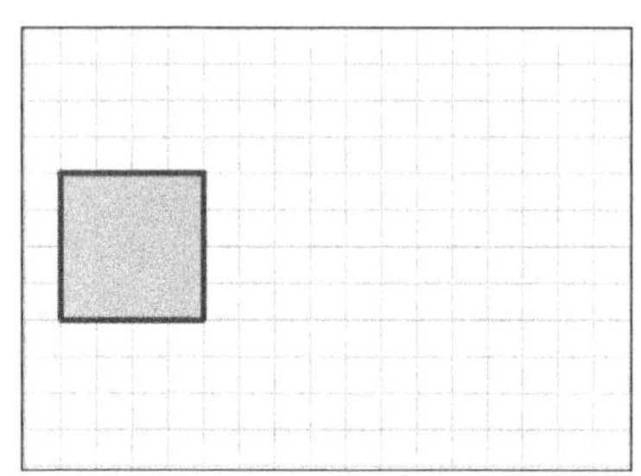

图 3-132　绘制矩形

7）选择工具箱中的椭圆工具，然后单击“窗口”→“属性”命令，在弹出的“属性”面板中设置“笔触颜色”为绿色（#00FF00），“笔触高度”为 3，“填充色”为蓝色（#0000FF）如图 3-133 所示。然后在工作区中绘制一个圆，如图 3-134 所示。

图 3-133　设置椭圆工具的属性

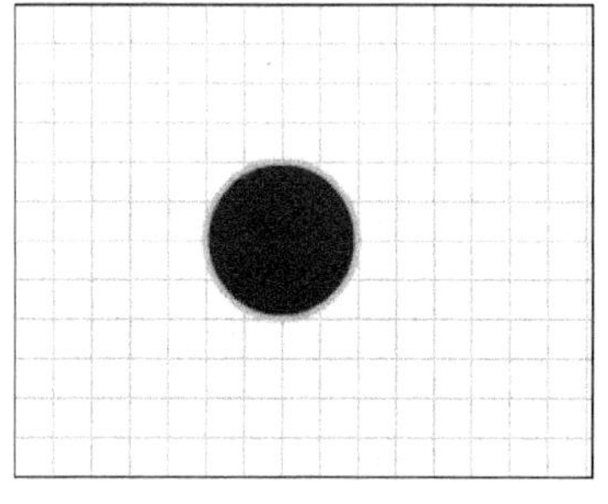

图 3-134　绘制圆

8）单击图层 1 的第 40 帧，单击“插入”→“关键帧”命令，插入关键帧。

9）选择工具箱中的线条工具，然后单击“窗口”→“属性”命令，在弹出的“属性”面板中设置“笔触颜色”为紫色（#660099），“笔触高度”为 3，如图 3-135 所示。然后在工作区的右端绘制一个三角形，如图 3-136 所示。

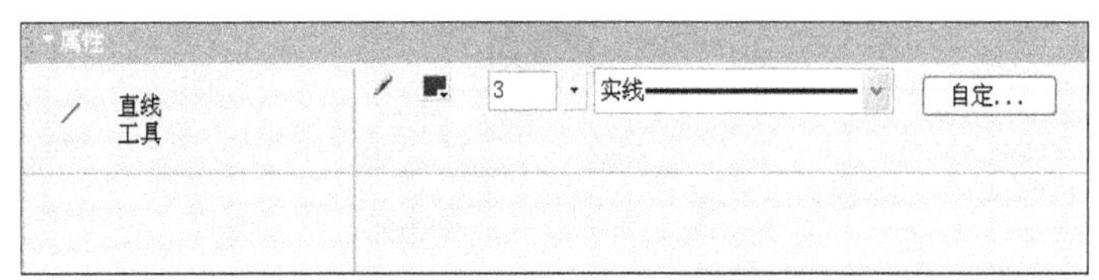

图 3-135　设置线条工具的属性

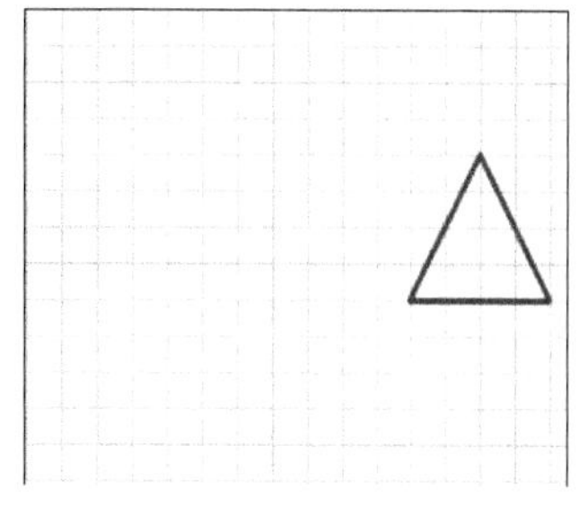

图 3-136　绘制三角形

☞**提示：**

在 Flash 8 中，新增了“属性”面板。当选中工作区中某个对象后，面板立即显示该对象的属性，并允许用户直接通过该面板修改对象的属性。

10）选择工具箱中的颜料桶工具，然后在颜色栏中设置“填充色”为粉红色（#FF00FF），然后单击工作区中的三角形，对三角形内部进行填充，如图 3-137 所示。

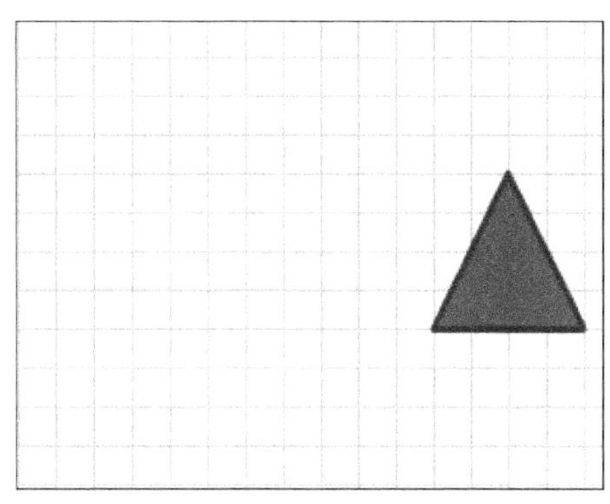

图 3-137　将三角形填充为粉红色

11）分别单击图层 1 的第 1 帧和第 20 帧，然后单击“窗口”→“属性”命令，在弹出的“属性”面板中的“补间”下拉列表框中选择“形状渐变”选项，如图 3-138 所示。

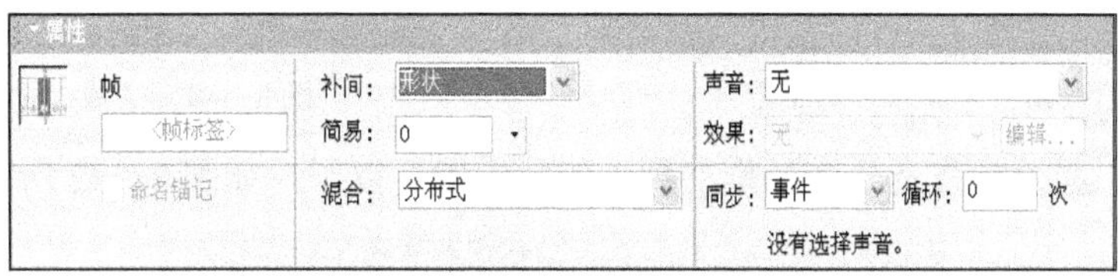

图 3-138　帧“属性”面板

☞**提示：**

形状渐变可以实现图形间形状和颜色的渐变。

12）单击“文件”→“另存为”命令，弹出“另存为”对话框，设置文件名称为“图形变换”，然后单击“保存”按钮。

13）单击“控制”→“播放”命令，预览该动画的效果，如图 3-139 所示。

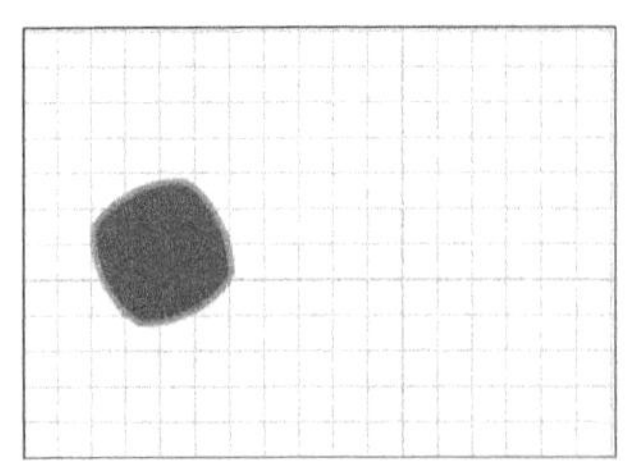
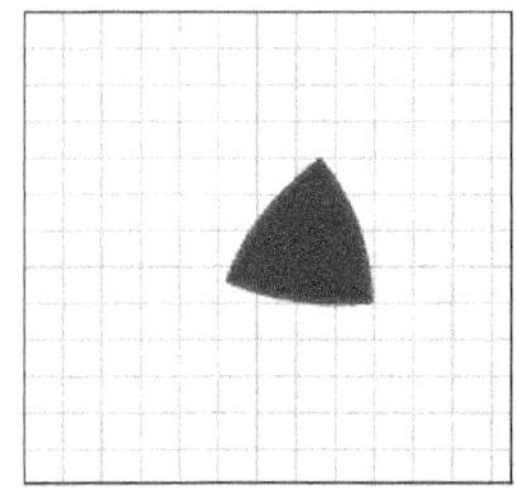

图 3-139　动画效果

3.8　实训　制作音乐效果

本节通过对添加音乐和制作音乐按钮操作过程的详细讲解，使读者掌握在 Flash 动画中加入音乐的方法，并且能熟练应用背景音乐的编辑方法和技巧。

3.8.1　实训 1　制作加入音乐效果

本实训是为 Flash 动画添加背景音乐。制作过程中需要注意背景音乐的编辑方法与技巧，制作步骤如下。

1）单击“文件”→“新建”命令，创建一个新的文件。

2）单击“文件”→“导入”命令，弹出图 3-140 所示的对话框，选择要导入的音乐文件，单击“打开”按钮。按〈Ctrl+L〉组合键，打开“库”面板，可以发现该音乐文件已经被导入到“库”面板中，如图 3-141 所示。

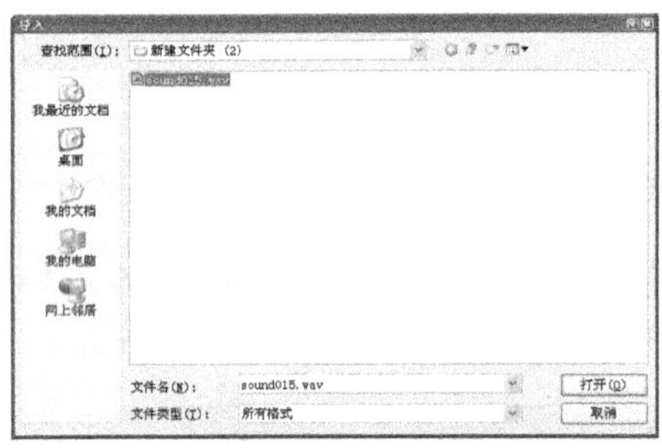

图 3-140　“导入”对话框

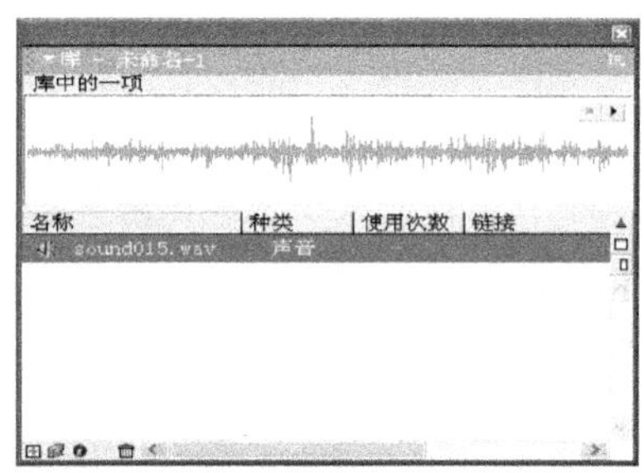

图 3-141　“库”面板

3）在“库”面板中将音乐文件拖动到工作区中就可以了，如图 3-142 所示。

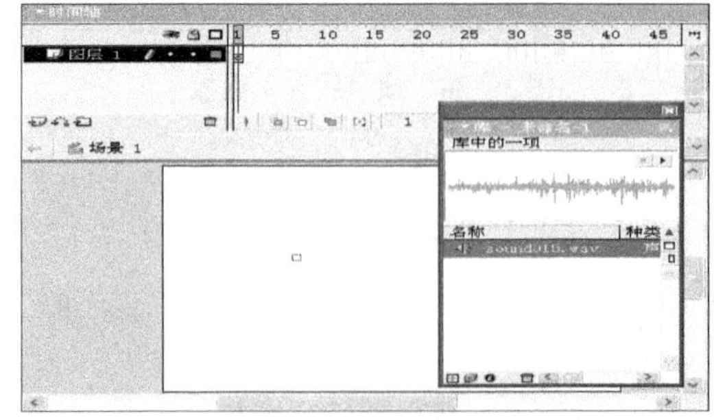

图 3-142　从“库”面板中拖入音乐文件

4）在“库”面板中可以看到音乐的波形图，单击图层 1 的第 1 帧，在其“属性”面板中设置各项参数，如图 3-143 所示。

图 3-143　帧“属性”面板

在“属性”面板中，“效果”下拉列表框中各选项的含义介绍如下。

- 左声道：只有左边声道会有音效。
- 右声道：只有右边声道会有音效。
- 左淡出右淡入：音效会从左边声道淡出到右边声道淡入。
- 右淡出左淡入：音效会从右边声道淡出到左边声道淡入。
- 淡入：音效会从无声慢慢变成正常音量。
- 淡出：音效会从正常音量慢慢变成无声。
- 定义：自定义设置声音效果。

“同步”下拉列表框中各选项的含义介绍如下。

- 事件：可确保音效完整地播送，并不会因为帧的停止而停止。
- 开始：与“事件”选项基本一致。
- 结束：结束音效播放，可强制“事件”及“开始”的声音中途停止。
- 流型：使动画播送的进度尽量配合音效播送的进度。

“循环”文本框用来设置声音重复播放次数，希望音效重复播放几次就设置为相应的数值。如果希望背景音乐能持续播放不间断，应该将重复播放次数的值设置得大一些。

☞**提示：**

① Flash 影片里的音效区分为两种：“事件音效”和“背景音效”。“事件音效”（event）在平常时并不发出声音，只等待浏览者触发特定事件后（如用鼠标单击按钮），才播放声音文件。而一旦播放声音并不因影帧停止而停止。“背景音效”（Stream）的播放则完全是根据影帧，有帧的地方音效就会持续播放，一旦影帧停止，音效也就会立即停止。

② 最好将场景中的声音文件安排在一个专属的图层中，而不要和其他元件放在同一图层内，这样可以使 Flash 在播放处理文件时比较轻松；对于较复杂的、包含有许多声音文件的影片，也可以避免出错。

5）单击“文件”→“保存”命令，弹出“另存为”对话框，设置文件名称为“加入音乐”，单击“保存”按钮。

6）单击“控制”→“测试影片”命令，测试音乐效果。

3.8.2 实训 2 制作控制音乐按钮效果

本实训主要是介绍如何制作控制背景音乐的按钮，制作过程中需要将两个同样的按钮放置在不同的影帧里，然后为按钮添加动作脚本代码来实现控制音效播放的功能，作步骤如下。

1）单击“文件”→“新建”命令，创建一个新的文件。

2）单击“修改”→“文档”命令，弹出“文档属性”对话框，在其中设置文档的“尺寸”为“550×400”像素，“背景色”为蓝色，单击“确定”按钮。

3）单击“插入”→“新建元件”命令或按〈Ctrl+F8〉组合键，插入一个新的元件，“名称”为“声音按钮”，“行为”为“按钮”，单击“确定”按钮，进入“声音按钮”元件的编辑状态，如图 3-144 所示。

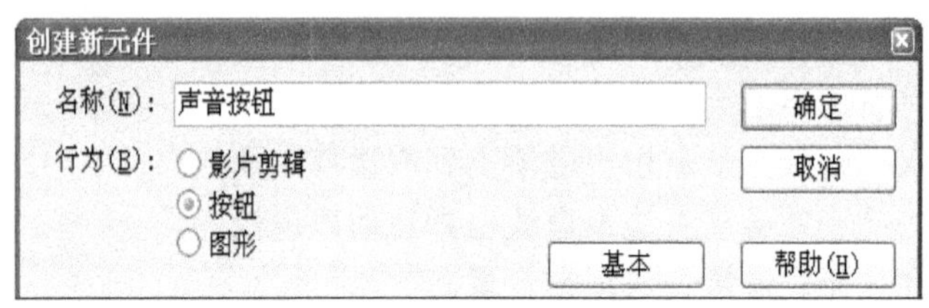

图 3-144 创建“声音按钮”元件

4）选择工具箱中的椭圆工具，在其“属性”面板中设置“笔触高度”为 3，“填充颜色”为无，在图层 1（当前层）的“弹起”帧中绘制一个圆形线框，如图 3-145 所示。

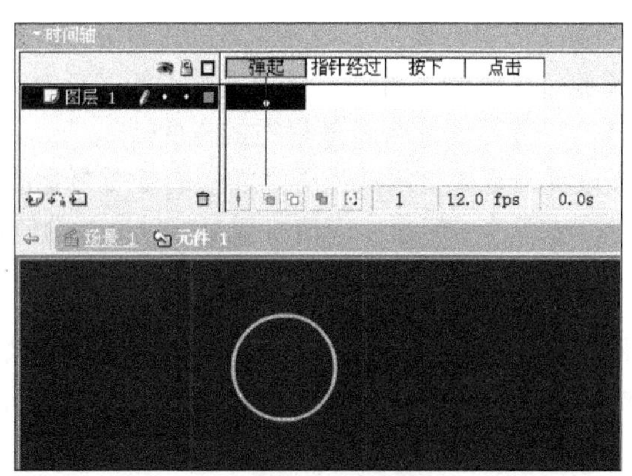

图 3-145 在“弹起”帧中绘制一个圆形线框

5）选择工具箱中的线条工具，在其“属性”面板中设置“笔触高度”为 3，在椭圆中绘制喇叭图形，选择颜料桶工具，并在其“属性”面板中设置“填充颜色”为浅红色，在喇叭图形的边框上单击鼠标左键，将喇叭图形内部填充为浅红色，效果如图 3-146 所示。

6）按住〈Ctrl〉键的同时单击其余 3 帧，单击“插入”→“关键帧”命令或按〈F6〉快捷键，在“指针经过”、“按下”、“点击”帧中各插入一个关键帧。选择颜料桶工具，在“指针经过”帧中将喇叭的外部区域填充为黄色，在“按下”帧中将喇叭外框填充为紫色，将“点击”帧中的图形全部填充为白色，如图 3-147 和图 3-148 所示。

图 3-146 “弹起”帧中的图形

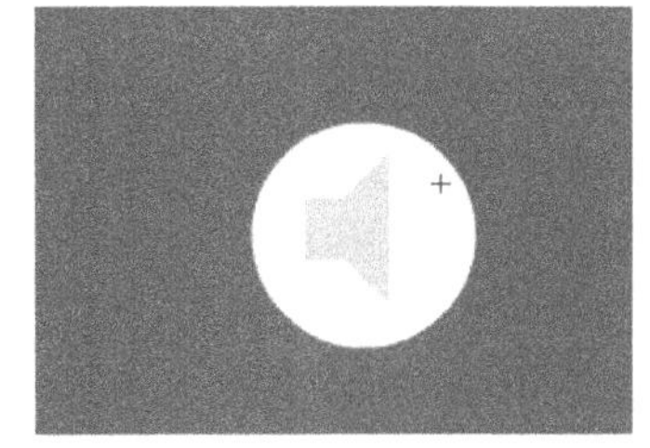

图 3-147 “指针经过”帧中的图形

图 3-148 “按下”帧中的图形

7）单击“插入”→“新建元件”命令或按〈Ctrl+F8〉组合键，创建一个影片剪辑元件 playing，并进入 playing 影片剪辑的编辑状态。

8）按住〈Ctrl〉键，单击图层 1 的第 3 帧，单击“插入”→“关键帧”命令或按〈F6〉快捷键，在第 3 帧处插入一个关键帧。

9）单击第 3 帧，选择线条工具，在其“属性”面板中设置“笔触高度”为 3，然后在工作区中绘制一小段直线，选择箭头工具，拖动直线的中间部分，使直线变成一段弧线。

10）用同样的方法，在第 5 帧处插入一个关键帧，在第 1 段弧线后绘制 1 段稍长的直线，并将它也拖曳成弧线，再在第 7 帧处把绘制的另一条稍长的直线拖曳成弧形，效果如图 3-149 所示。

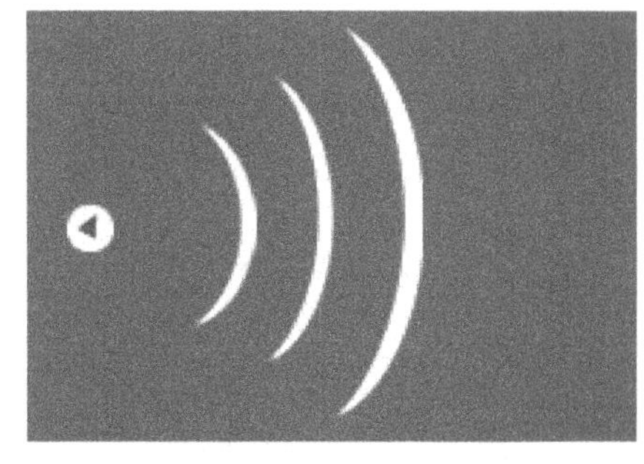

图 3-149 playing 剪辑中绘制的 3 段弧线

11）单击“插入”→“新建元件”命令或按〈Ctrl+F8〉组合键，打开“创建新元件”对话框，设置“行为”为“影片剪辑”，“名称”为 control，单击“确定”按钮，进入 control 影片剪辑的编辑状态。

12）分别单击当前图层的第 1 帧和第 6 帧，单击“插入”→“关键帧”命令或按〈F6〉快捷键，在这两帧处各插入关键帧。单击第 1 帧，在其“属性”面板中设置“帧标签”为 play，并在其“动作-帧”面板中添加动作脚本代码 stop();，然后设置第 6 帧的“帧标签”为 stop。

13）单击“时间轴”面板左下角的“插入图层”按钮，在当前图层的上面添加新图层——图层 2，把它拖动到图层 1 的下边，把图层 1 重新命名为 action，图层 2 重新命名为 button。

14）在 button 图层的第 1 帧添加按钮元件声音按钮，然后按〈F6〉快捷键，在该图层的第 1 帧和 stop 帧处各插入一个关键帧。在“动作”面板中为影帧 play 中的按钮添加如下动作脚本代码：

```
on(press){
gotoAndStop( " stop " );
}
```

添加影帧 stop 中按钮的动作脚本代码为：

```
on(press){
gotoAndStop( " play " );
}
```

15）单击“时间轴”面板左下角的“插入图层”按钮，在 button 图层的上面添加新图层——图层 3，并将其重新命名为 playing，在该图层的第 1 帧添加影片剪辑元件 playing，并将它放置在喇叭按钮上，然后按〈F6〉快捷键，在该图层的第 6 帧处插入一个关键帧，在该帧中的喇叭图形上绘制一个红色的叉，如图 3-150 所示。

图 3-150　绘制红色叉

16）单击“时间轴”面板中的“插入图层”按钮，在 button 图层的上面添加新图层——图层 4，把该图层移动到最底层。按〈F6〉快捷键，在该层的第 1 帧和第 6 帧各插入一个关键帧。

17）单击图层 4 的第 1 帧，即 start 帧，单击“文件”→“导入”命令，导入音乐文件 sound015.wav，按〈Ctrl+L〉组合键，打开“库”面板，将它拖动到工作区中。

18）单击图层 4 的第 6 帧，在其“属性”面板中设置“同步”为“开始”，再单击第 6 帧，在其“属性”面板中设置“同步”为“结束”。

19）单击工作区左上角的“场景 1”按钮，回到场景编辑窗口，按〈Ctrl+L〉组合键，打开“库”面板，将 control 影片剪辑元件拖动到工作区中。

20）单击“文件”→“另存为”命令，打开“另存为”对话框，设置“名称”为“音乐按钮”，单击“保存”按钮，此时的“时间轴”面板如图 3-151 所示。

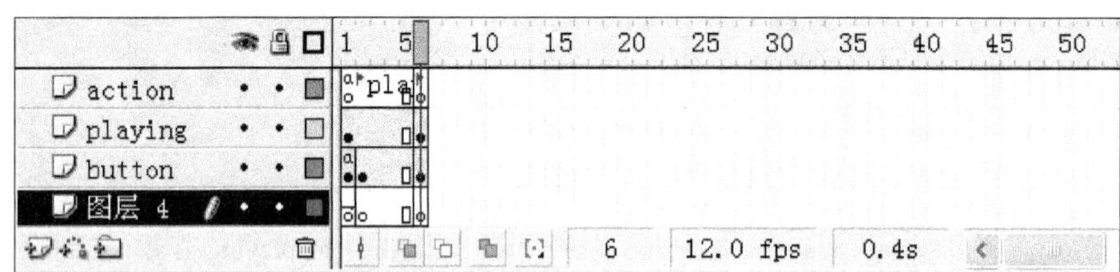

图 3-151　“时间轴”面板

21）单击“控制”→“测试影片”命令，测试动画效果。

3.9　Flash 动画综合实训

前面几节的实训主要讲了 Flash 8 中基本动画的制作技巧，本节利用这些基本的操作和功能，结合交互动画的制作方法和技巧来学习和掌握高级动画的制作方法和技巧。

3.9.1　实训 1　制作条幅转轴效果

本实训主要是制作转轴的动画效果，随着轴的下移，条幅慢慢展开并显示出条幅的内容。制作过程中可以使读者对形状渐变进一步熟练应用，掌握遮罩效果的制作以及添加帧脚本，实现帧动画的延时控制等，制作步骤如下。

1）单击“文件”→“新建”命令，创建一个新的文件。

2）单击“修改”→“文档”命令，弹出“文档属性”对话框，在其中设置文档的“尺寸”

为“550×400”像素，“背景色”为蓝色（#000099），单击“确定”按钮。

3）单击“插入”→“新建元件”命令或按〈Ctrl+F8〉组合键，插入一个新的图形元件“轴”，单击“确定”按钮，进入“轴”元件的编辑状态。

4）选择工具箱中的矩形工具，在其“属性”面板中设置“笔触颜色”为无，“填充颜色”为由深褐色到白色再到深褐色的线型渐变色，如图 3-152 所示，然后在工作区中绘制一个矩形，如图 3-153 所示。

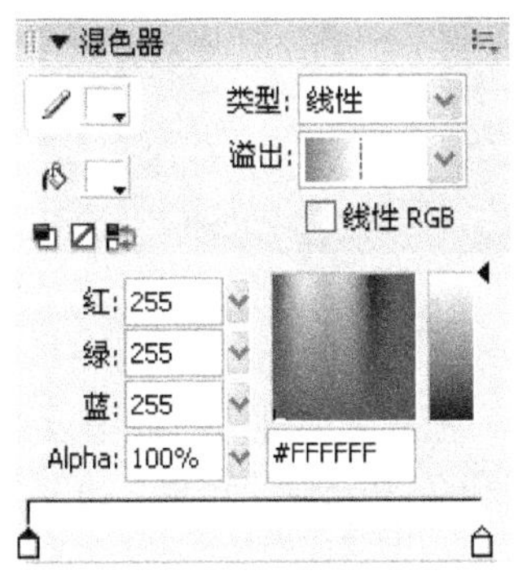

图 3-152 “混色器”面板

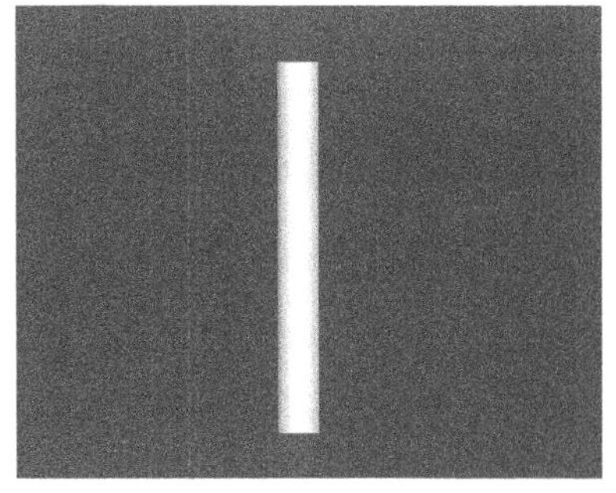

图 3-153 绘制矩形

5）用箭头工具选中该矩形，单击“修改”→“变形”→“缩放与旋转”命令，在弹出的对话框中设置“旋转”为 90°。单击“确定”按钮，矩形将旋转 90°，如图 3-154 所示。

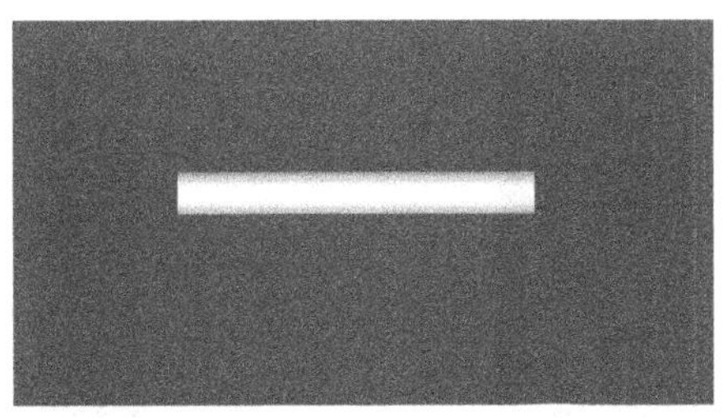

图 3-154 矩形旋转 90°

6）单击工作区左上角的“场景 1”按钮，返回到场景编辑窗口。单击“时间轴”面板左下角的“插入图层”按钮两次，在图层 1 的上面添加两个新图层。双击图层 1 的名称，将该图层重新命名为“纸”，同样把图层 2 命名为“遮罩”，图层 3 命名为“转轴”。

7）单击“纸”图层的第 1 帧，选择工具箱中的矩形工具，在其“属性”面板中设置“填充颜色”为暗褐色，在工作区中绘制一个矩形。然后将“填充颜色”设置为白色，在暗褐色矩形中央绘制一个尺寸略小的矩形。

8）选择工具箱中的文本工具，在其“属性”面板中设置字体为华文行楷，字体大小为 30，字体颜色为黑色。在白色矩形中输入文字：三人行必有我师。将文字拖动到矩形的中心，如图 3-155 所示，然后按〈Ctrl+B〉组合键，将文字打散。

9）单击“转轴”图层的第 1 帧，按〈Ctrl+L〉组合键，打开“库”面板，把“轴”元件拖入到工作区中。选择箭头工具，拖动“轴”元件到条幅上方。选择任意变形工具，将“轴”调整为和条幅的宽度相等，如图 3-156 所示。

图 3-155 输入文字并打散

图 3-156 拖动“轴”元件到条幅上方

10）单击“遮罩”图层第 1 帧，选择工具箱中的矩形工具，在其“属性”面板中设置“笔触颜色”为无，“填充颜色”为绿色，在工作区中绘制一个宽度和条幅一样的矩形，如图 3-157 所示。

11）按住〈Ctrl〉键，依次选中 3 个图层的第 20 帧，按〈F6〉快捷键，在第 20 帧处插入关键帧，使各图层的帧数扩展至 20 帧。单击“遮罩”图层的第 20 帧，将绿色矩形拉伸，直至覆盖整个条幅。单击“转轴”图层的第 20 帧，将“轴”元件拖动到条幅的下边，如图 3-158 所示。

图 3-157 绘制矩形

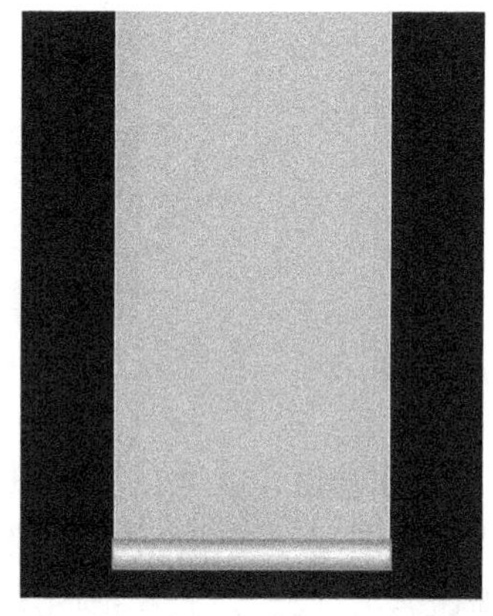

图 3-158 调整“轴”元件的位置

12）单击“遮罩”图层第 1 帧中的绿色矩形，在其“属性”面板中将“补间”设置为“形状渐变”。此时“时间轴”面板中该图层出现以浅绿色为背景的黑色箭头。单击“转轴”图层第 1 帧中的“轴”实训，在其“属性”面板中将“补间”设置为“运动渐变”，“时间轴”面板中该图层出现以浅蓝色为背景的黑色箭头。

13）用鼠标右键单击“遮罩”图层的名称，在弹出的快捷菜单中选择“遮罩层”选项，图层名称栏中出现遮罩层标记。按〈Ctrl+Enter〉组合键，测试动画效果。发现条幅打开后，又重新合上（实际上是又回到第 1 帧重新播放），下面添加动作脚本代码来解决这个问题。

14）单击“转轴”图层的第 20 帧，打开其“动作-帧”面板，在面板中添加如下代码：

```
stop();                                //停止播放//
var time;                              //定义变量//
time=getimer();                        //将已播放时间存在变量中//
flag=0;                                //设立一个标志//
while(flag==0){
if(getTimer()-time>5000){
flag=1;
  }
}                                      //如果停留了 5 秒钟，那么将标志改变以便结束循环
gotoAndPlay(1);                        //回到第 1 帧，继续播放//
```

15）单击“文件”→“保存”命令，弹出“另存为”对话框，设置文件名称为“转轴效果”，单击“保存”按钮，此时“时间轴”面板如图 3-159 所示。

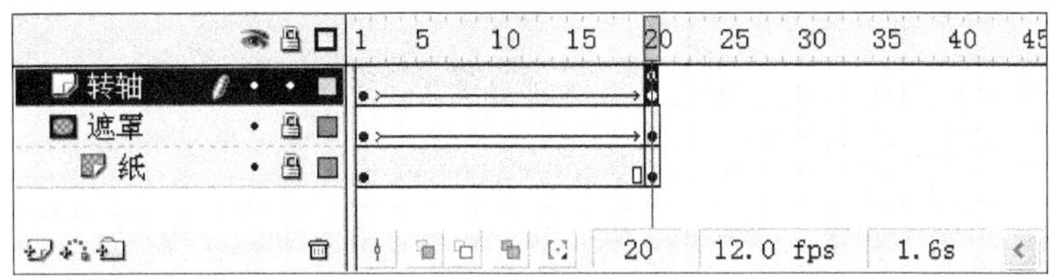

图 3-159 “时间轴”面板

16）单击“控制”→“测试影片”命令，播放动画，效果如图 3-160 所示。

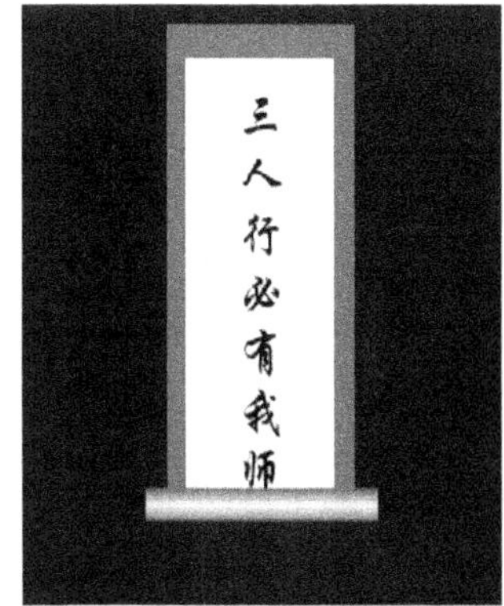

图 3-160 动画效果

3.9.2 实训 2 制作文本翻页效果

下面的实训通过文本翻页动画的制作，熟悉 stop（停止）动作和 goto（转到）动作的功能。制作过程中首先创建 3 帧文本，然后利用 stop（停止）动作和 goto（转到）动作实现文本的翻页效果，制作步骤如下。

1）单击“文件”→“新建”命令，创建一个新的文件。

2）单击“修改”→“文档”命令，弹出“文档属性”对话框，在其中设置文档的“尺寸”为“480×380”像素，“背景色”为黑色（#000000），单击“确定”按钮。

3）单击“视图”→“网格”→“显示网格”命令，显示网格，以便对图形进行精确定位。

4）单击“视图”→“网格”→“对齐网格”命令，使鼠标指针自动向网格对齐。

5）单击“窗口”→“公用库”→“按钮”命令，打开“库-按钮”面板，如图 3-161 所示，将 get Left 和 get Right 元件拖到工作区中，如图 3-162 所示。

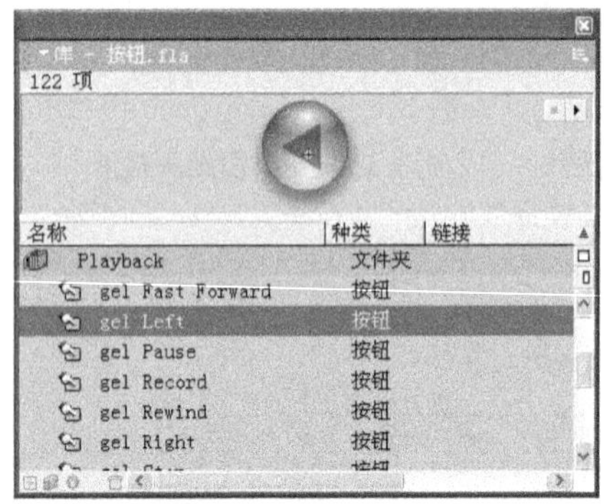

图 3-161 “库-按钮”面板

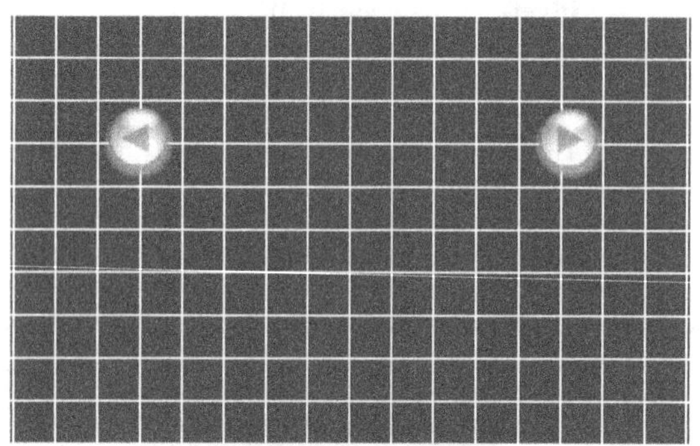

图 3-162 创建元件

6）分别单击图层 1 的第 2 帧和第 3 帧，按〈F6〉快捷键插入关键帧。

7）单击图层 1 的第 1 帧，然后选择工具箱中的文本工具，单击“窗口”→“属性”命令，在弹出的“属性”面板中设置文本类型为“静态文本”，字体为“隶书”，字体大小为 40，文本颜色为“红色”（#FF0000），如图 3-163 所示。然后在工作区中输入“村居”，如图 3-164 所示。

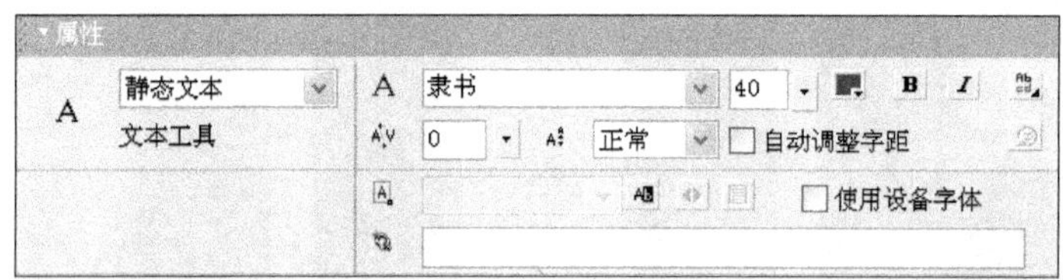

图 3-163 设置文本属性

8）在文本工具“属性”面板中设置文本类型为“静态文本”，字体为“华文行楷”，字体大小为 30，文本颜色为“红色”（#FF0000）。然后在工作区中输入文本，如图 3-165 所示。

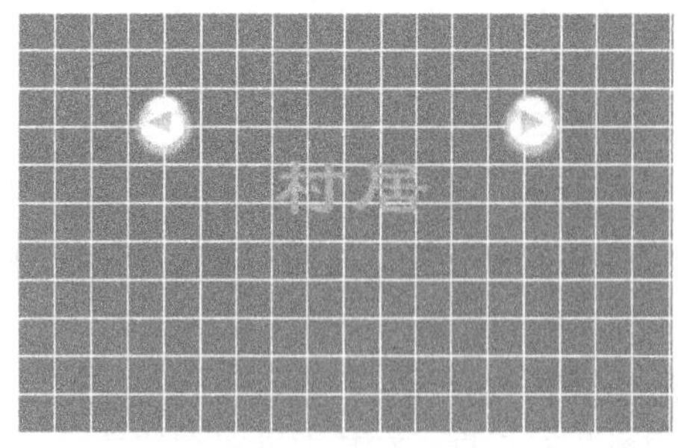

图 3-164 输入文本 1

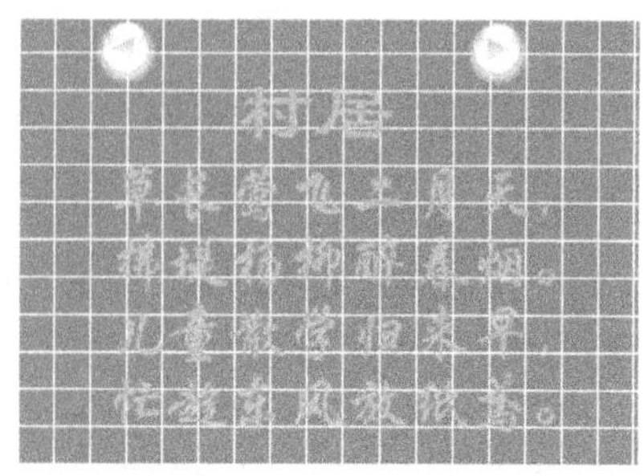

图 3-165 输入文本 2

9）单击图层 1 的第 2 帧，在其“属性”面板中设置文本类型为“静态文本”，字体为“隶书 1，字体大小为 40，文本颜色为“红色”（#FF0000）。然后在工作区中输入“春晓”，如图 3-166 所示。

10）在文本工具“属性”面板中设置字体为“华文行楷”，字体大小为 30，文本颜色为“红色”（#FF0000）。然后在工作区中输入文本，如图 3-167 所示。

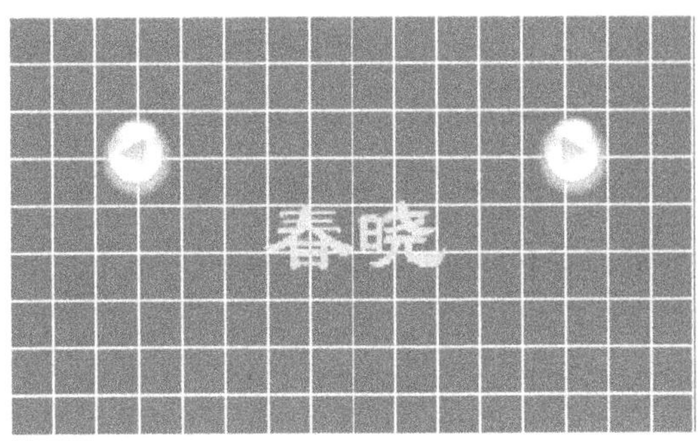

图 3-166　输入文本 3

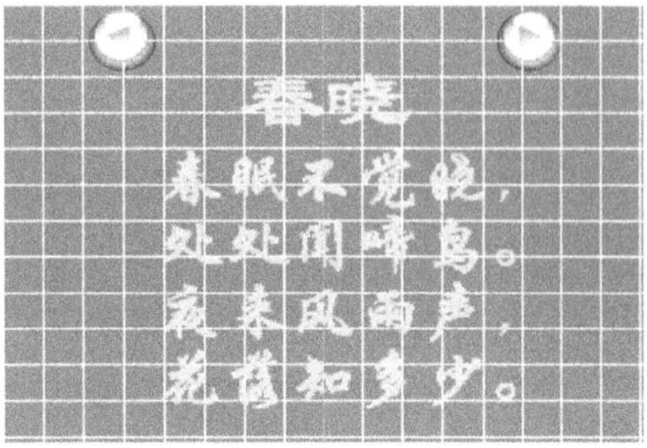

图 3-167　输入文本 4

11）单击图层 1 的第 3 帧，在文本工具“属性”面板中设置字体为“隶书”，字体大小为 40，文本颜色为“红色”（#FF0000）。然后在工作区中输入“小池”，如图 3-168 所示。

12）在文本工具“属性”面板中设置字体为“宋体”，字体大小为 30，文本颜色为“红色”（#FF0000）。然后在工作区中输入文本，如图 3-169 所示。

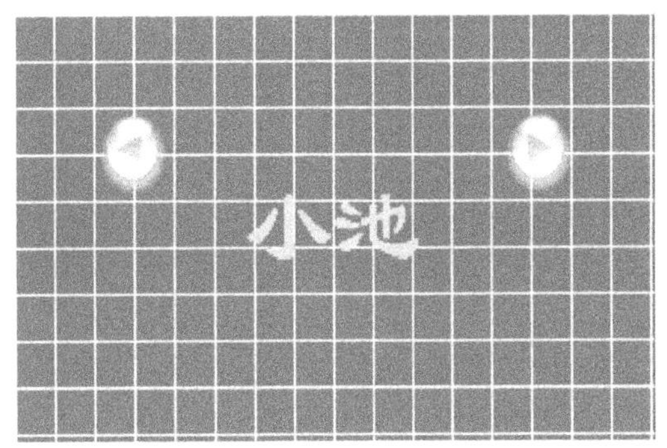

图 3-168　输入文本 5

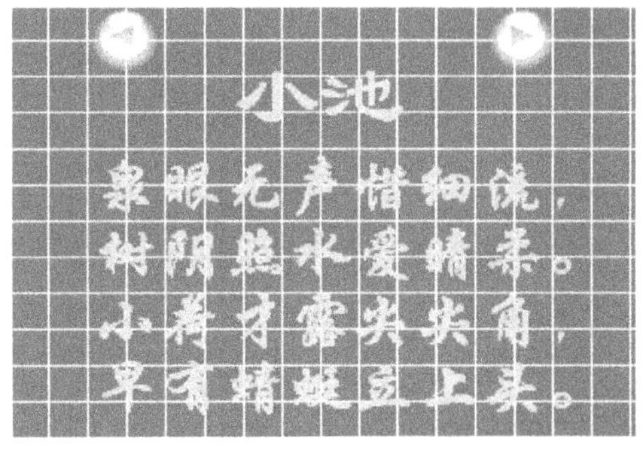

图 3-169　输入文本 6

13）分别单击图层 1 的第 1 帧、第 2 帧和第 3 帧，然后单击“窗口”→“动作”命令，弹出“动作-帧”面板，在其中选择“动作”→“影片控制”→stop 选项，如图 3-170 所示。

☞提示：

步骤 13 的作用是当动画转到某帧时，在该帧停止播放。

14）选中第 1 帧中的 get Right 按钮，然后在“动作-帧”面板中选择“动作”→“影片控制”→goto 选项，并在“帧”下拉列表框中输入 2，如图 3-171 所示。

图 3-170 添加 stop 代码

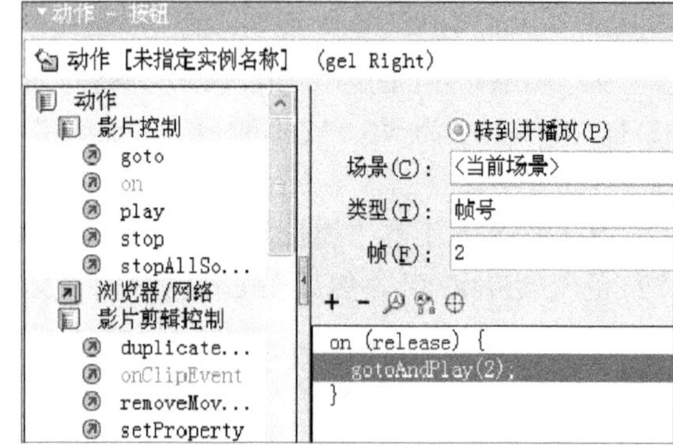

图 3-171 添加 goto 代码 1

15）选中第 2 帧中的 get Left 按钮，然后在“动作-帧”面板中选择“动作”→“影片控制”→goto 选项，如图 3-172 所示。

图 3-172 添加 goto 代码 2

16）选中第 2 帧中的 get Right 按钮，然后在“动作-帧”面板中选择“动作”→“影片控制”→goto 选项，并在“帧”下拉列表框中输入 3。

17）选中第 3 帧中的 get Left 按钮，然后在“动作-帧”面板中选择“动作”→“影片控制”→goto 选项，并在“帧”下拉列表框中输入 2。

☞提示：

步骤 14~16 的作用是当单击 get Right 按钮时，动画跳到下一帧播放，当单击 get Left 按钮时，动画跳到上一帧播放。

18）单击“文件”→“保存”命令，弹出“另存为”对话框，设置文件名称为“翻页的文本”，单击“保存”按钮。

19）单击“控制”→“测试影片”命令，测试该动画的效果。单击第 1 帧中的 get Right 按钮，则动画跳转到第 2 帧，再单击第 2 帧中的 get Right 按钮，则动画跳转到第 3 帧，再单击第 3 帧中的 get Left 按钮，则动画跳转到第 2 帧，如图 3-173 所示。

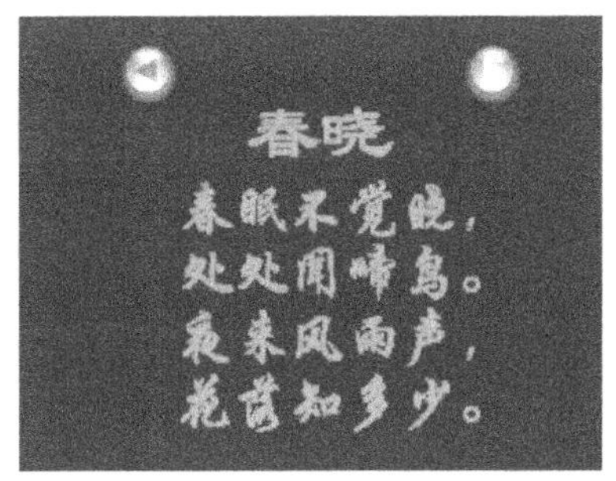

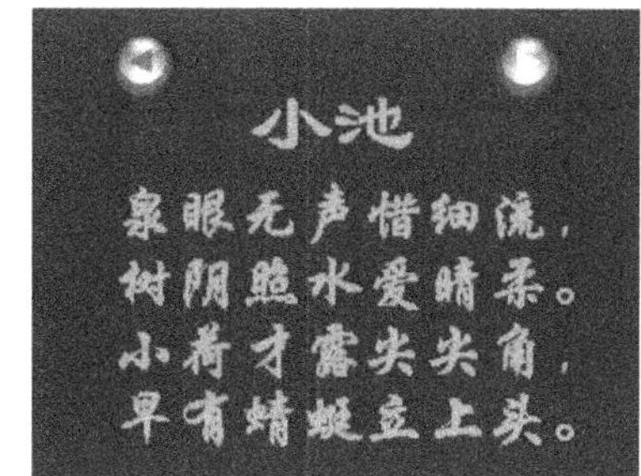

图 3-173　动画效果

3.9.3　实训 3　制作基本交互动画效果

下面的实训通过交互性按钮的制作，介绍 stop（停止）和 play（播放）脚本的功能。制作过程中首先创建一个“按钮”元件，然后在工作区中创建一个做直线运动的小球，最后利用 stop 按钮和 play 按钮来控制小球的运动，制作步骤如下。

1）单击“文件”→“新建”命令，创建一个新的文件。

2）单击“修改”→“影片”命令，弹出“影片属性”对话框，在其中设置影片的“尺寸”为“400×300”像素，“背景色”为白色，单击“确定”按钮。

3）单击“视图”→“网格”→“显示网格”命令，显示网格，以便对图形进行精确定位。

4）单击“插入”→“新建元件”命令，弹出“创建新元件”对话框，设置“名称”为“按钮”，“行为”为“图形”，如图 3-174 所示，单击“确定”按钮。

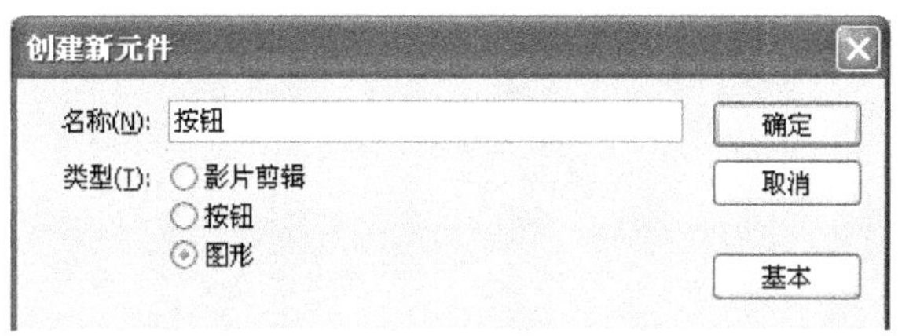

图 3-174　创建“按钮”元件

5）选择工具箱中的矩形工具，在颜色栏中设置“笔触颜色”为无色，“填充色”为“蓝色”（#0000FF）。单击工具箱底部的“圆角矩形半径”按钮，在弹出的“矩形设置”对话框中设置“角半径”为 15 磅，如图 3-175 所示。单击“确定”按钮，在工作区的中心绘制一个矩形，如图 3-176 所示。

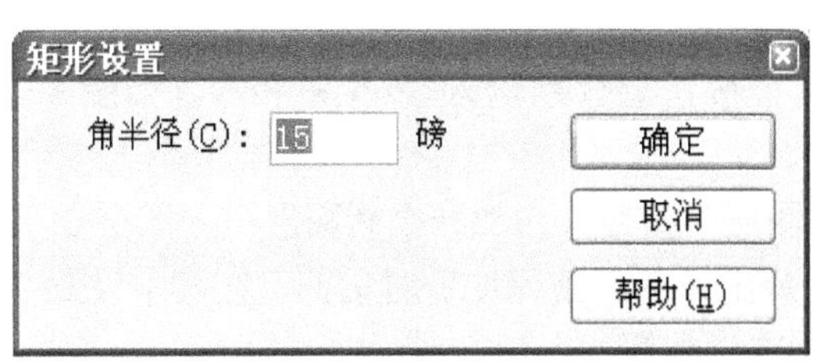

图 3-175　“矩形设置”对话框

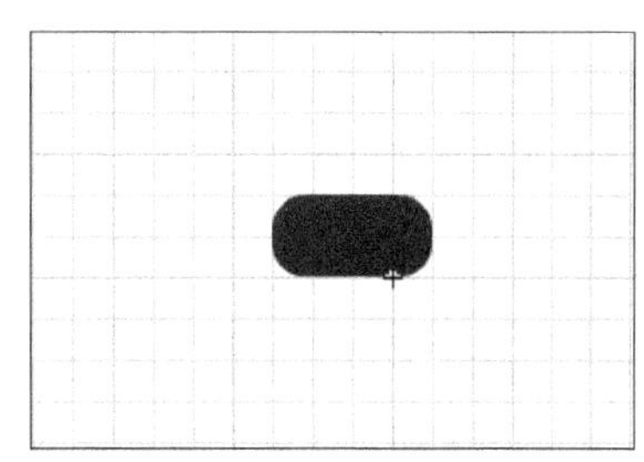

图 3-176　绘制矩形

6）单击“指针经过”帧，单击“插入”→“关键帧”命令，插入关键帧。

7）单击“指针经过”帧，然后在颜色栏中设置“填充色”为“黄色”(#FFFF00)，将矩形填充为黄色，如图 3-177 所示。

8）单击“按下”帧，单击“插入”→“关键帧”命令，插入关键帧。

9）单击“按下”帧，然后在颜色栏中设置“填充色”为“绿色”(#00FF00)，将矩形填充为绿色，如图 3-178 所示。

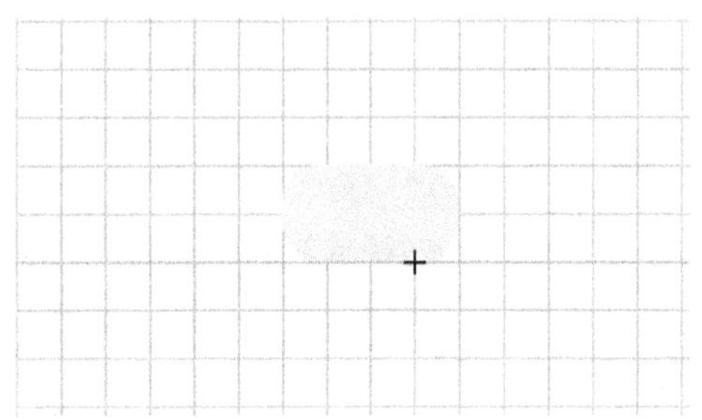

图 3-177　将矩形填充为黄色

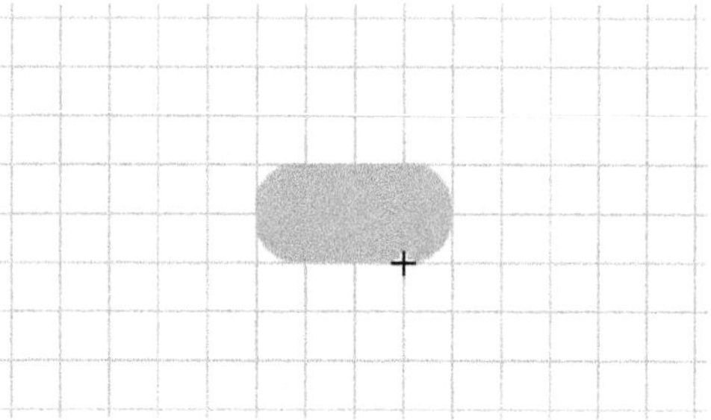

图 3-178　将矩形填充为绿色

10）单击“编辑”→“编辑文档”命令或单击工作区左上角的“场景 1”按钮，退出元件编辑状态。

11）单击“窗口”→“库”命令，打开“库”面板，将“按钮”元件拖动到工作区中，如图 3-179 所示。

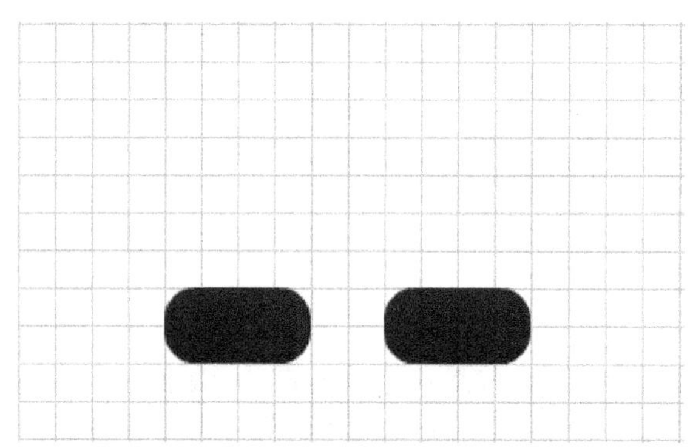

图 3-179　添加“按钮”元件

12）选择工具箱中的文本工具，单击“窗口”→“属性”命令，在弹出的“属性”面板中设置文本类型为“静态文本”，字体为“_sans”，字体大小为“20”，文本颜色为“黄色”(#FFFF00)，如图 3-180 所示。然后在两个按钮上分别输入 Stop 和 Play，如图 3-181 所示。

13）单击“时间轴”面板左下角的“插入图层”按钮，添加一个新图层——图层 2。

14）单击“插入”→“新建元件”命令，弹出“创建新元件”对话框，在其中设置“名称”为“小球”，“行为”为“图形”，单击“确定”按钮。

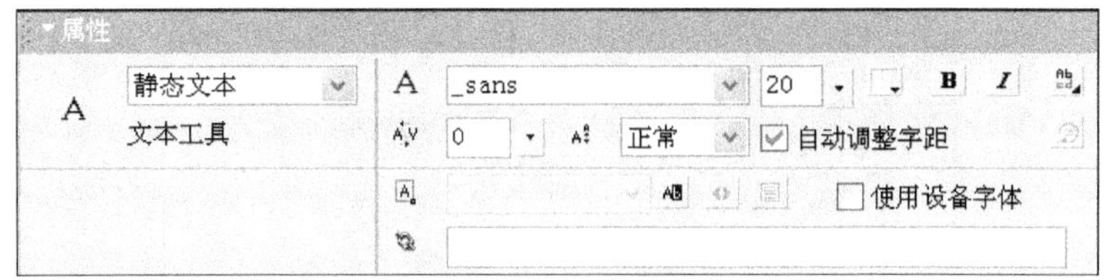

图 3-180　设置文本属性

15）选择工具箱中的椭圆工具，在颜色栏中设置“笔触颜色”为无色，“填充色”为深绿色放射渐变色，然后在工作区的中心绘制一个圆，如图 3-182 所示。

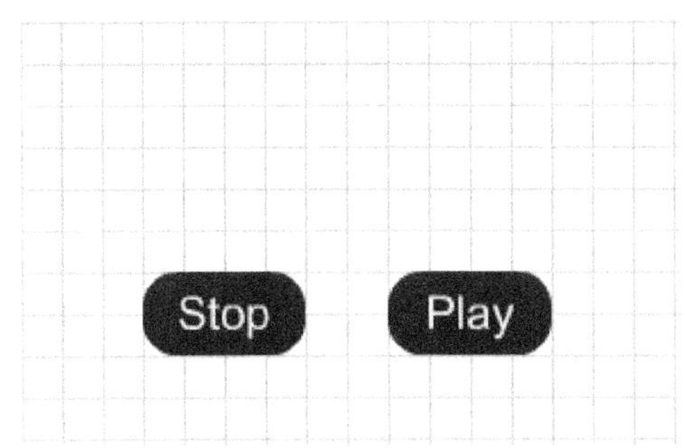

图 3-181　输入文字 Stop 和 Play

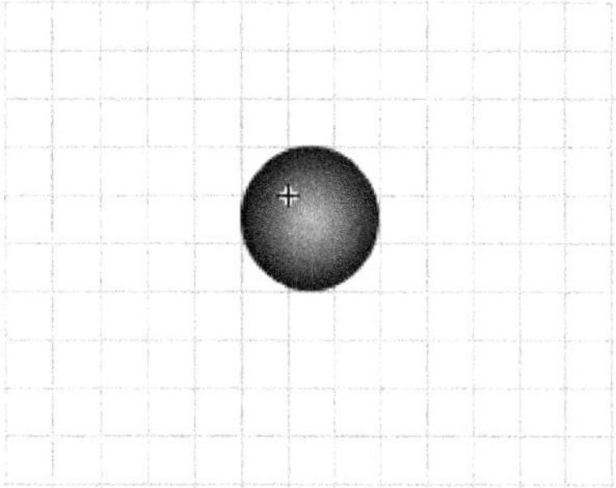

图 3-182　绘制圆

16）单击“编辑”→“编辑文档”命令或单击工作区左上角的“场景 1”按钮，退出元件编辑状态。

17）单击图层 2 的第 1 帧，然后单击“窗口”→“库”命令，打开“库”面板，将“小球”元件拖动到工作区的左端，如图 3-183 所示。

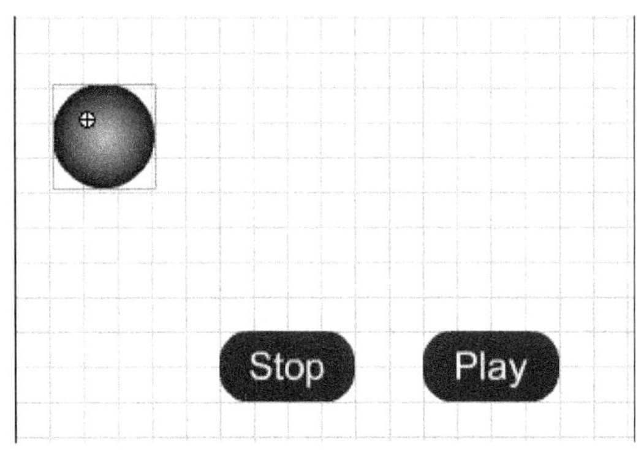

图 3-183　将“小球”元件拖到工作区的左端

18）单击图层 2 的第 20 帧，单击“插入”→“关键帧”命令，插入关键帧，将“小球”元件拖到工作区的右端。

19）用鼠标右键单击图层 2 的第 1 帧，在弹出的快捷菜单中选择“创建补间动画”选项。

20）选中工作区中的 Stop 按钮，然后单击“窗口”→“动作”命令，打开“动作-按钮”面板，在其中选择“动作”→“影片控制”→“stop”选项，添加动作脚本代码，如图 3-184 所示。

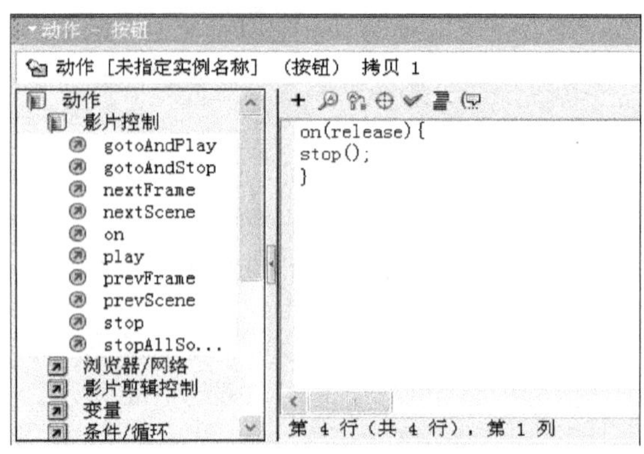

图 3-184 “动作-按钮”面板 1

21）选中工作区中的 Play 按钮，然后单击“窗口”→“动作”命令，打开“动作-按钮”面板，在其中选择“动作”→“影片控制”→“play”选项，添加动作脚本代码，如图 3-185 所示。

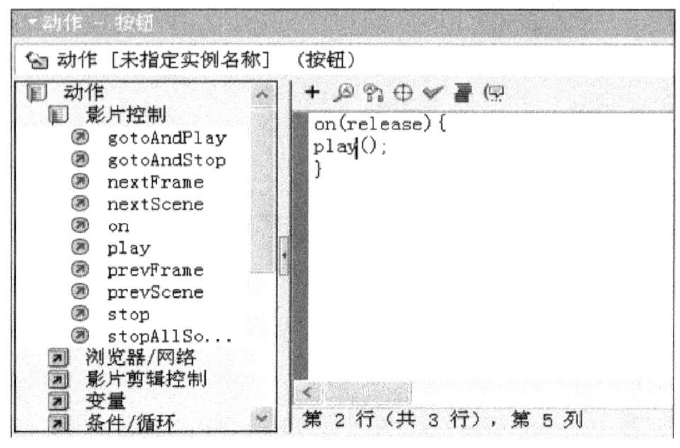

图 3-185 “动作-按钮”面板 2

☞提示：

① stop（停止）动作使得动画停止播放。在 Flash 8 中，设置 stop（停止）动作的具体操作步骤如下。先选中一个帧、按钮或影片剪辑，指定该动作的对象。单击“窗口”→“动作”命令，弹出“动作-帧”面板，在该面板中选择“动作”→“影片控制”→“stop”选项，双击 stop 即可添加其动作脚本代码。

② play（播放）动作使得动画从它的当前位置开始播放。如果动画由于响应 stop（停止）动作而停止，那么用户只能启动 play（播放）动作才能使动画继续放映。

22）单击“文件”→“另存为”命令，弹出“另存为”对话框，设置文件名称为“交互性按钮”，单击“保存”按钮。

23）单击“控制”→“测试影片”命令，测试该动画的效果。

3.9.4 实训 4 制作加载动画效果

下面的实训通过加载动画的制作，介绍 loadMovie（下载动画）动作的功能。制作过程中首先创建一个沿水平方向运动的小球，然后在新建的文件中创建一个沿竖直方向运动的小球，利用 loadMovie（下载动画）动作的功能加载沿水平方向运动的小球，制作步骤如下。

1）单击“文件”→“新建”命令，创建一个新的文件。

2）单击“修改”→“影片”命令，弹出“影片属性”对话框，在其中设置影片的“尺寸”为“400×400”像素，“背景色”为灰色（#999999），单击“确定”按钮。

3）单击“视图”→“网格”→“显示网格”命令，显示网格，以便对图形进行精确定位。

4）单击“插入”→“新建元件”命令，弹出“创建新元件”对话框，设置“名称”为“小球 1”，“行为”为“图形”，如图 3-186 所示，单击“确定”按钮。

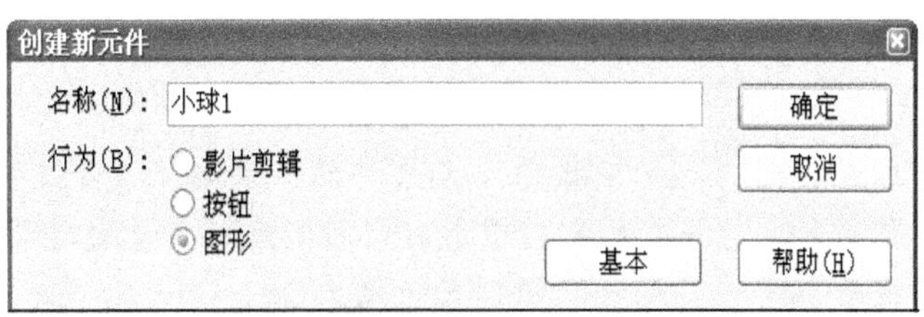

图 3-186 创建“小球 1”元件

5）选择工具箱中的椭圆工具，在颜色栏中设置“笔触颜色”为无色，“填充色”为深绿色放射渐变色，然后在工作区的中心绘制一个圆，如图 3-187 所示。

6）单击“编辑”→“编辑文档”命令或单击工作区左上角的“场景 1”按钮，退出元件编辑状态。

7）单击“窗口”→“库”命令，打开“库”面板，将“小球 1”元件拖动到工作区的左端，如图 3-188 所示。

8）单击图层 1 的第 30 帧，单击“插入”→“关键帧”命令，插入关键帧，然后将“小球 1”元件拖动到工作区右端，如图 3-189 所示。

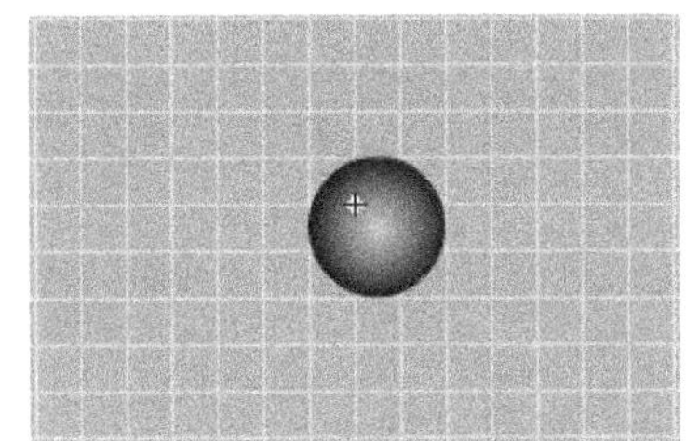

图 3-187 绘制圆

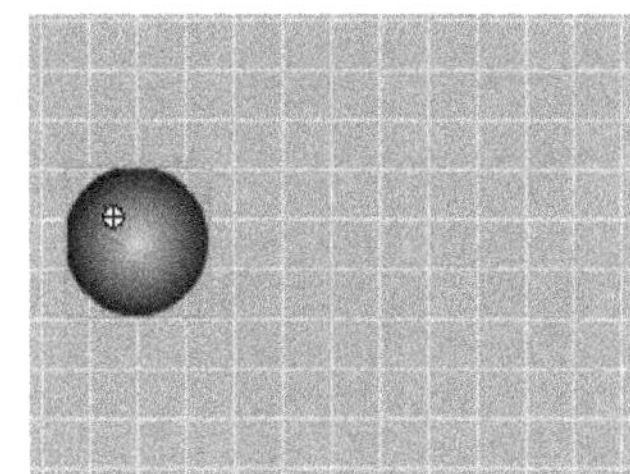

图 3-188 将“小球 1”元件拖动到工作区的左端

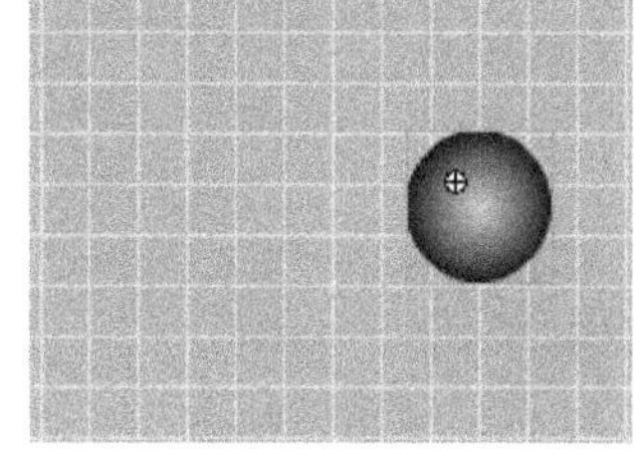

图 3-189 将“小球 1”元件拖动到工作区的右端

9）用鼠标右键单击图层 1 的第 1 帧，在弹出的快捷菜单中选择“创建补间动画”选项。

10）单击“文件”→“另存为”命令，弹出“另存为”对话框，设置文件名称为“动画 1”，单击“保存”按钮。

11）单击“文件”→“导出影片”命令，生成“动画 1.swf ”。

☞**提示：**

在这里必须生成“动画 1.swf ”文件，否则加载不了该动画。

12）重复步骤1）~9），另建一个文件，创建一个沿竖直方向运动的小球。

☞提示：

将沿竖直方向运动的小球颜色更改为深红色放射渐变色。

13）单击“时间轴”面板左下角的“插入图层”按钮，添加一个新图层——图层2。

14）单击图层2的第1帧，然后单击“窗口”→“动作”命令，打开“动作-帧”面板，单击“动作”→“浏览器/网络”→“loadMovie”选项，并在“URL”文本框中输入“动画1.swf”，在“位置”下拉列表框右边的文本框中输入“1”，如图3-190所示。

☞提示：

loadMovie（下载影片）动作具有以下几个参数。

URL：当用于下载影片时，指定下载的swf文件的目录路径，当该参数与“变量”下拉列表框中的数值结合使用时，此参数指定当前或目标时间线的变量发送到CGI脚本的位置。

位置：此参数定义受指定动作影响的级别或对象。

变量：允许用户选择如何将动画中的变量发送到服务器。

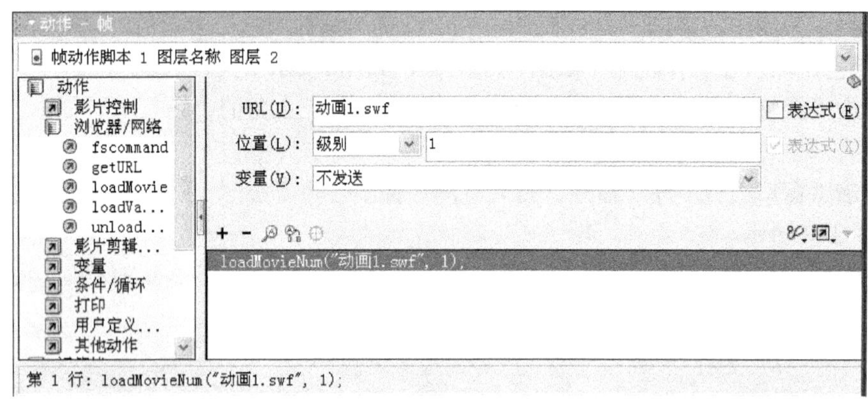

图3-190 “动作-帧”面板

15）单击“文件”→“保存”命令，弹出“另存为”对话框，设置文件名称为“动画2”，单击“保存”按钮。

16）单击“控制”→“测试影片”命令，预览该动画的效果，如图3-191所示。

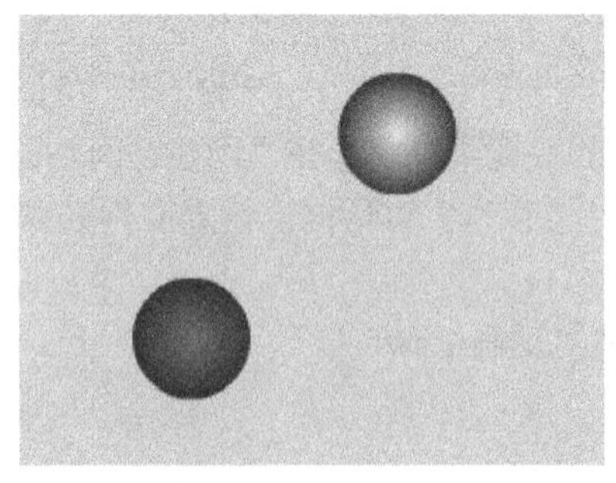

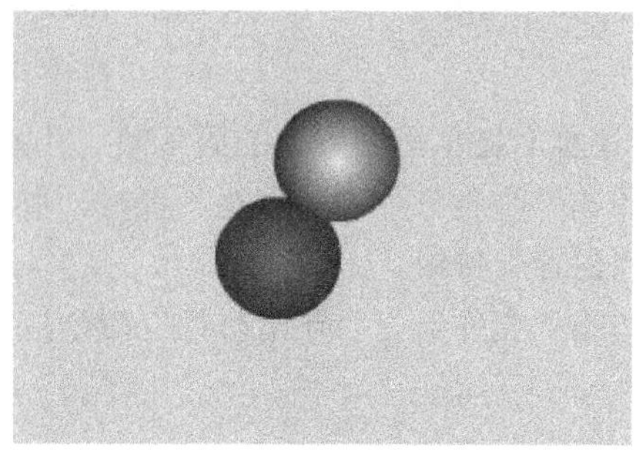

图3-191 动画效果

3.9.5 实训 5 制作随机运动的小球效果

下面的实训通过随机运动的小球动画的制作，来介绍函数 random()的功能。制作过程中首先创建一个 movie 元件，然后利用 onClipEvent（enterFrame）、setvariable()和 random()动作的功能实现小球的随机运动效果，制作步骤如下。

1）单击“文件”→“新建”命令，创建一个新的文件。

2）单击“修改”→“文档”命令，弹出“文档属性”对话框，在其中设置文档的“尺寸”为“420×300”像素，“背景色”为白色（#FFFFFF），单击“确定”按钮。

3）单击“视图”→“网格”→“显示网格”命令，显示网格，以便对图形进行精确定位。

4）单击“视图”→“网格”→“对齐网格”命令，使鼠标指针自动向网格对齐。

5）单击“插入”→“新建元件”命令，弹出“创建新元件”对话框，在其中设置“名称”为“ball”,“行为”为“图形”，如图 3-192 所示，单击“确定”按钮。

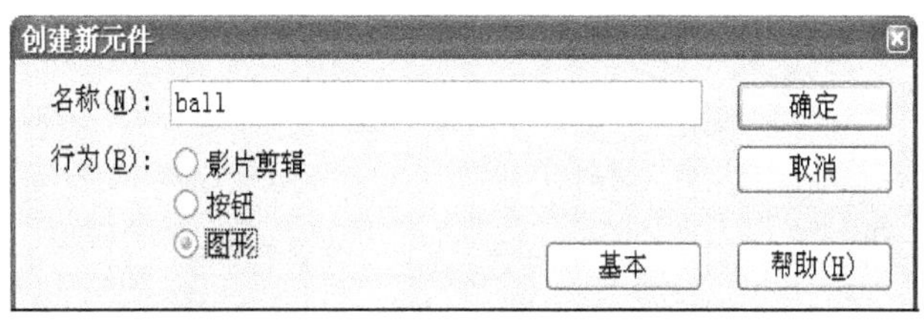

图 3-192 创建“ball”元件

6）选择工具箱中的椭圆工具，并在颜色栏中设置“笔触颜色”为无色，“填充色”为深绿色放射渐变色，然后在工作区中绘制一个圆，如图 3-193 所示。

7）单击“编辑”→“编辑文档”命令或单击工作区左上角的“场景 1”按钮，退出元件编辑状态。

8）单击“插入”→“新建元件”命令，弹出“创建新元件”对话框，在其中设置“名称”为“movie”,“行为”为“影片剪辑”，单击“确定”按钮。

9）单击“窗口”→“库”命令，打开“库”面板，将 ball 元件拖动到工作区中。

10）单击“编辑”→“编辑文档”命令或单击工作区左上角的“场景 1”按钮，退出元件编辑状态。

11）单击“窗口”→“库”命令，打开“库”面板，将 movie 元件拖动到工作区中，如图 3-194 所示。

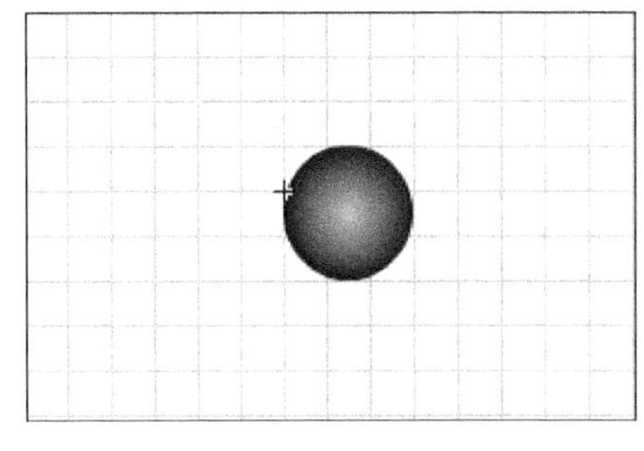

图 3-193 绘制圆

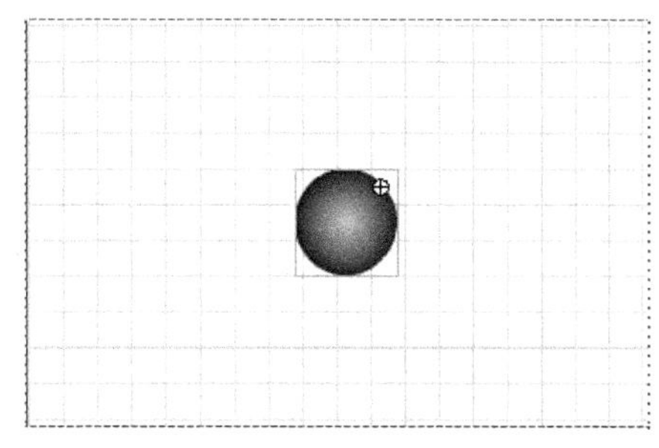

图 3-194 将 movie 元件拖到工作区中

12）选中工作区中的 movie，然后单击“窗口”→“属性”命令，在弹出的“属性”面板中设置“名称”为“movie”，如图 3-195 所示。

图 3-195 “属性”面板

13）单击图层 1 的第 2 帧，按〈F6〉快捷键，插入关键帧。

14）选中图层 1 第 1 帧中的 movie，然后单击“窗口”→“动作”命令，打开“动作-影片剪辑”面板，在其中选择“动作”→“影片剪辑控制”→“onClipEvent”选项，并选中“进入帧”单选按钮，如图 3-196 所示。

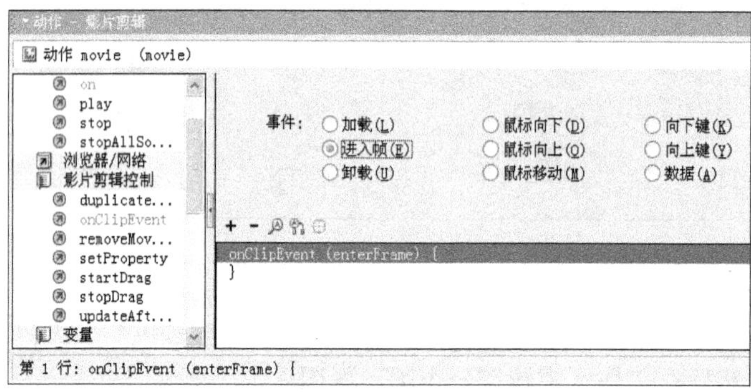

图 3-196 添加 onClipEvent 代码

☞提示：

onClipEvent(enterFrame)的作用是当指定的影片剪辑播放指定的帧时，动作被触发。

15）在“动作-影片剪辑”面板中选择“动作”→“变量”→“set variable”选项，并在“变量”文本框中输入“_root.movie._x”，在“值”文本框中输入“random(420)”，并选中其后面的“表达式”复选框，如图 3-197 所示。

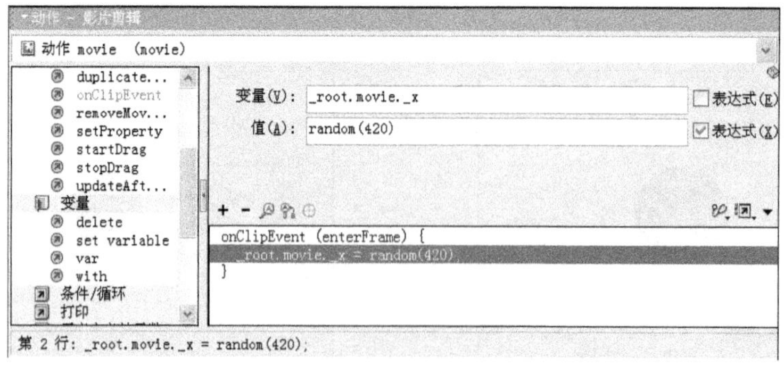

图 3-197 添加 set variable 代码

☞提示：

_root 的作用是指定主场景中的对象和变量，_root.movie._x 指的是 movie 在主场景中 x 轴的位置坐标。函数 random(420)的作用是产生 0~420 之间的随机数。

16）在“动作-影片剪辑”面板中选择“动作”→“变量”→“set variable”选项，并在“变量”文本框中输入“_root.movie._y”，在“值”文本框中输入“random(300)”，并选中其后面的“表达式”复选框，如图 3-198 所示。

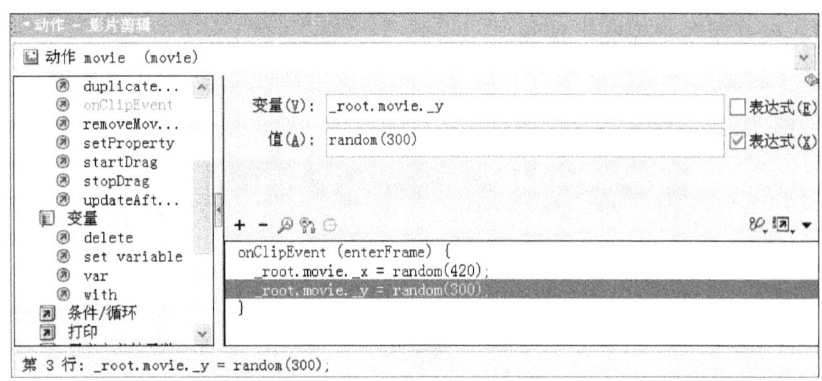

图 3-198　添加动作脚本代码

☞提示：

_root.movie._y 指的是 movie 在主场景中的 y 轴位置坐标。

17）单击图层 1 的第 2 帧，然后在其“动作-帧”面板中选择“动作”→“影片剪辑控制”→goto 选项，其参数设置如图 3-199 所示。

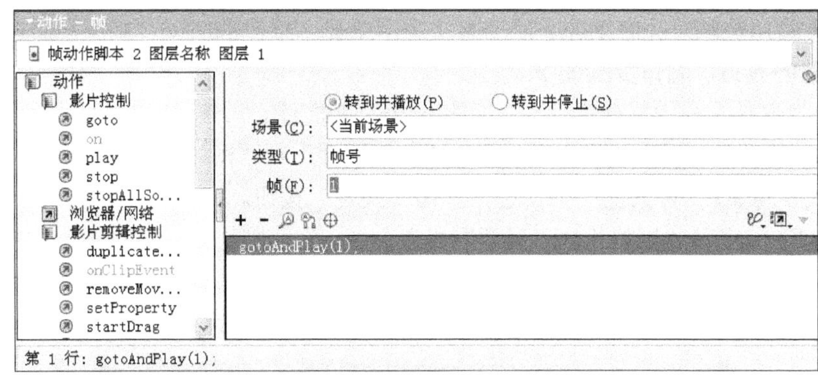

图 3-199　添加 goto 代码

☞提示：

步骤 17 的作用是和第 1 帧构成循环。

18）选中第 2 帧中的 movie，然后在其“动作-帧”面板中选择“动作”→“影片控制”→“onClipEvent”选项，并选中“进入帧”单选按钮。

19）在“动作-帧”面板中选择“动作”→“变量”→“set variable”选项，并在“变量”文本框中输入“_root.movie._x”，在“值”文本框中输入“random(420)”，并选中其后面的“表达式”复选框。

20）在“动作-帧”面板中选择“动作”→“变量”→“set variable”选项，并在“变量”文本框中输入“_root.movie._y”，在“值”文本框中输入 random(300)，并选中其后面的“表达式”复选框。

21）单击“文件”→“另存为”命令，弹出“另存为”对话框，在其中设置“名称”为“随机小球”，然后单击“保存”按钮。

22）单击“控制”→“测试影片”命令，测试该动画的效果。可以看到小球做无规则的随机运动，如图 3-200 所示。

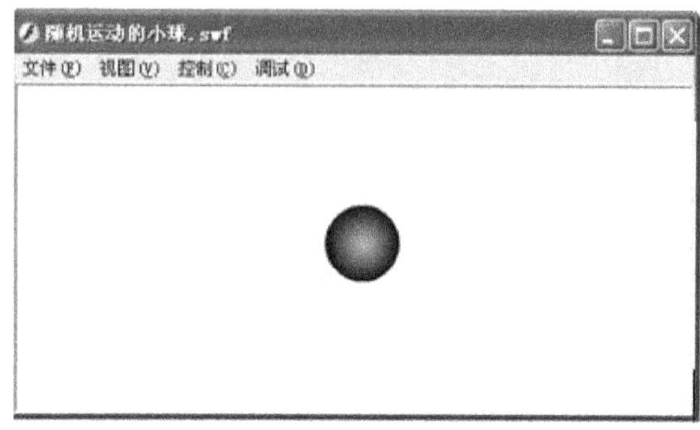

图 3-200　动画效果

3.9.6　实训 6　制作计时器效果

本实训通过计时器的制作，介绍 getTimer()动作的功能。制作时首先创建一个按钮和一个动态文本，按钮用来触发计时动作，而动态文本用来显示播放的时间，利用 getTimer()动作即可实现计时器的效果，制作步骤如下。

1）单击“文件”→“新建”命令，创建一个新的文件。

2）单击“修改”→“文档”命令，弹出“文档属性”对话框，在其中设置文档的“尺寸”为“420×300”像素，“背景色”为白色，单击“确定”按钮。

3）单击“视图”→“网格”→“显示网格”命令，显示网格，以便对图形进行精确定位。

4）单击“插入”→“新建元件”命令，弹出“创建新元件”对话框，在其中设置“名称”为“按钮”，“行为”为“按钮”，如图 3-201 所示，单击“确定”按钮。

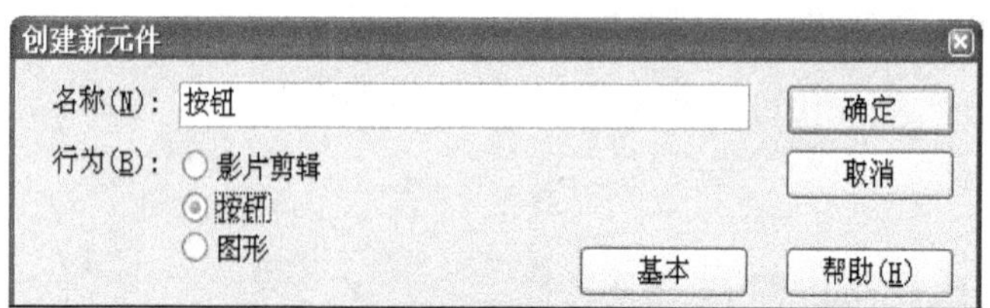

图 3-201　创建“按钮”元件

5）选择工具箱中的矩形工具，在颜色栏中设置“笔触颜色”为无色，“填充色”为深绿色放射渐变色，再单击工具箱底部的“圆角矩形半径”按钮，在弹出的“矩形设置”对话框中设置“角半径”为 15 磅。单击“确定”按钮，然后在工作区的中心绘制一个矩形，如图 3-202 所示。

6）单击“指针经过”帧，按〈F6〉快捷键插入关键帧，然后在工具箱的颜色栏中设置“填充色”为深蓝色放射渐变色，将矩形填充为深绿色渐变效果。

7）单击“按下”帧，按〈F6〉快捷键插入关键帧，然后在工具箱的颜色栏中设置“填充色”为深灰色放射渐变色，将矩形填充为深灰色渐变效果。

8）单击“编辑”→“编辑文档”命令或单击工作区左上角的“场景 1”按钮，退出元件编辑状态。

9）单击“窗口”→“库”命令，打开“库”面板，将按钮元件拖动到工作区中，如图 3-203 所示。

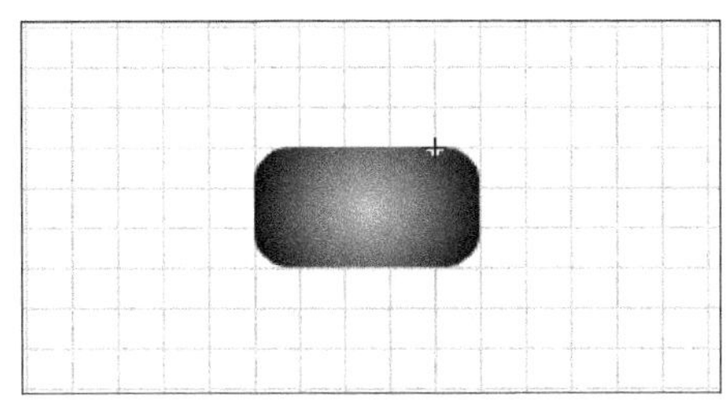

图 3-202　绘制矩形

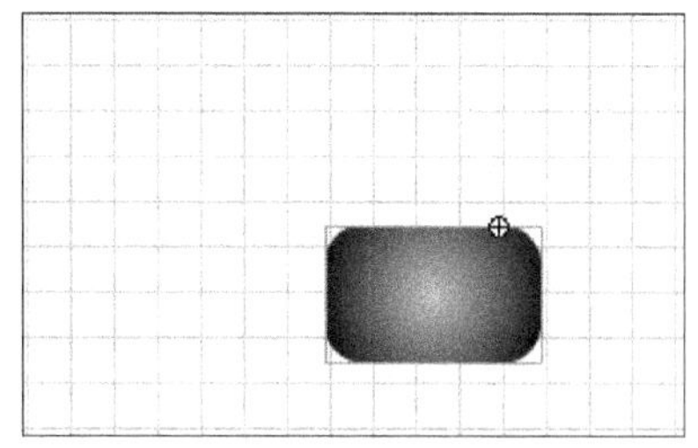

图 3-203　将按钮元件拖动到工作区中

10）选择工具箱中的文本工具，单击“窗口”→“属性”命令，在弹出的“属性”面板中设置文本类型为“静态文本”，字体为“隶书”，字体大小为 40，文本颜色为黄色（#FFFF00）如图 3-204 所示，然后在按钮上输入“开始”，如图 3-205 所示。

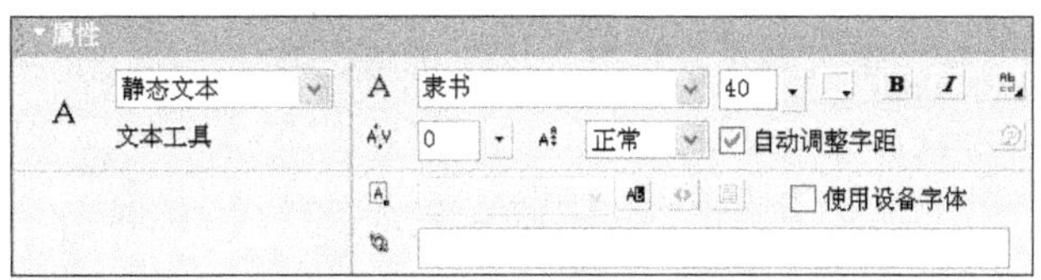

图 3-204　设置文本属性

11）在文本工具“属性”面板中设置文本类型为“静态文本”，字体为“华文新魏”，字体大小为 50，文本颜色为绿色（#FF0000），然后在工作区中输入“播放时间：”和“秒”，如图 3-206 所示。

图 3-205　输入文本

图 3-206　在工作区中输入文本

12）单击“插入”→“新建元件”命令，弹出“创建新元件”对话框，在其中设置“名称”为“movie”,“行为”为“影片剪辑”，单击“确定”按钮。

13）选择工具箱中的文本工具，单击“窗口”→“属性”命令，在弹出的“属性”面板中设置文本类型为“动态文本”，字体为“宋体”，字体大小为50，文本颜色为红色（#FF0000），并在“变量”文本框中输入“text”，如图3-207所示，然后在工作区中拖动鼠标，创建一个文本框，如图3-208所示。

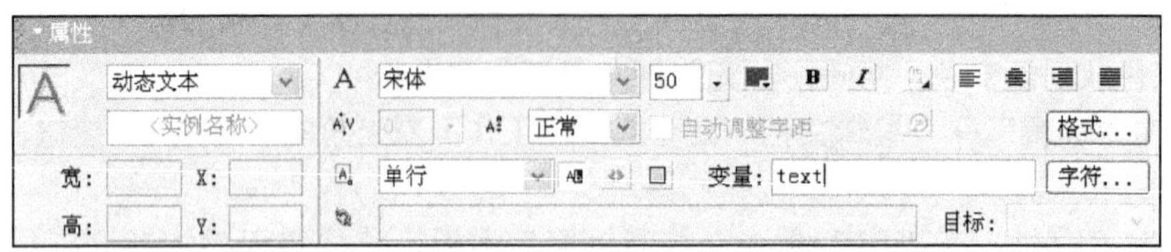

图3-207　设置文本属性

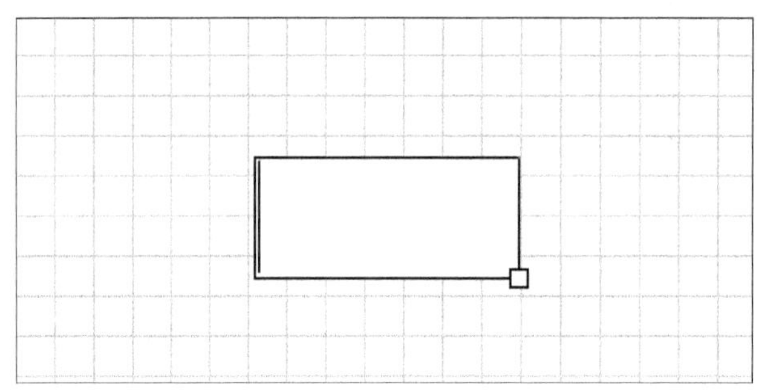

图3-208　创建文本框

14）单击“编辑”→“编辑文档”命令或单击工作区左上角的“场景 1”按钮，退出元件编辑状态。

15）单击“窗口”→“库”命令，打开“库”面板，将movie元件拖动到工作区中，如图3-209所示。

图3-209　将movie元件拖动到工作区中

16）分别单击图层1的第2帧和第3帧，然后按〈F6〉快捷键插入关键帧。

17）单击图层1的第1帧，然后单击“窗口”→“动作”命令，弹出“动作-帧”面板，在其中选择“动作”→“影片控制”→stop选项，添加动作脚本代码“stop();”，如图3-210所示。

18）选中工作区中的“开始”按钮，然后在“动作-按钮”面板中选择“动作”→“影片控制”→goto 选项，并在“帧”下拉列表框中输入“2”，如图 3-211 所示。

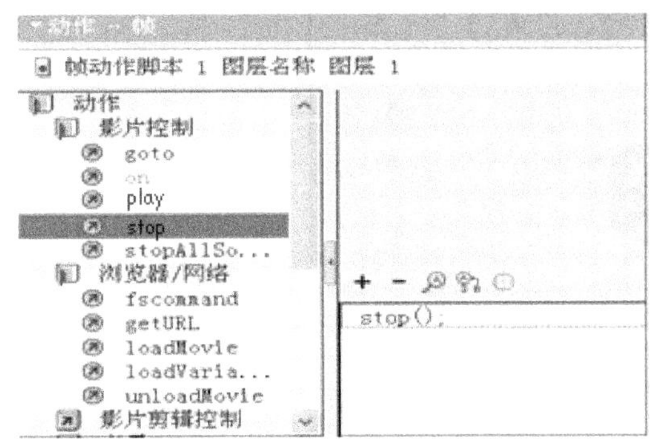

图 3-210　添加动作脚本代码

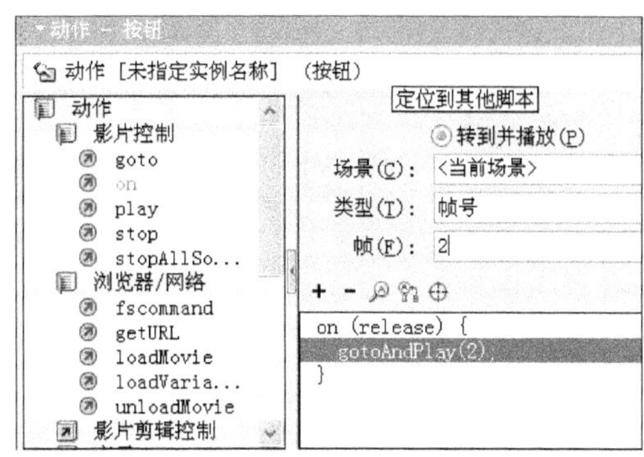

图 3-211　添加动作脚本代码

☞提示：

步骤 17）~18）的作用是单击“开始”按钮后，动画转到第 2 帧。

19）选中第 2 帧中的 movie，然后单击“窗口”→“动作”命令，弹出“动作-影片剪辑”面板，在其中选择“动作”→“影片剪辑控制”→“onClipEvent”选项。

20）在“动作-影片剪辑”面板中选择“动作”→“变量”→“set variable”选项，并在“变量”文本框中输入“text”，在“值”文本框中输入“getTimer() / 1000”，并选中其后面的“表达式”复选框，如图 3-212 所示。

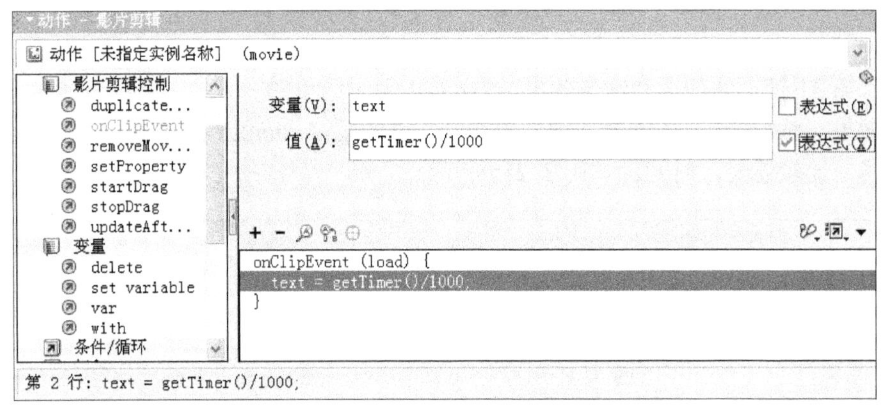

图 3-212　添加 set variable 代码

21）单击图层 1 的第 3 帧，然后单击“窗口”→“动作”命令，打开“动作-帧”面板，在其中选择“动作”→“影片控制”→goto 选项，并在“帧”下拉列表框中输入“2”。

22）单击“文件”→“另存为”命令，弹出“另存为”对话框，在其中设置“名称”为“计时器”，然后单击“保存”按钮。

23）单击“控制”→“测试影片”命令，测试该动画的效果。单击“开始”按钮，则在文本框中显示动画播放的时间，如图 3-213 所示。

图 3-213　动画效果

3.9.7　实训 7　制作翱翔太空效果

下面的实训是制作流星在太空翱翔效果。

1）启动“Flash 8 ”，新建一个影片，设置影片舞台大小为“550×8400”像素，设置影片背景色为“黑色”。

2）首先来制作流星。新建一个图形元件，命名为 gstar，进入元件的编辑区后，使用矩形工具绘制一个细长的矩形，然后使用箭头工具调整矩形下面两个角合并为一个角，并填充白色，如图 3-214 所示。

图 3-214　绘制的“流星”

3）单击“新建”→“元件”，命名为“mstar”，进入元件的编辑区后，将元件“gstar”从库中拖到编辑区中，然后在第 31 帧插入一个关键帧，将流星竖直向上移动一段距离，最后建立第 1 帧到第 31 帧之间的运动渐变效果，这样就实现了简单的流星移动效果，然后在第 32 帧插入空白关键帧，并设置 Action:stop()，目的是使流星的运动没有停顿感，比较连贯，时间轴如图 3-215 所示。

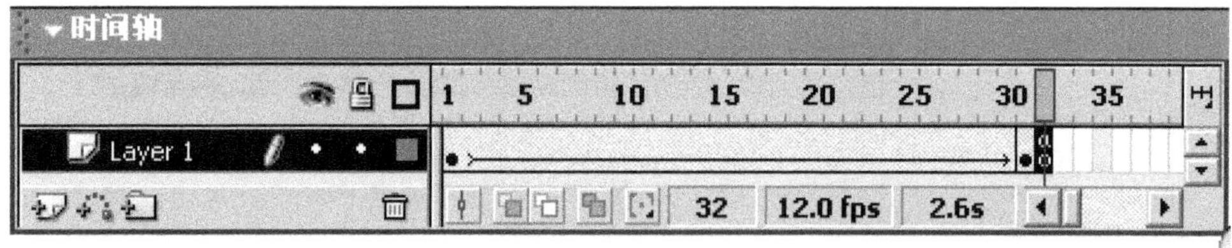

图 3-215　选中时间轴“第 32 帧”输入代码

4）回到主场景中，将元件“mstar”拖到图层“Layer1”中，并将时间轴延长到第 2 帧，在上面再添加一个图层“Layer2”，在第 2 帧插入一个关键帧，添加如下 Action：

```
if (Number(num)>1000) {
  num = 0;
    }
  /:num = Number(/:num)+1;
```

```
duplicateMovieClip("/star", "star" add /:num, num);
setProperty("star" add /:num, _rotation, random(360));

setProperty("star" add /:num, _alpha, Number(random(50))+50);
/:num = Number(/:num)+1;
duplicateMovieClip("/star", "star" add /:num, num);
setProperty("star" add /:num, _rotation, random(360));
setProperty("star" add /:num, _alpha, Number(random(50))+50);
/:num = Number(/:num)+1;
duplicateMovieClip("/star", "star" add /:num, num);
setProperty("star" add /:num, _rotation, random(360));
setProperty("star" add /:num, _alpha, Number(random(50))+50);
gotoAndPlay(1);
```

录入结束，时间轴效果如图 3-216 所示。

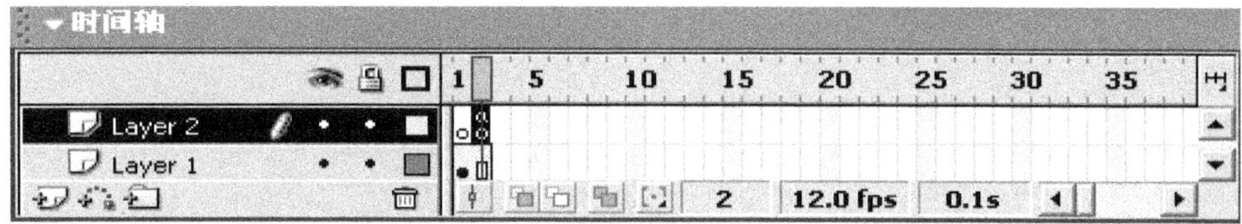

图 3-216　创建一个新层“layer2”时间轴效果

按〈Ctrl+Enter〉组合键测试影片。

3.10　习题

1．使用线条、铅笔、矩形、椭圆等工具在工作区绘制各种图形，并对图形进行各种变形练习。

2．制作彩图文字动画。

制作要点：利用导入图片制作彩图文字效果，并运用“柔化填充边缘”命令制作文字边框。

3．制作书本翻页动画。

制作要点：制作页面右水平、右上方倾斜、垂直、左上方倾斜和左水平 5 个关键图形，使它们之间依次产生变形。

4．制作使用放大镜放大文字动画。

制作要点：制作时首先创建两个文本图层，然后在各自图层上创建遮罩图层，最后再创建一个放大镜运动的图层。

5．制作雷达扫描动画。

制作要点：首先制作雷达的外壳、刻度和扫描线，然后应用运动渐变的“旋转”功能实现扫描线的旋转。

6．制作水滴滴到水里，溅起水花并出现水波纹的动画效果。

制作要点：制作水滴溅起效果时注意水滴溅起和下落的方向。

7．制作一个展示自己照片的动画。

制作要点：综合使用形状渐变和运动渐变制作出照片变形、放大等效果。

8．制作音乐按钮效果。

制作要点：先制作导航条按钮，当鼠标移动到按钮上时，该导航条按钮变大并发出声音，当单击按钮时，按钮颜色改变并发出另一种声音，注意要在“指针经过”帧和“按下”帧中添加声音。

9．制作四处碰壁的小球动画。

制作要点：先制作控制小球运动按钮，绘制方形盒子，然后使用 tellTarge、setProperty、getProperty、if…else 等函数设置小球运动路径。

第 4 章　Authorware7 的使用与实训

本章要点

- Authorware 的基本操作
- 文本和图像的应用
- 多媒体素材的导入
- 人机交互的设计
- 分支流程的设计
- 程序的调试与打包发行

Authorware 是Macromedia公司推出的功能强大的多媒体制作软件，是多媒体制作软件的佼佼者，市面上的多媒体软件产品，特别是教育类多媒体软件，很多都是用它制作完成的。它所采用的基于图标和流程图的程序设计方法，使多媒体的创作更加方便快捷，即使是非专业人士也可以轻松上手，创建出富有表现力、交互性强的多媒体课件。

4.1　Authorware7 概述

熟悉 Authorware7 的工作环境及基本操作是使用 Authorware 进行多媒体程序设计和开发的基础。

4.1.1　Authorware7 的界面

1. 启动界面

每次进入 Authorware7 都会出现“新建”对话框，提示用户为新建立的文件选择一个知识对象，如图 4-1 所示。因其适用于创建复杂的应用程序，单击“取消”按钮或者按〈Esc〉键关闭此窗口，暂时不使用它。

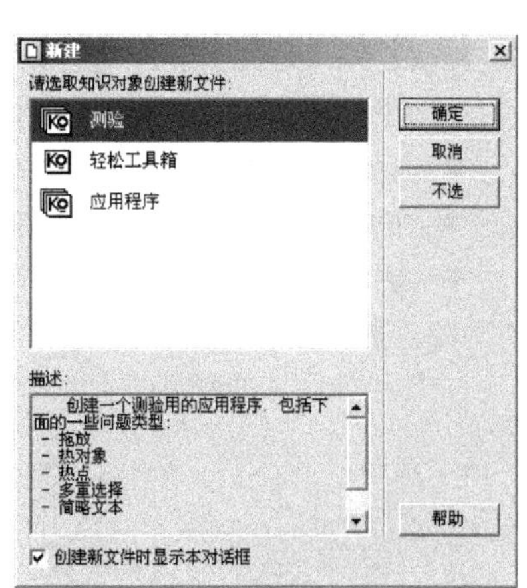

图 4-1　“新建”对话框

2. 主窗口界面

主窗口由标题栏、菜单栏、工具栏、图标面板、设计窗口、属性面板 6 部分组成，如图 4-2 所示。

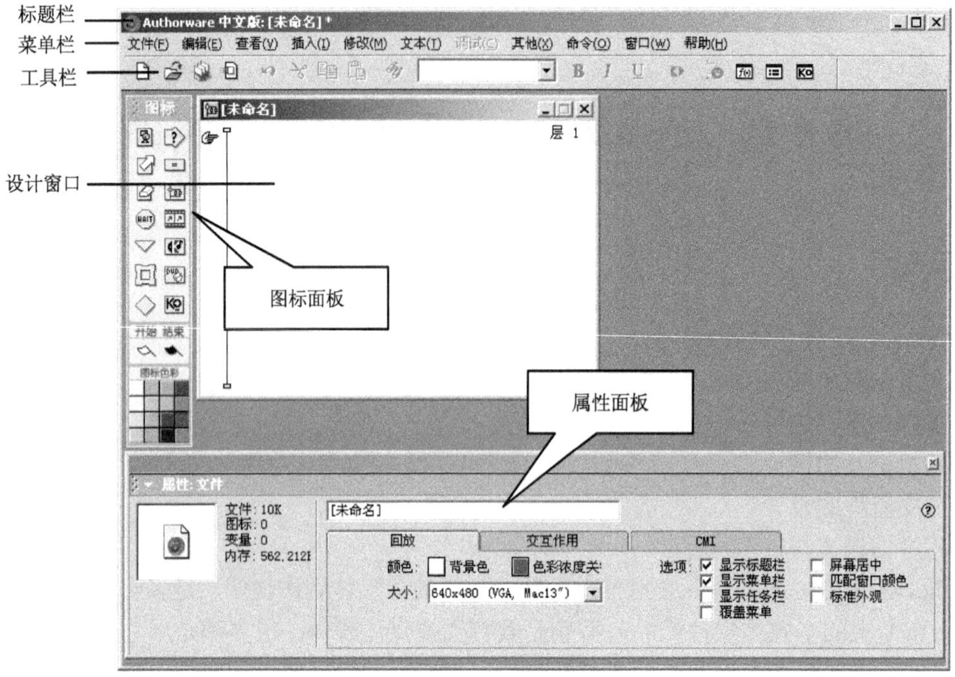

图 4-2　Authorware7 主窗口界面

（1）菜单栏

菜单栏中的主要菜单项说明如下。

- 文件：提供了文件的创建、打开、关闭、保存、导入功能以及页面设置、程序打包和发送邮件等命令。
- 插入：提供了插入图像、知识对象、OLE 对象以及导入多媒体素材等命令。
- 修改：用于修改图标、图像和文件的属性，建组及改变前景和后景的设置等。
- 文本：提供丰富的文字处理功能，用于设定文字的字体、大小、颜色、风格等。
- 调试：提供了对程序进行运行调试的相关命令。
- 其他：用于库的链接及查找显示图标中文本的拼写错误等。
- 命令：关于 Authorware.com 的相关内容，还有 RTF 编辑器和查找 Xtras 等内容。
- 窗口：用于打开展示窗口、库窗口、计算窗口、变量窗口、函数窗口及知识对象窗口等。

（2）工具栏

工具栏如图 4-3 所示。

图 4-3　工具栏

主要工具按钮说明如下。

- 保存：用于快速保存当前打开的所有文件。
- 导入：用于从外部直接向流程线、显示图标或交互图标中导入文本、图形、音频及视频等。
- 查找：用于查找指定的对象，或者将找到的对象用指定的内容进行替换。
- 文本风格下拉列表框：用于选择一种预定义的文本样式。
- 运行：用于运行当前打开的程序。
- 控制面板：用于打开或关闭控制面板，利用该面板可以控制程序的运行和对程序进行调试。
- 函数：单击此按钮会出现函数列表窗口以及对函数的描述。
- 变量：单击此按钮会出现变量列表窗口以及对变量的描述。
- 帮助：单击此按钮将弹出知识对象窗口。

（3）设计窗口

流程设计窗口是 Authorware7 的程序设计中心，它是多媒体课件创作的重要平台。设计窗口由标题栏和设计平台两部分组成，如图 4-4 所示。

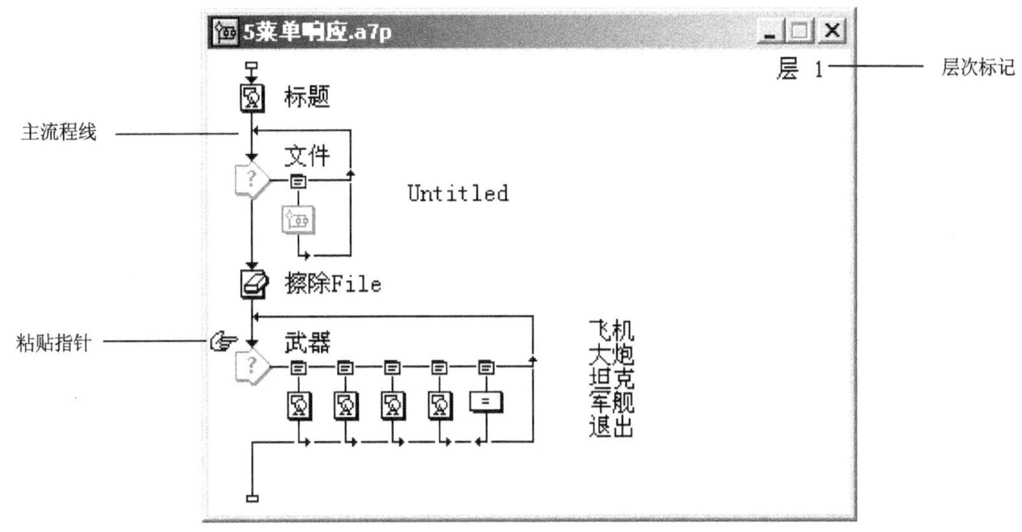

图 4-4　Authorware 7 的设计窗口

设计窗口的左侧有一条垂直的线段，该线段称为主流程线。位于主流程线上端的矩形标记表示流程的开始，称为流程起始标记。位于主流程线下端的矩形标记表示流程的结束，称为流程结尾标记。在流程线的左侧有一个手形标记，通常称为“粘贴指针”，用来表示下一步被粘贴的图标在流程线上的位置。

设计窗口右上方的文字表示设计窗口的层次，双击主流程线上的任意一个群组图标，将会打开显示该群组图标内容的下一层设计窗口。

（4）图标面板及其作用

图标面板如图 4-5 所示。

图标作用说明如下。

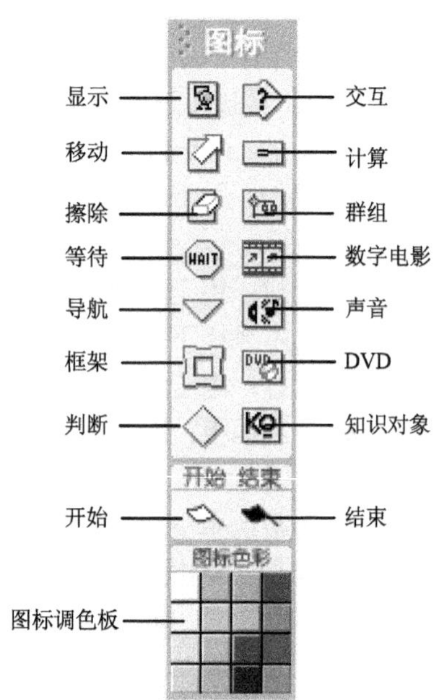

图 4-5　Authorware7 图标面板

- 显示：能够以各种特殊效果显示正文、图形和图像。
- 移动：用于移动屏幕上显示的对象，与显示图标相配合，可制作出简单的二维动画效果。
- 擦除：能够以各种特殊效果擦除屏幕上显示的对象。
- 等待：其作用是暂停程序的运行，直到用户按键、单击鼠标或者经过一段时间的等待之后，程序再继续运行。
- 导航：实现到程序内任一页的跳转，常与框架图标配合使用。
- 框架：包含了一组导航设计图标，用于建立页面系统、超文本和超媒体。
- 判断：用于控制程序流程的走向，可以设置分支路径被执行的顺序和次数。
- 交互：用于提供交互接口，附属于交互图标的其他设计图标称为响应图标，它们共同构成了交互作用分支结构。
- 计算：用于执行各种运算，也可以执行一个函数、计算一个表达式或设计出更复杂的脚本程序，辅助程序运行。
- 群组：是一个特殊的逻辑功能图标，其作用是将一部分程序图标组合起来，实现模块化子程序的设计。
- 数字电影：用于导入和播放一个数字化电影文件。
- 声音：用于导入和播放声音文件。
- DVD：用于在程序中控制 DVD 的播放。
- 知识对象：用于在流程线上直接添加知识对象，这是 Authorware 7 的新增图标。
- 开始：用于设置程序运行的起点。
- 结束：用于设置程序运行的终点。
- 图标调色板：用于对当前选中的设计图标选择一种外观颜色。

4.1.2　Authorware7 的基本操作

在 Authorware7 中，图标操作、文件属性设置等都属于基本操作，掌握这些基本操作有助于多媒体程序的设计和开发。

1．图标的基本操作

单击工具条上的“新建”按钮，Authorware7.0 将产生一个新的设计窗口，我们的任务就是在这个设计窗口中的流程线上安排和组织图标来创建多媒体程序的逻辑结构，布局多媒体作品的内容，反映多媒体作品的流程。所以，首先需要了解在流程线上操作图标的基本方法。

（1）图标的创建和命名

创建图标就是按照设计需要在设计窗口的流程线上添加图标。可选择图标面板的图标，并将它拖动到流程线上的适当位置。在每一个图标的旁边都对应着图标的名称，系统默认的名称都是未命名，为了增强程序的可读性和便于修改、调试，一定要为图标取一个见名知意的名字，如图 4-6 所示。

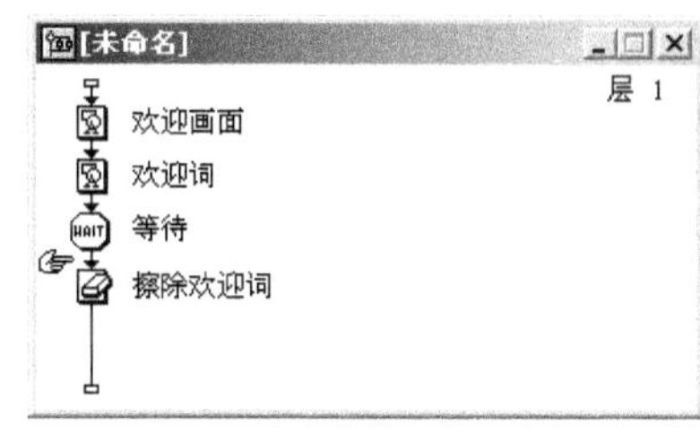

图 4-6　图标的创建和命名

除了可以通过图标面板创建图标外，还可以直接将 Authorware7 支持的一些媒体文件（如*.bmp、*.gif、*.mp3、*.avi 等）从“我的电脑”或“资源管理器”窗口中拖放到流程线上，系统会自动根据媒体文件的类型产生相应的图标（文本、图形图像文件产生显示图标，音乐文件产生声音图标等），新生成的图标以对应的媒体文件的文件名命名。

第 3 种创建图标的方法是使用“插入”菜单，这样不仅可以插入图标面板上的所用图标，还可以插入 GIF 动画文件、Flash 动画文件、Active 控件等其他图标文件。

（2）图标的选择、复制、粘贴、移动、删除和群组操作

选择单个图标时，单击相应图标即可，被选中的图标及其标题高亮显示。需要选择连续的图标时，可以通过鼠标的框选来完成，需要选择不连续的图标时，可以在按住〈Ctrl〉功能键的同时，依次单击流程线上的图标。图标如果处于选中状态，就可以用“编辑”菜单中的“剪切”、“复制”、“粘贴”和“清除”命令项（或者工具按钮或者鼠标右键菜单命令项）来移动、复制或者删除图标。

当流程线上的图标比较多时，可以选择“修改”菜单中的“群组”命令，将所选的相关图标组合成群组图标。这样多个图标将以整体的形式出现在流程线上。双击群组图标时，将在其下一层窗口内打开其中包含的图标。

取消群组时，首先选中群组图标，然后选择修改菜单中的取消群组命令或者按〈Ctrl+Shift+G〉组合键即可。

（3）编辑图标

为了编辑一个图标，可双击某个图标，切换到编辑状态。这时一部分图标的内容会显示在 Authorware7 的演示窗口中。同时，自动打开绘图工具箱。另一部分图标不会出现演示窗口，而是出现相应的“属性”面板，用户可以通过这些打开的面板调整对应图标的属性、参数。

每个图标都有相应的属性。为了编辑一个图标的属性，用户可以采取下列方法之一进行操作。

- 执行“修改”菜单中“图标”子菜单的“属性”命令。
- 按住〈Ctrl〉功能键，双击流程线的图标。
- 选中某一图标，单击鼠标右键，从快捷菜单中选择“属性”命令。
- 选中某一图标，或者打开该图标演示窗口，按热键〈Ctrl+I〉。

2. 演示窗口的设置

演示窗口用来展示 Authorware7.0 的设计内容，它提供了一个所见即所得的设计环境，就像是一块画布，用户可以在上面写字、绘图、放电影。

在程序设计期间，用户在演示窗口中见到的设计内容以及窗口大小、菜单样式、背景颜

色，同程序打包运行之后在程序窗口中见到的几乎完全相同。因此，用户必须在动手设计之前对演示窗口进行必要的设置。

执行“修改”菜单中“文件”子菜单的“属性”命令，调出“文件”属性面板，如图 4-7 所示。

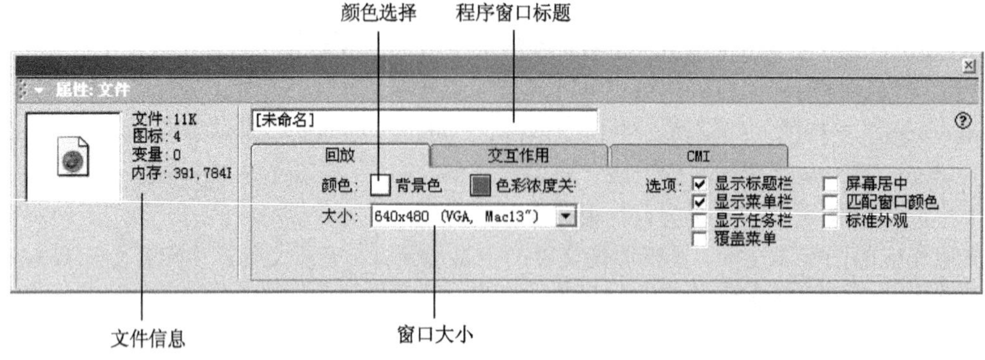

图 4-7 “文件”属性面板

属性面板的左侧显示文件的相关信息，包括大小、包含图标总数、文件中使用的变量个数、剩余的磁盘空间。上述信息是不可编辑的。

属性面板的主体部分是由“回放”、“交互作用”及“CMI”3 个选项卡组成，其中影响程序外观的核心控制部分都集中在“回放”选项卡上。

颜色选择框的背景色为演示窗口的背景色，默认为白色。色彩浓度关键色适用于视频叠加卡。

演示窗口的大小可通过下拉列表来选择，选择列表中的“根据变量”，可用鼠标拖动演示窗口的边框来调整，但值得注意的是：这种调整只能是在程序设计期间来进行，一旦用户完成了程序设计并打包运行它，此时窗口的大小就是固定不变的了。

选择不同的“选项”复选框可以设置演示窗口的外观。

“交互作用”选项卡用于设置实现交互结构运行时的相关效果。可以改变等待按钮的样式，这些将在后面的实例中详细介绍。

“CMI”选项卡用于设置与计算机管理教学有关的内容。在运行一个教学多媒体课件时，对使用者及其操作情况进行跟踪。

3. 显示图标的使用

要演示的媒体内容，如文本信息、图形信息等是不能直接绘制在主流程线上的，而是由“显示”图标来实现的，“显示”图标是 Authorware7.0 中应用最广泛的图标，在制作多媒体作品中的地位是非常显著的，被称之为 Authorware7.0 的灵魂。对显示图标的操作方法如下。

（1）添加显示对象

在“显示”图标内，用户可以添加文本、图形、图像。文本可以作为多媒体作品的标题、提示甚至是主要内容，也可出现在按钮图标、简短指令、帮助系统等方面。图形与图像则是课件内仅次于文本的第二重要组成元素，可以通过绘图工具箱、导入操作与链接方式等 3 种不同的方法来实现。后面的实例中，会详细学习显示对象的添加方法。

（2）确定显示属性

在程序流程上选择需要修改属性的“显示”图标，执行“修改”菜单中“图标”子菜单的“属性”命令，或者使用〈Ctrl+I〉组合键，都将打开图 4-8 所示的属性对话框。

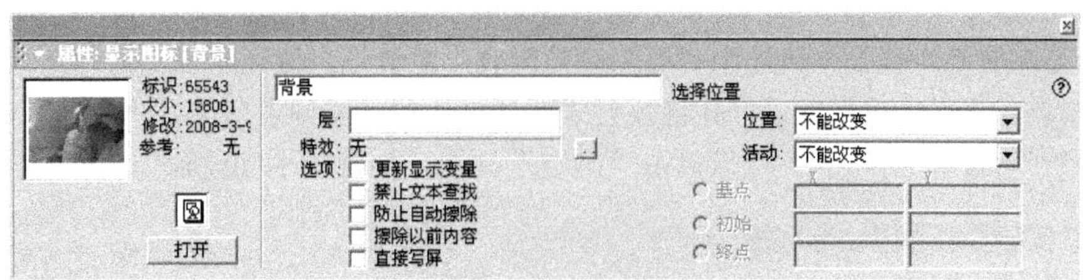

图 4-8 “显示图标”属性对话框

4.1.3 实训 汽车图片展示

运用 Authorware7 的基本操作，制作一个带有过渡效果的汽车图片的演示，要求演示窗口居中，大小为“640×480”像素，操作步骤如下。

1）单击“新建”按钮，打开一个新的设计窗口。

2）单击“修改”→“文件”→“属性”命令，打开属性面板，设置演示窗口大小为“640×480”像素，屏幕居中，在演示窗口中显示标题栏和菜单栏，如图 4-9 所示。

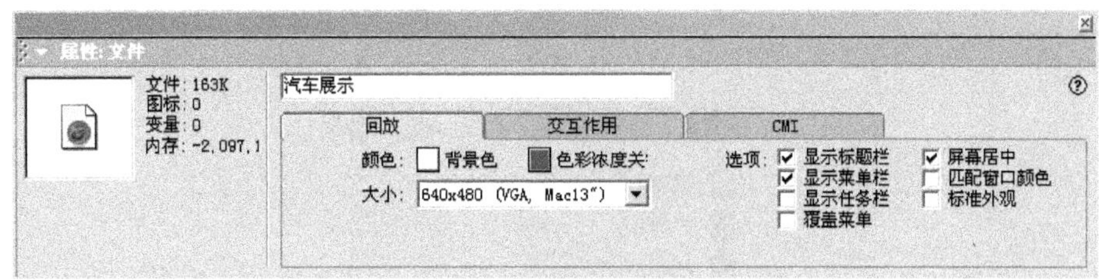

图 4-9 文件属性的设置

3）拖动一个显示图标到流程线，命名为汽车 1。

4）双击汽车 1 图标，打开演示窗口。

5）单击“文件”→“导入和导出”→“导入媒体”命令，打开“导入哪个文件”对话框，如图 4-10 所示，选择汽车 1 图片，单击“导入”按钮。单击对话框右下角的+号按钮会打开导入多个对象的列表。

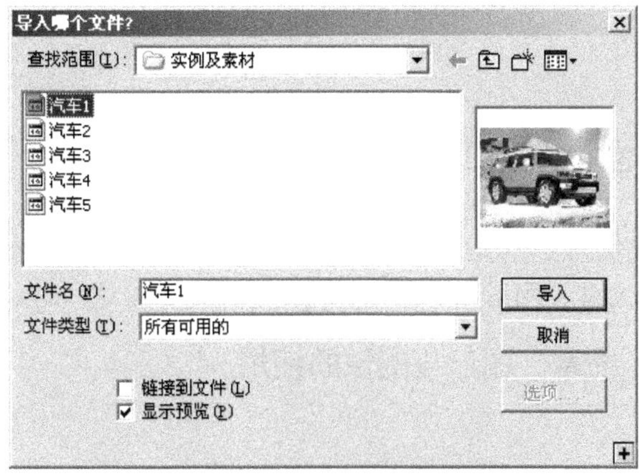

图 4-10 “导入哪个文件”对话框

6）选择演示窗口中的汽车，按〈Ctrl+I〉组合键或者单击“修改”→“图标”→“属性”命令，打开图标属性对话框。

7）在图标属性对话框中，选中“擦除以前内容”复选框，保证显示当前图片时，将前一幅的内容擦除。单击特效按钮，打开特效方式对话框，在分类列表里选择“内部”，特效方式列表内选择“垂直百叶窗式”，然后单击“确定”按钮，如图 4-11 所示。

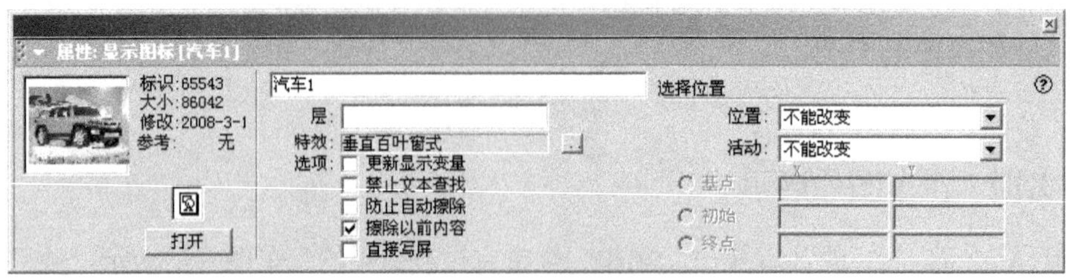

图 4-11　显示图标属性

8）重复步骤 3～7 的操作，依次插入汽车 2 开始到汽车 5 结束的显示图标，将它们的过渡特效设置为：水平百叶窗式，从上往下，从下往上，关门方式。

9）保存当前文件名为“汽车展示”，Authorware7 程序文件的扩展名是 a7p，如图 4-12 所示。

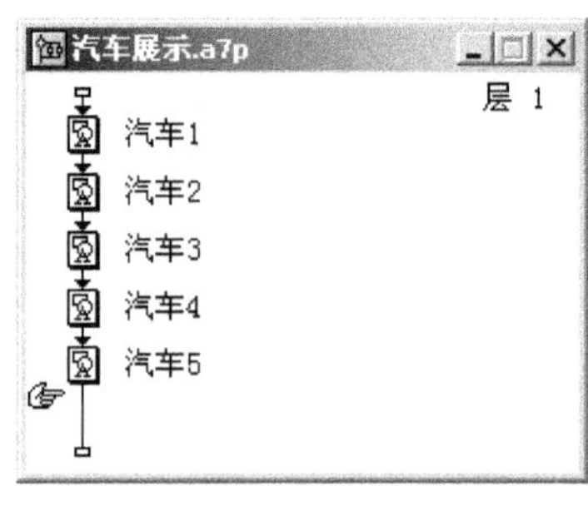

图 4-12　汽车展示设计窗口

☞**提示：**

此实例中，无法控制某一图片的展示时间及擦除效果，在后续实例中，引用擦除和等待图标后，可以使之完善。

4.2　演示文本、图形与图像

在 Authorware7 提供的各种程序设计图标中，显示图标用以接受用户输入的文字、绘制的图形以及导入的外部文本、图形、图像，并在演示过程中将这些对象显示在演示窗口中。

4.2.1　Authorware7 文本、图形与图像的使用

1．工具箱的使用

Authorware7 提供的“绘图”工具箱可以制作一些简单的文本、图形对象，需要大量地引

用文本时，可通过文本导入的方式来进行。以下 3 种方法都可以打开 Authorware7 的绘图工具箱，如图 4-13 所示。

- 在运行或编辑课件时，双击任何文本或图形对象，即可打开绘图工具箱。
- 双击显示图标。
- 双击交互图标。

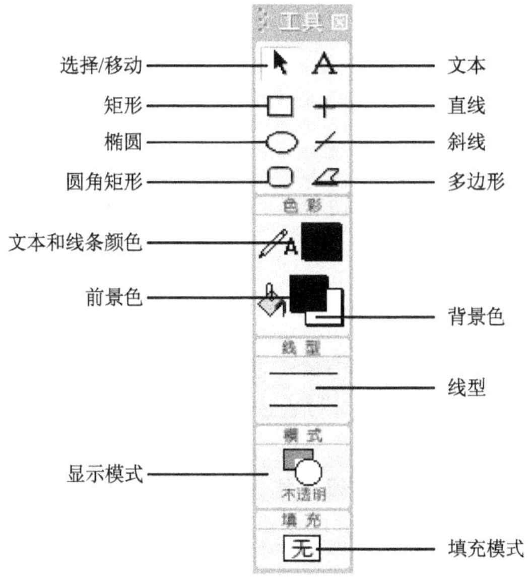

图 4-13　绘图工具箱

“绘图”工具箱说明如下。

1）工具箱的指针用于对象的选择，选择指针工具之后，单击演示窗口中的任意对象，该对象四周会出现选中标志。在单击对象之前按住〈Shift〉功能键，将会使多个对象同时处于选中状态。

2）单击颜色设置工具、双击椭圆工具、使用〈Ctrl+K〉组合键，会出现颜色调色板，用于为对象选择前景色和背景色，既可以为线条选择颜色，用颜色填充图形，也可以对文本分配颜色以及设置文本对象的背景色，如图 4-14 所示。

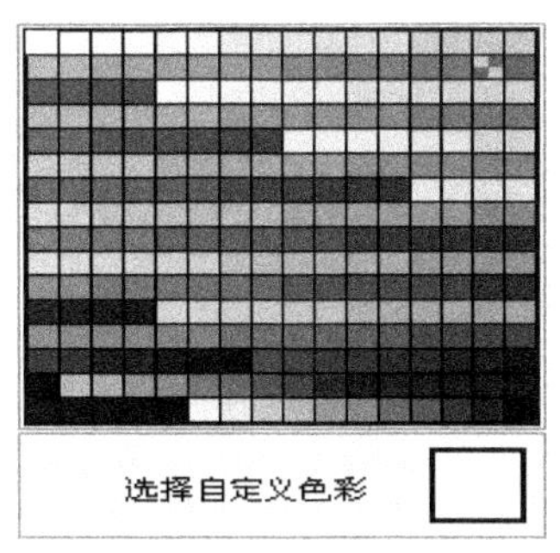

图 4-14　颜色调色板

3）单击填充工具或者双击工具箱中的矩形工具、圆角矩形或多边形工具，或者使用

〈Ctrl+D〉组合键，都将打开图 4-15a 中所示的填充模式选择板，填充是对封闭的对象来说的。

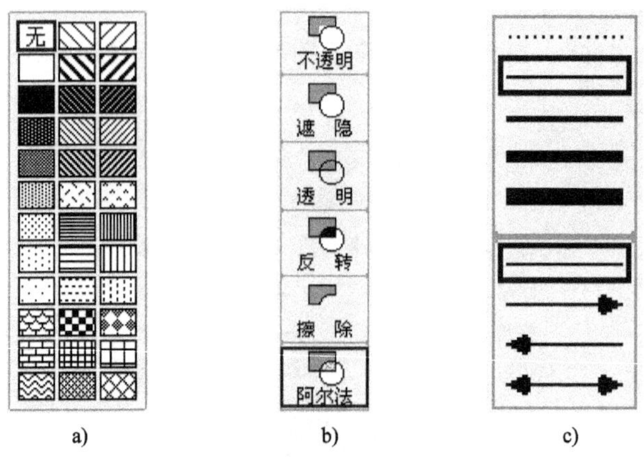

a) b) c)

图 4-15 填充模式、显示模式、线型选择板

4）单击显示模式工具或者双击绘图工具箱中箭头工具，或者使用〈Ctrl+M〉组合键，即可打开图 4-15b 中所示的显示模式选择板，对于多个重叠显示的对象，可以为对象选取不同的显示模式，改变对象的可见方式。

5）单击线性工具或者双击工具箱的直线工具、斜线工具，或者使用〈Ctrl+L〉组合键，都将打开图 4-15c 中所示的线型选择板，用于设置直线、斜线的宽度及其类型。

2. 编辑文本对象

双击工具箱中的文本工具可以创建、编辑文本对象。文本对象可以来源于用户直接输入的文本、粘贴的文本或嵌入的文本。一旦在演示窗口得到文本之后，就可以利用菜单命令或者工具按钮，对文本对象进行修饰。

（1）输入文本

打开“显示”图标之后，选择“绘图”工具箱的文本工具，将鼠标移入当前演示窗口，鼠标的形状将变成 I 形指针，将指针移到文本显示的位置单击，屏幕上将出现一条表示文本宽度的线条和一个闪烁的光标，闪烁的光标表示输入文本的当前位置，这时可以对文本进行输入以及插入、删除、复制、移动等操作。

对于大量文本，或者格式比较复杂的文本，最好先用字处理软件编排好，再将其导入到演示窗口。

（2）编辑文本

- 颜色：单击文本和线条颜色设置工具，打开颜色调色板，选中所要改变的文字，然后可以从调色板中挑选一种线条/文本颜色。
- 字体、字号：首先选中要改变字体的文字，然后执行“文本”菜单中“字体”子菜单的“其他”命令，调出字体对话框，就可以在下拉列表框中选择一种字体，选中字体的样子可以在字体预览框中显示出来。同样执行“文本”菜单中“大小”子菜单的“其他”命令可以为选中的文字设置一个合适的字号。
- 滚动显示：如果文本对象中的文字内容很多，在一个限定的区域内放不下，就可以将文本对象设置为滚动显示。方法是对当前选中的文本对象执行“文本”菜单中的“卷帘文本”命令，此时可用鼠标控制文本对象的右侧滚动条，使文本对象在卷帘文本框中滚动显示。

3. 图形与图像的运用

（1）图形的绘制与填充

利用“绘图”工具箱中的功能按钮，可完成相应的图形绘制与填充过程。选择功能按钮→选择所需的线型→设置线条颜色→选择填充色彩或模式，利用鼠标在演示窗口中绘制图形。图 4-16 所示为图形绘制效果。

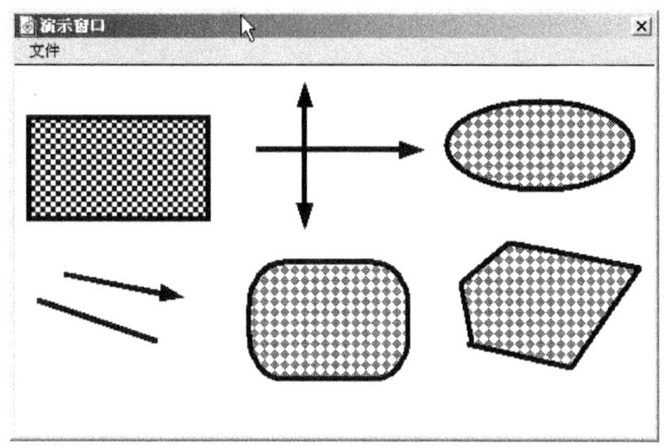

图 4-16　图形绘制效果

（2）外部文本、图像的导入

导入外部文本、图像文件的操作步骤如下。

执行“文件”菜单中“导入和导出”子菜单的“导入媒体”命令，或者单击工具栏中的“导入”按钮，即可打开“导入哪个文件？”对话框，如图 4-17 所示。单击选择要插入的文件，单击“导入”按钮，将向 Authorware7 程序中导入文件。

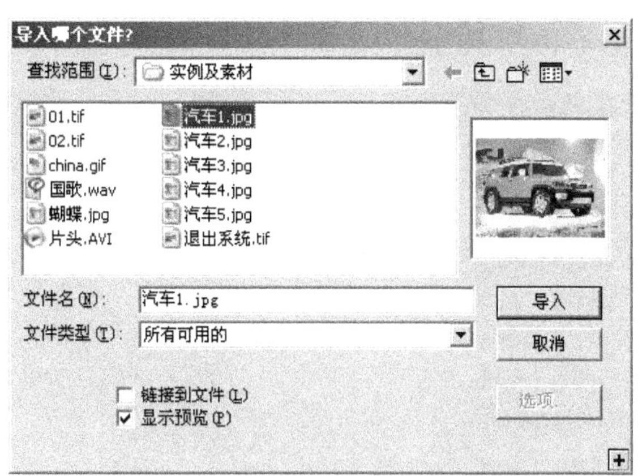

图 4-17　“导入哪个文件？”对话框

说明：

- 选中“链接到文件”复选框，可使图片以链接方式插入。
- 选中“显示预览”复选框，可在对话框右侧的预览窗口中预览图片的内容。

4.2.2 实训 多媒体课件界面

利用绘图工具箱完成一个课件界面设置。要求界面包含图形绘制、图像加载、文字说明以及颜色、填充及显示模式设置，操作步骤如下。

1）新建设计窗口，单击“修改”→“文件”→“属性”命令，设置演示窗口的大小为“640×480”像素，文件命名为“多媒体课件界面”，然后保存。

2）拖动显示图标到流程线上，命名为“边框”，双击显示图标，打开演示窗口，利用绘图工具箱中的颜色、线型、矩形、填充工具等，画出图4-18所示的边框并进行填充。

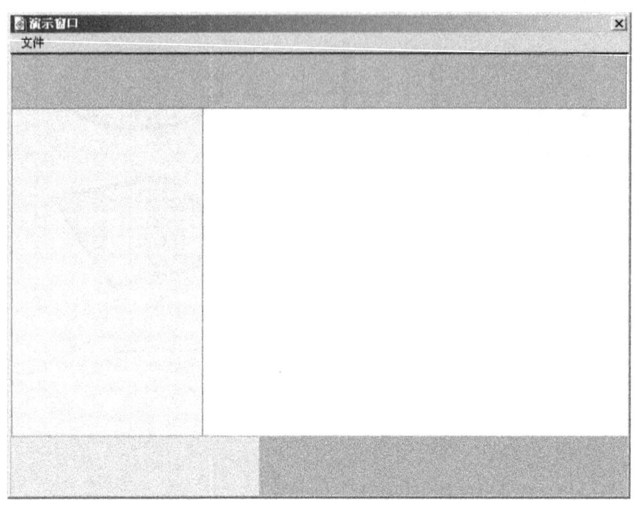

图4-18 边框界面

3）再次拖动一个显示图标到流程线上，命名为“标题”。先打开界面的演示窗口，按住〈Shift〉键，双击标题显示图标，可同时展示两个显示图标的内容，单击文本工具，选择文本颜色，在各区域输入图4-19所示的相应文本。

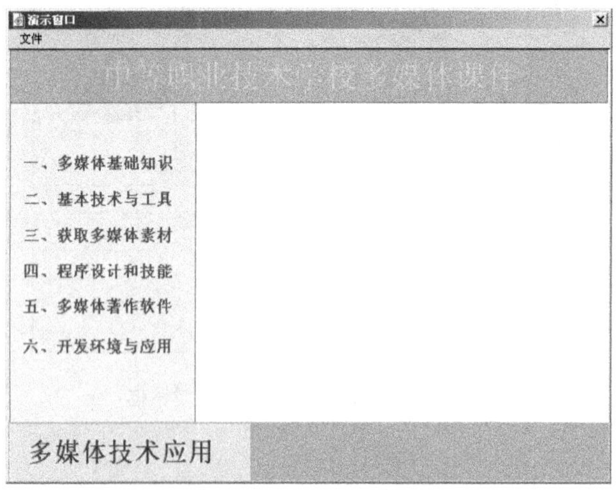

图4-19 带有标题的界面

☞提示：

单击显示模式工具或者双击指针工具，打开显示模式选择板，对文本选择透明模式。

4）拖动显示图标到流程线上，命名为“背景”。导入背景图像，选中该图像后，拖动四周的控制点，调整到合适的位置及尺寸大小。然后按〈Ctrl+I〉组合键，打开图标属性对话框，设置其特效为：分类 DmXP 过渡，特效扩大圆展示。课件界面如图 4-20 所示，设计窗口如图 4-21 所示。

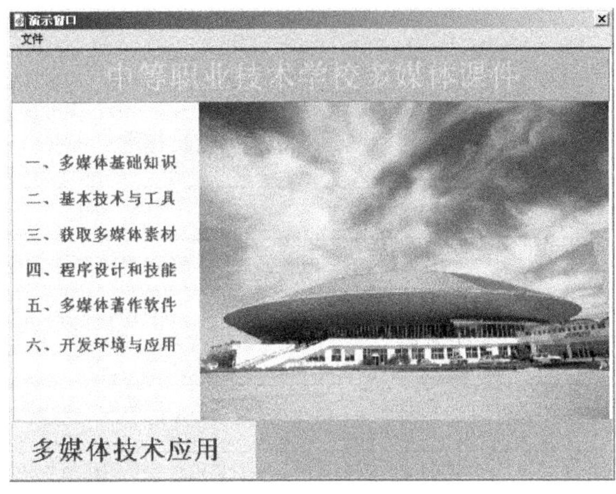

图 4-20　多媒体课件界面

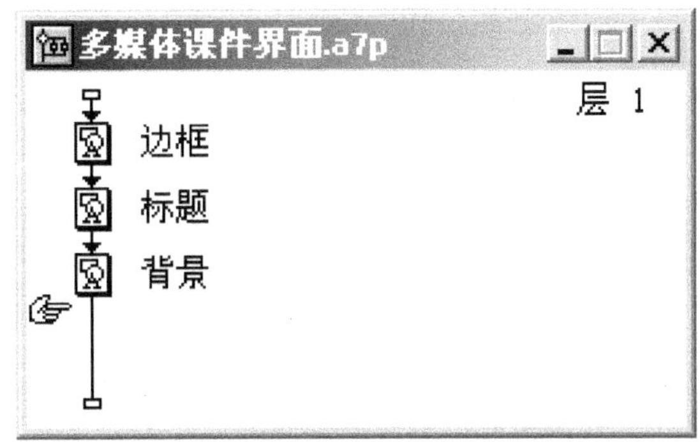

图 4-21　多媒体课件界面的设计窗口

4.3　移动图标

为了增强多媒体作品的吸引力，Authorware7 提供了使静止的图片和文字“活”起来的图标——“移动”图标。因为“移动”图标具有二维动画的功能，所以也称为动画图标。利用移动图标提供的功能，可以方便地制作出简单实用的平面动画。

4.3.1　移动图标的使用

Authorware7 提供的“移动”图标，可以帮助用户方便地使显示对象运动起来，运动的路径可以是直线、曲线，也可以是两者的混合形式。运动的目标位置可以是路径的终点，也可以是其中的任意一点。

“移动”图标的作用是将显示对象从一个位置移动到另一个位置，这里的显示对象可以来源于“显示”图标、“交互”图标及“计算”图标。一旦对某对象确定了移动方式，则该移动方式将应用于此对象所在的“显示”图标中的所有对象。如果需要移动单个对象，必须保证此对象所在的图标中没有其他对象。移动可以发生在不同时刻，并且移动的类型也能够有所区别，移动对象之间是独立的。

1. 五种移动类型

五种移动类型见表 4-1。

表 4-1　移动图标的移动类型及作用

图标	类　型	作　用
	指向固定点	这种动画效果是使显示对象从演示窗口中的当前位置直接移动到另一位置
	指向固定直线上的某点	这种动画效果是使显示对象从当前位置移动到一条直线上的某个位置。被移动的显示对象的起始位置可以位于直线上，也可以在直线之外，但终点位置一定位于直线上。停留位置由数值、变量或表达式来指定
	指向固定区域内的某点	这种动画效果是使显示对象在一个坐标平面内移动。起点坐标和终点坐标由数值、变量或表达式来指定
	指向固定路径的终点	这种动画效果是使显示对象沿预定义的路径从路径的起点移动到路径的终点并停留在那里，路径可以是直线段、曲线段或二者的结合
	指向固定路径上的任意点	这种动画效果也是使显示对象沿预定义的路径移动，但最后可以停留在路径上的任意位置而不一定非要移动到路径的终点。停留的位置可以由数值、变量或表达式来指定

2. 移动图标的属性

在流程线上放置一个移动图标，双击该图标，打开图 4-22 所示的属性对话框。

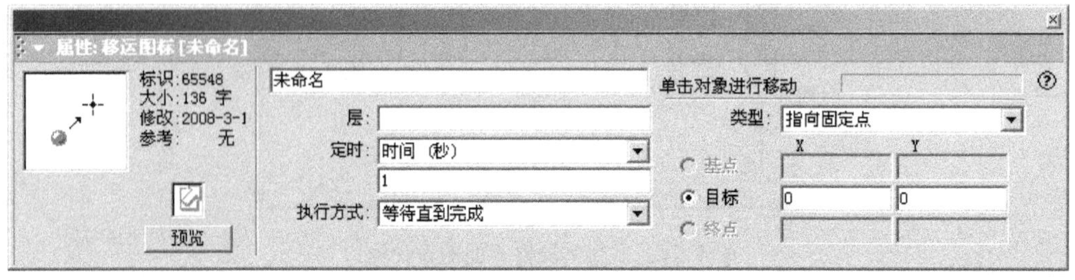

图 4-22　“移动图标”属性对话框

说明：

- 移动内容预览窗口，在没有确定移动对象之前显示移动类型。单击移动对象后，即显示所移动的内容。
- 根据所选择的移动类型的不同，版面布局的形式也相应不同。
- 不设置移动图标的“层”，系统默认为 0 层。
- 当两个以上的移动图标在同一层时，处于流程线后的移动图标控制的对象在移动时会遮住前面的移动图标控制的对象。

4.3.2 实训 移动图标

利用移动图标制作一个“打气球”的二维动画。要求：子弹的移动方式为指向固定直线上的某点，操作步骤如下。

1）拖动一个显示图标在流程线上，命名为“气球”。利用绘图工具箱的椭圆工具绘制 7 个彩色气球。

2）拖动一个显示图标在流程线上，命名为“子弹”。利用绘图工具箱绘制一圆形代表子弹。效果如图 4-23 所示。

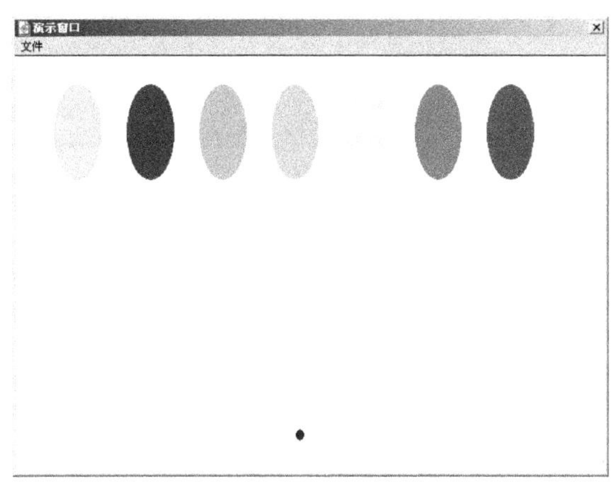

图 4-23 “打气球”的演示窗口

3）添加一个计算图标，双击进入计算图标的编辑窗口，输入如下语句：p=random(1,7,1)。

☞提示：

p=random(1,7,1)用于产生一个 1 ~ 7 之间的随机数，用于控制子弹打向不同的气球。

4）拖动一个运动图标在流程线上，命名为“运动子弹”。运行程序，会自动打开移动图标属性对话框。用鼠标单击“圆形子弹”，则它们被列为移动对象。然后设置“类型”为“指向固定直线上的某点”，移动“定时”为 1 秒，“执行方式”为“等待直到完成”。当前自动选中“基点”，拖动子弹到第 1 个气球的位置，并在文本框中输入“1”；选中“终点”，拖动子弹到第 7 个气球的位置，并在文本框中输入“7”；选中“目标”，在文本框中输入“p”。“子弹”移动图标属性设置如图 4-24 所示。

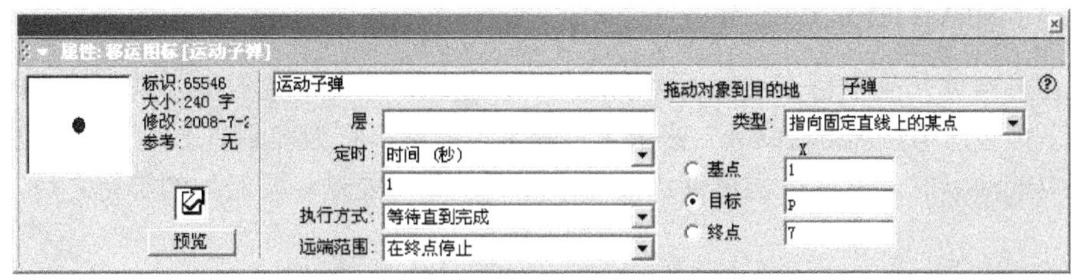

图 4-24 “子弹”移动图标属性对话框

5）再拖动一个显示图标到流程线上，命名为“爆炸图形”。双击此显示图标，利用绘图工具箱绘制一个多边形代表爆炸图形，或者外部导入一爆炸图形。该显示图标属性设置如下：“位置”设置为“在路径上”，“活动”设置为“不能改变”，拖动爆炸图形到第 1 个气球上，然后拖动爆炸图形到第 7 个气球上，“基点”设置为“1”，“终点”设置为“7”，“初始”设置为“p”，如图 4-25 所示。

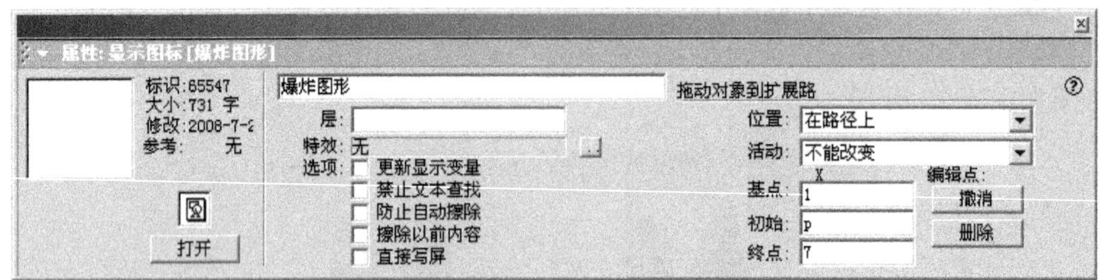

图 4-25 “爆炸图形”显示图标的属性窗口

6）确定并保存文件为“打气球”，程序设计窗口如图 4-26 所示。

图 4-26 程序设计窗口

4.4 等待和擦除

“暂停”在交互式多媒体程序设计中有着特殊的作用。利用演播时的停顿，不仅可以控制画面展示的速度、聚焦人的注意力，同时也提供了一种编程调试的辅助手段。擦除的主要作用是清除展示窗口显示的文字、图形或其他媒体元素。

4.4.1 等待和擦除图标的使用

为了在多媒体作品中暂停某幅画面或镜头，以便用户有足够的时间看清屏幕上的内容或者进行一下短暂思考，Authorware7 提供了“等待”图标，它为控制演示的进度提供了方便。需要重新启动演示时，只需单击鼠标或按任意键，也可以经过一段时间的等待之后，演示就继续开始。

1．等待图标

拖动一个“等待”图标到设计窗口的流程线上，双击该图标，就会出现“等待图标”属性对话框，如图 4-27 所示。

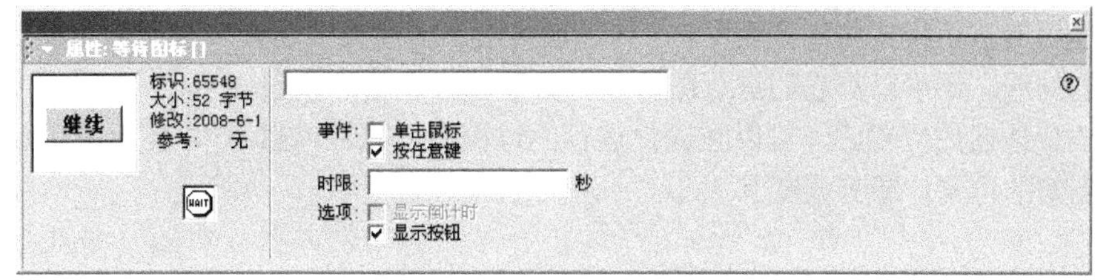

图 4-27 “等待图标”属性对话框

说明：

- “事件”复选框组：指定用来结束等待状态的事件。
- “时限”文本框：输入等待时间，单位为秒。在输入等待时间后，到了预定的时间，即使用户没有进行任何操作也会结束当前的等待状态。
- “选项”复选框组：指定等待图标的内容。
- “显示倒计时”复选框：选中后，程序在执行到等待图标时，演示窗口中会显示一个倒计时的时钟。此复选框在输入了等待时间之后才有效。
- “显示按钮”复选框：选中后，程序在执行到等待图标时，演示窗口会显示一个“继续”按钮。默认的等待按钮样式显示在图标内容预览框中。

☞**提示：**

用户可更改或编辑等待按钮的样式，执行“修改”菜单中“文件”子菜单的“属性”，可以在“文件属性”对话框的“交互作用”选项卡中指定等待按钮的样式，如图 4-28 所示。

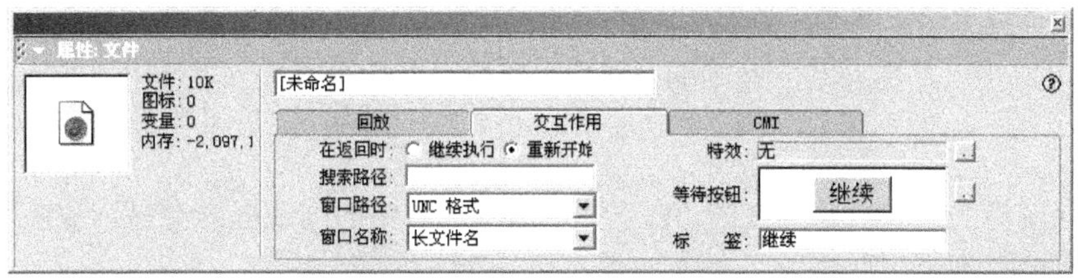

图 4-28 修改等待按钮的样式

其中，“标签”用于更改按钮上的文字，单击“继续”按钮图标或右侧的样式按钮，都将打开图 4-29 所示的“按钮”对话框。

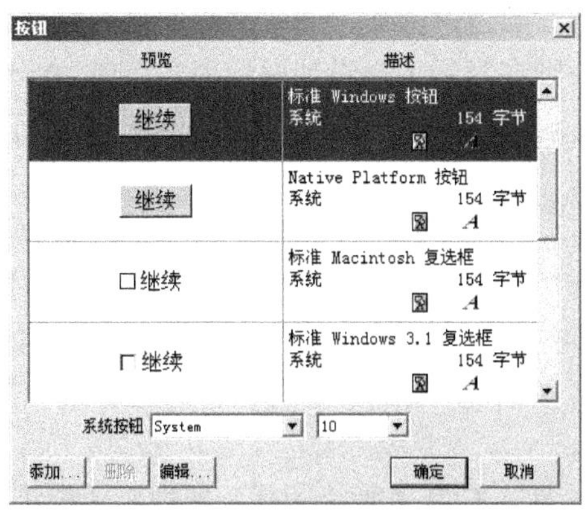

图 4-29 “按钮”对话框

当前使用的按钮样式将高亮表示，在列表框内给出的样式中选择一种即可更换当前的“继续”按钮的外观。还可以对它们进行编辑，并且可以增加新的按钮。

需要改变按钮的位置时，可以在课件运行的过程中，执行“暂停”，然后就可将“等待”按钮拖动到新的位置，或者改变其大小。

☞**提示：**

当用户在流程线上放置一个新的等待图标，它的按钮将自动显示在用户上一次设置按钮的位置。

2．擦除图标

在一个多媒体作品中，需要显示在屏幕上的内容是非常多的，如果都将它们显示在屏幕上，那么将会造成很大的混乱。这样就势必要求在显示结束之后，使它们在屏幕上自动消失。Authorware7 提供的擦除图标，不仅能够方便地擦除显示对象，而且还可以提供擦除效果。拖动一个擦除图标到设计窗口的流程线上，双击该设计图标，就会出现“擦除图标”属性对话框，如图 4-30 所示。

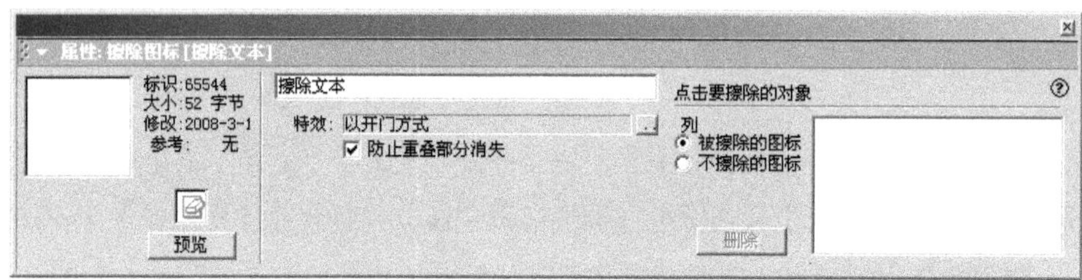

图 4-30 “擦除图标”属性对话框

说明：

- 擦除图标的预览框是空白的，在“列”选项区域中的列表框内会显示被擦除或保留内容的相应图标。
- 预览：单击预览按钮可以预览擦除效果。
- 特效：用来设置擦除过程的过渡效果，作用与显示图标的显示特效类似。
- “防止重叠部分消失”复选框：由于在 Authorware7 中对设计图标既可以设置显示过渡效果，又可以设置擦除过渡效果，此复选框的目的就是处理这些过渡效果之间的关系。选中此复选框，则在显示下一设计图标内容之前，将选定的设计图标的内容完全擦除，否则，Authorware7 会在擦除当前目标的同时显示下一设计图标的内容。

4.4.2 实训 等待和擦除图标

利用“等待”和“擦除”图标制作一浏览汽车图片的多媒体作品。要求可以控制图片演示的进程，并且展示新的图片前，特效擦去前一图片，操作步骤如下。

1）新建一个程序文件，保存为“浏览汽车图片”。拖动第一个显示图标，命名为“汽车 1”，导入“汽车 1”的图片。

2）拖动一个“等待”图标，打开“等待图标”属性对话框进行设置，如图 4-31 所示。然后打开控制面板，执行暂停，拖动“继续”按钮到右下角的位置。

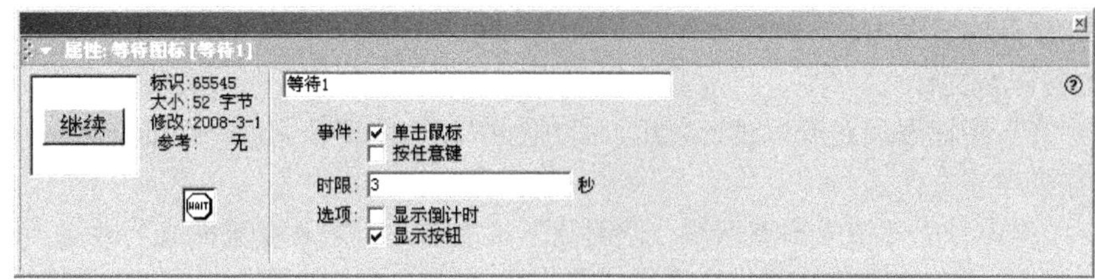

图 4-31 等待 1 的设置

3）拖动一个擦除图标到流程线上，命名为“擦除 1”。打开属性对话框，单击图片 1 作为擦除对象，设置擦除“特效”为“逐次涂层”，按图 4-32 所示进行设置。

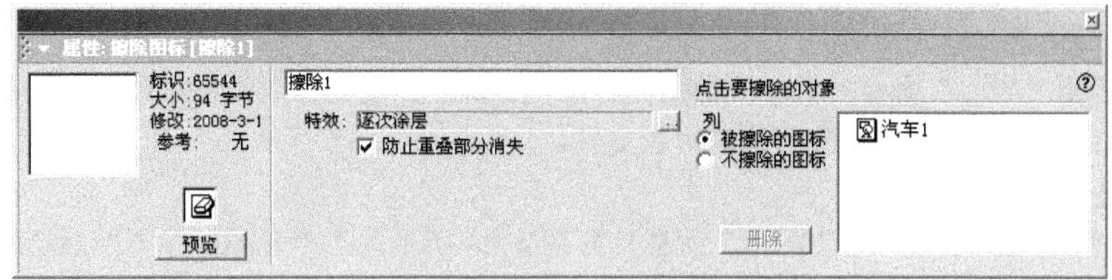

图 4-32 “擦除 1”图标的设置

4）同样引入汽车 2、汽车 3、汽车 4 图片，并进行相应的等待、擦除设置。

5）每个汽车图片的显示、等待、擦除图标为一组，修改为群组图标。

6）拖动第 5 个显示图标，导入汽车 5，作为最后一张展示图片。流程设计窗口如图 4-33 所示。

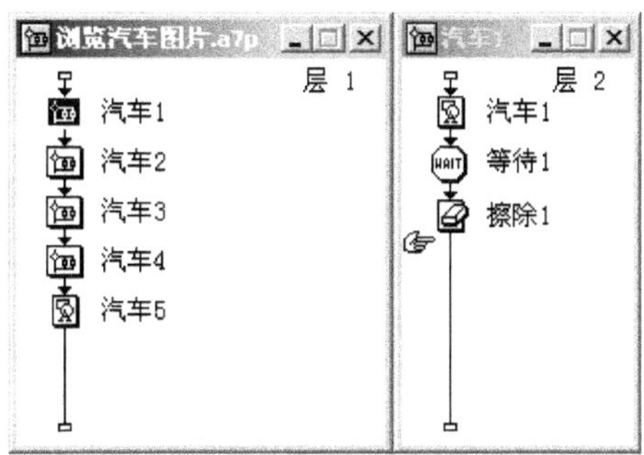

图 4-33 流程设计窗口

4.5 声音、数字电影和动画的使用

在使用 Authorware7 制作多媒体课件时，适当地添加音频和视频文件，可以使作品更加生动，更富有表现力。

4.5.1 声音图标

Authorware7 可以使用声音图标加载并播放声音文件，实现配音解说或播放背景音乐，增加了多媒体作品的表现力。

1. 加载声音文件

将“声音”图标添加到流程线上之后，必须加载相应的声音文件，Authorware7 提供了 3 种方法来加载声音文件。

1）直接将声音文件拖放到流程线。使用此方法之前，不需要在流程线上添加“声音”图标。在将声音文件拖放到流程线上的同时，Authorware7 将自动产生一个“声音”图标，该图标已经加载了拖放的声音文件，并以此声音文件名命名“声音”图标。

2）将声音文件拖动到“声音”图标。在拖动之前，需要在流程线上添加“声音”图标，然后从资源管理器窗口选择声音文件，并将其拖放到流程线的“声音”图标上。如果“声音”图标是新建的，则所选的声音文件将成为此图标的内容。如果声音图标已经存在声音文件，那么所选的声音文件将覆盖旧的声音文件。

3）使用“导入”命令。双击声音图标时，将打开“声音图标”属性对话框，利用其中的“导入”命令按钮就可以加载所选的声音文件。

2. 设置声音属性

双击流程线上的“声音”图标，就会打开图 4-34 所示的“声音图标”属性对话框，除了左侧的预览窗口之外，它还包括“声音”和“计时”两个选项卡。在此属性对话框内，用户可以播放声音，指定声音文件的播放方式和时间。

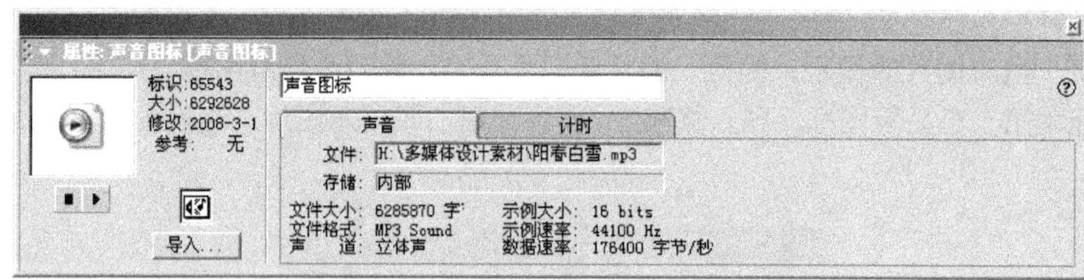

图 4-34 “声音图标”属性对话框

左侧的预览窗口显示的是当前的声音文件类型的图标。如果没有导入声音文件，或者在“文件”文本框中没有有效的声音文件，则预览窗口为空。单击播放按钮时，Authorware7.0 将根据当前对话框中其他选项的设置，播放已加载的声音文件。

单击“导入”按钮时，将打开“导入”对话框，当用户确定声音文件的位置与名称之后，单击“导入”按钮就可将所选的声音文件导入到声音图标内。

“声音”选项卡用于显示所选声音文件的有关信息，如存储形式、文件大小、文件类型、声音位数等。

计时选项卡提供了声音文件的时间控制选项，如图 4-35 所示。

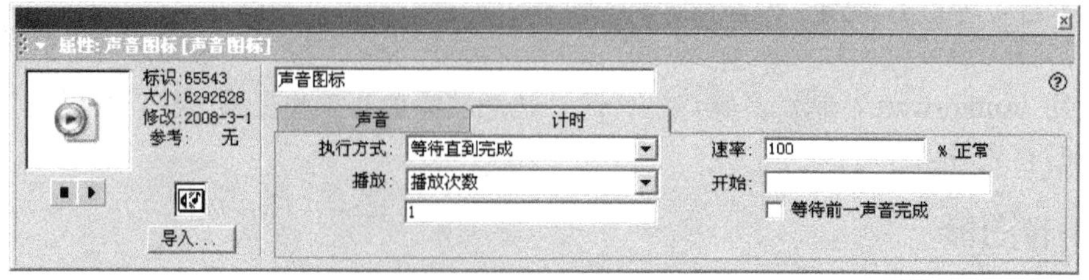

图 4-35 “声音图标”属性的“计时”选项卡

说明：

1）在“执行方式”下拉列表中，有 3 种执行方式可以选择。

- 同时：表示在开始播放声音文件时，将立即显示声音图标后面的图标内容，它能够实现一边播放声音，一边执行其他图标的功能。
- 等待直到完成：表示只有等到此声音文件全部播放结束之后，才能执行程序的下一个图标。
- 永久：表示在退出当前声音图标后，仍可以继续播放该声音文件。

2）“播放”下拉列表，可以控制声音播放的次数，它有两个选项。

- 播放次数：用户可以直接在下方的文本框中输入所需播放的次数。
- 直到为真：用户可以在下方的文本框里设置结束声音播放的条件，当条件为真时，结束声音播放。

3）速率：用于设置声音文件的播放速率，100%表示以声音文件自身录制的速率播放。如果速率小于 100%，那么将以较慢的速率播放声音；如果大于 100%，那么播放的速率将是快速的。

4）开始：用于设置开始播放声音的条件。用户可以在此文本框中输入一个变量或条件表达式。当变量或者表达式为真时，开始播放声音文件。

5）等待前一声音完成：启用此复选框后，将在先前的声音文件播放完毕之后，才播放当前加载的声音文件。

4.5.2 数字电影图标

数字电影是一种常用的多媒体素材，可以提供丰富的动画效果及同步音效。数字电影的使用可以达到文字、图像等多媒体素材所不能达到的效果。利用 Authorware7 提供的“数字电影”图标，就可以很方便地向程序中添加数字电影。

下面介绍“数字电影”图标的属性设置。

拖动数字电影图标到流程线上，双击该图标，打开图 4-36 所示的“数字电影”属性对话框。

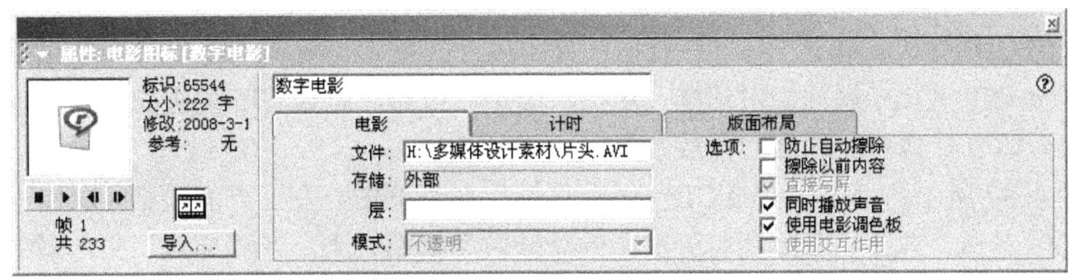

图 4-36 “数字电影”属性对话框

☞提示：

选项卡中的选项，会因数字电影文件格式的不同而有所差异，所以有些选项为灰色不可用。

“电影”选项卡说明：

- 顶端的文本框内显示的是流程线上当前正在编辑的数字电影图标的名称。用户可以直接修改文本框的内容以改变图标的名称。
- 文件：显示当前的数字电影文件的名称及其保存的路径。通常，数字电影的文件相对较大，在导入时采用链接的方式。
- 层：在这个文本框内，用户可以设置所选的数字电影对象所在的层数，它决定了影像对象与屏幕上其他对象的相对位置。在默认的情况下，Authorware7 将图标放置在最底层，即层数为 0，层数较高的对象将在层数较低的对象的前面显示。

4.5.3 GIF 动画的使用

随着互联网的发展，可以很方便地获取 GIF 素材，因而在多媒体课件的制作中也常用到 GIF 格式的动画文件。

要在程序中导入 GIF 动画，可以执行“插入”菜单中“媒体”子菜单的“Animated GIF”命令，打开“Animated GIF Asset 属性”对话框，同时在程序设计流程线上将自动添加一个 GIF 动画图标，如图 4-37 所示。

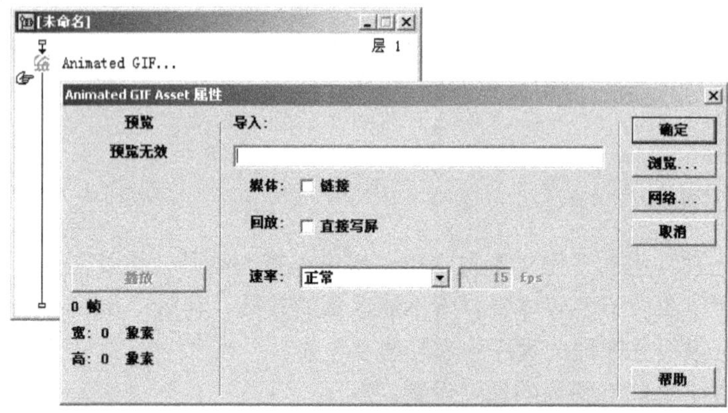

图 4-37　导入 GIF 动画

单击对话框中的“浏览”按钮，打开“打开 Animated GIF 文件”对话框，在列表框中选择要导入的 GIF 动画，单击“打开”按钮，关闭该“打开 Animated GIF 文件”对话框，返回“Animated GIF Asset 属性”对话框。单击“确定”按钮，完成 GIF 动画的导入。单击“运行”按钮，即可看到 GIF 动画的播放效果。

在图 4-37 所示的“Animated GIF Asset 属性”对话框中，左上方的预览区域用于演示所打开的 GIF 动画。左下方显示所打开动画的总帧数和幅面大小。在“导入”文本框中，显示所要打开的动画文件的路径名和文件名，也可以在这里输入新的路径和文件名，选择新的 GIF 动画素材。

选中“链接”复选框，则将打开的 GIF 动画作为外部文件与 Authorware7 文件链接，否则将 GIF 动画导入 Authorware7.0 文件内部；选中“直接写屏”复选框，可将 GIF 动画显示在窗口中所有对象的最前面；“速率”下拉列表框中共有 3 个选项，其中“正常”选项表示动画按照当前系统文件中指定的整体速度播放，默认值为 15fps。

在对话框的右侧，单击“网络”按钮，将打开“Open URL”对话框，在其中的“File URL”

文本框中输入 GIF 动画所在的 URL 地址，单击“OK”按钮，即可打开网络上的 GIF 动画文件。

4.5.4 实训 1 声音图标

参考“打气球”的例子，在此基础上，添加声音图标，给打气球添加效果音，操作步骤如下。

1）打开“打气球”程序设计窗口，在图 4-38 所示的手形位置处插入声音图标，双击声音图标，导入“枪声”，获得图 4-39 所示对话框并把“执行方式”设置为同时，“播放次数”选为 1 次。

2）修改枪声声音图标属性，如图 4-39 所示，“计时”选项卡的“执行方式”设置为“同时”。

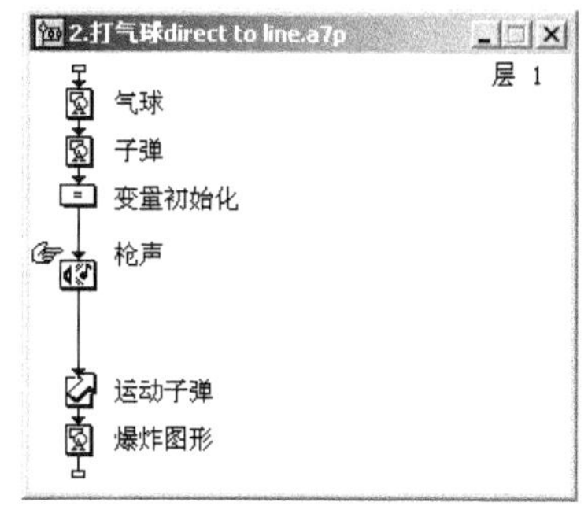

图 4-38 在手形位置插入声音图标

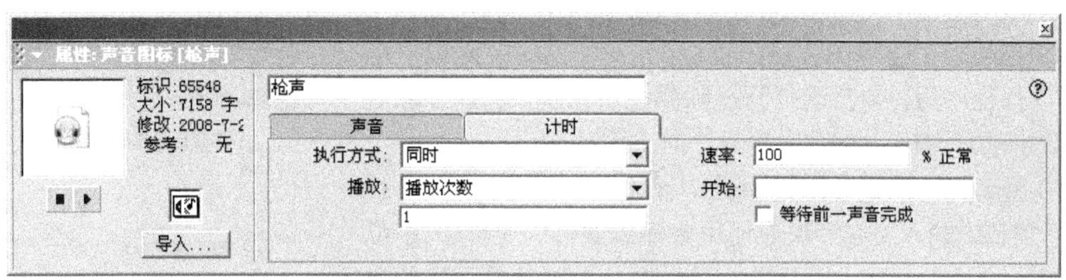

图 4-39 “枪声”声音图标属性对话框

3）保存文件为“枪击打气球”。

4.5.5 实训 2 数字电影图标

参考“多媒体课件界面”中的例子，在此基础上，添加数字电影图标，以增加课件的视听效果，操作步骤如下。

1）在 Authorware7 中将实例打开，同时选中当前的 3 个显示图标，单击“修改”→“群组”命令，将当前的 3 个显示图标改为群组图标，命名为“界面”，如图 4-40 和图 4-41 所示。

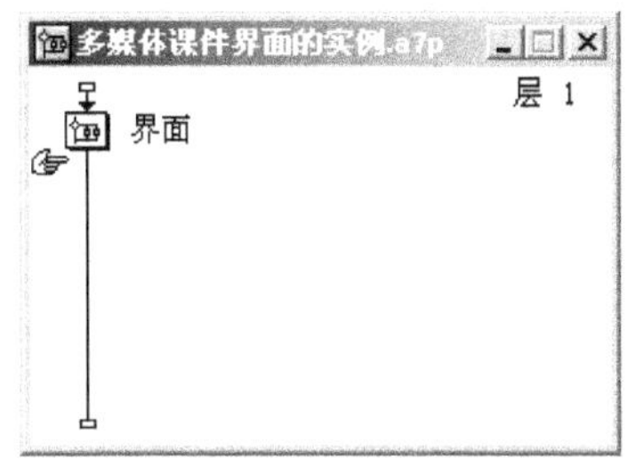

图 4-40 修改为群组图标的设计窗口

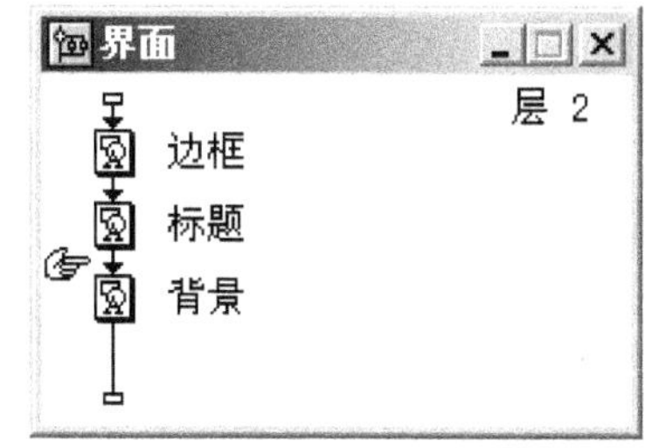

图 4-41 群组图标的下一层设计窗口

2）拖动一个数字电影图标到流程线上，命名为“数字电影”。双击该图标，打开其属性对话框，如图 4-42 所示。在“计时”选项卡中，“执行方式”设置为：等待直到完成。“播放”设置为“播放次数 1 次”。在“版面布局”选项卡中，位置设置为“在屏幕上”，然后单击确定。

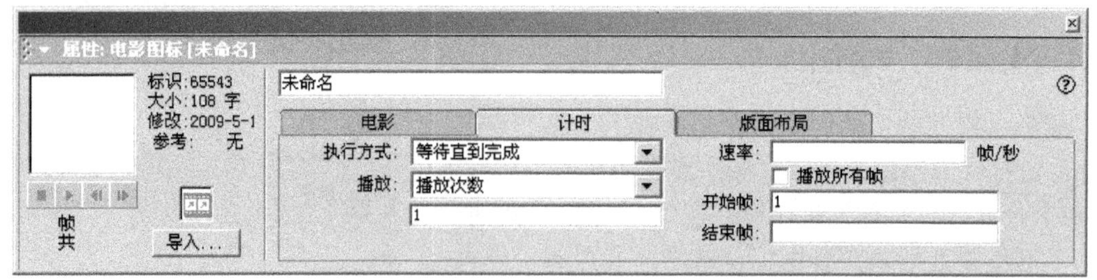

图 4-42　“多媒体数字电影”属性设置对话框

3）打开工具栏的“控制面板”，单击“播放”按钮，在程序运行到数字电影图标时，单击暂停按钮，这时到演示窗口中，可选中数字电影播放区域，拖动四周的控制点进行大小位置的调整。

4）拖动一个擦除图标在流程线上，命名为“擦除数字电影”。运行程序后，会自动打开擦除属性对话框。选择擦除对象为数字电影图标，擦除特效为“向上滚动显示”。

5）拖动显示图标到流程线上，命名为“欢迎文字”，打开演示窗口，输入文字“欢迎使用多媒体课件”。调整大小位置，按热键〈Ctrl+I〉，打开属性对话框，设置其显示特效为“从左到右露出显示”。

6）将文件另存为“数字电影应用”。本实例的程序设计窗口如图 4-43 所示。

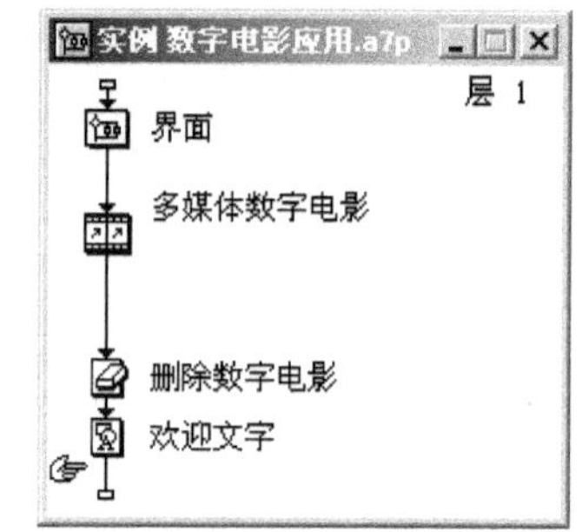

图 4-43　数字电影程序设计窗口

4.6　按钮和按键交互的应用

多媒体是将图、文、声、像等各种媒体表达方式有机地结合到一起，并具有良好交互性的计算机技术。所以，除了前面已经学习过的图文声像等表达方式外，多媒体课件中的一个很重要的特点就是交互性，也就是说程序能够在用户的控制下运行，其目的是使计算机与用户进行沟通，互相能够对对方的指示做出反应，从而使计算机程序在用户可以理解、可以控制的情况下顺利进行。

4.6.1　交互响应

Authorware7 就是利用交互图标为创作人员提供了多种交互响应的方式，如按钮、菜单、文字、热区等。

一般来说，交互就是用户与计算机程序之间的沟通，而响应就是计算机程序对用户的选择所做出的反应。在 Authorware7 中，“交互类型”和“响应类型”是一致的。实现交互的主要工具是交互图标，它与前面学习过的图标有很大不同。

1. 交互响应类型

拖动一个交互图标到流程线上，再拖动一个显示图标在其右侧，就会出现图 4-44 所示的 11 种响应类型对话窗口。

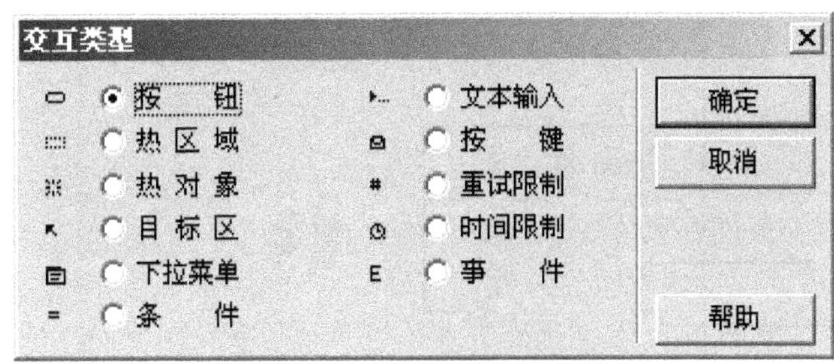

图 4-44 交互响应类型对话窗口

说明如下所述。

- 按钮：可以在显示窗口创建按钮，并且用此按钮可以与计算机进行交互。按钮的大小和位置以及名称都是可以改变的，并且还可以加上伴音。Authorware7 提供了一些标准按钮，供用户任意选用。用户还可以自己设计和选取其他按钮。在程序执行过程中，用户单击按钮，计算机就会根据用户的指令，沿指定的流程线（响应分支）执行。常在课件中用来做选择按钮、退出按钮等。
- 热区域：可以在演示窗口创建一个不可见的矩形区域，采用交互的方法，可以在区域内单击、双击或者把鼠标指针放在区域内，程序就会沿该响应分支的流程线执行，区域的大小和位置是可以根据需要在演示窗口中任意调整的。
- 热对象：与“热区域”响应不同，该响应的对象是一个实实在在对象，对象可以是任意形状的，这两种响应互为补充，大大提高了 Authorware7 交互的可靠性、准确性。
- 目标区：用来移动对象。当用户把对象移动到目标区域时，程序就沿着指定的流程线执行。用户需要确定要移动的对象及其目标区域的位置。
- 下拉菜单：创建下拉菜单，控制程序的流向。
- 条件：当指定条件满足时，沿着指定的流程线执行。
- 文本输入：用它来创建一个用户可以输入字符的区域来改变程序的流程，常用于输入密码、回答问题等。
- 按键：对用户敲击键盘的事件进行响应。
- 重试限制：限制用户与当前程序交互的尝试次数，当达到规定次数的交互时，就会执行规定的分支。常用它来制作测试题，若用户在规定次数内不能正确回答出正确答案，就退出交互。
- 时间限制：当用户在限定的时间内未能实现特定的交互时，即按指定的流程执行。常用于限时输入。
- 事件：用于对触发事件进行响应。

2. 交互结构

交互结构是指具有交互作用的分支结构，它不仅仅交互图标，而且是由交互图标、分支类型、响应及分支流向组成的，如图 4-45 所示。其中“交互图标”是整个交互作用分支结构的入口。在“交互图标”中直接可以设计交互界面。

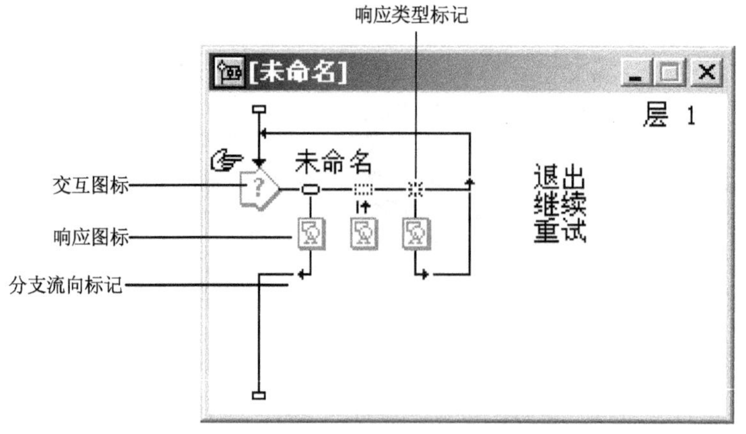

图 4-45　交互分支结构

4.6.2　实训 1　按钮响应

在“多媒体课件界面”的实例基础上，添加两个按钮进行交互。要求添加为自定义按钮，操作步骤如下。

1）打开“多媒体课件界面”程序设计窗口，在此基础上，继续拖动一个交互图标到流程线上，命名为“按钮”。

2）拖动一个群组图标在交互图标的右侧，此时会弹出“交互类型”窗口，选择按钮，确定，命名为“操作说明”，如图 4-46 所示。交互图标下只允许出现一个图标，通常选择放置一个群组图标。

3）首先双击交互图标，打开演示窗口，将系统默认形式的操作说明按钮拖动到左下角。然后单击按钮标记，打开操作说明“交互图标”属性对话框。单击“鼠标指针”按钮，在图 4-47 中，选择鼠标指针为“手型”。在“响应”选项卡中，“分支”选择“重试”。

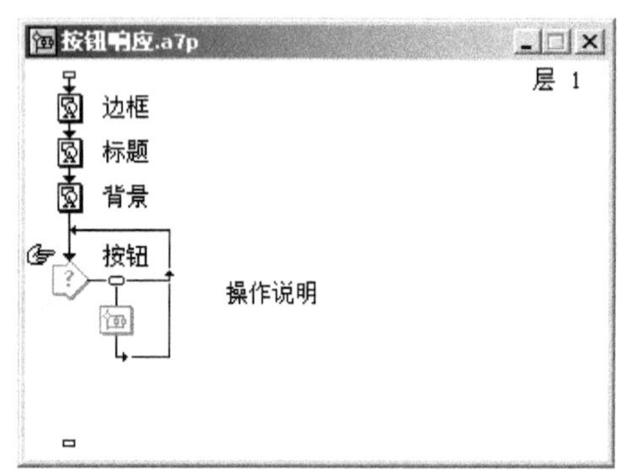

图 4-46　交互类型窗口

图 4-47　选择鼠标指针

4）下面导入自定义的按钮样式：单击“操作说明”交互图标属性对话框左侧下面的按钮，打开图 4-48 所示的按钮样式对话框。单击“添加”按钮，打开编辑按钮样式的对话框，选择“常规/未按”状态，按“图案”导入按钮，导入图片操作说明按钮 1，如图 4-49 所示，然后再选择“常规/在上”状态，按“图案”导入按钮，导入图片操作说明按钮 2，如图 4-50 所示。

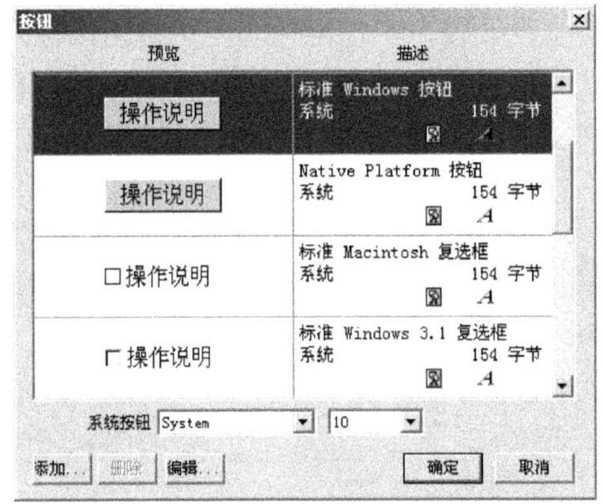

图 4-48　按钮样式对话框

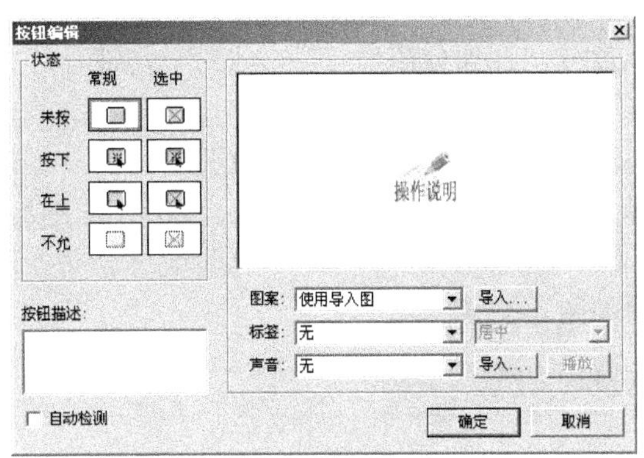

图 4-49　“常规/未按”导入状态

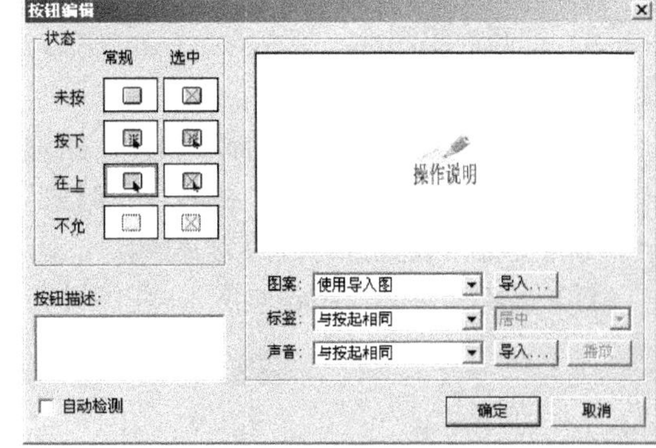

图 4-50　“常规/在上”导入状态

5）打开群组图标，拖动一个擦除图标到流程线上，命名为“擦除背景”。打开擦除属性对话框，选择擦除背景图片。

6）拖动一个显示图标，命名为“操作说明”。打开演示窗口，编辑图 4-51 所示的背景及文字。

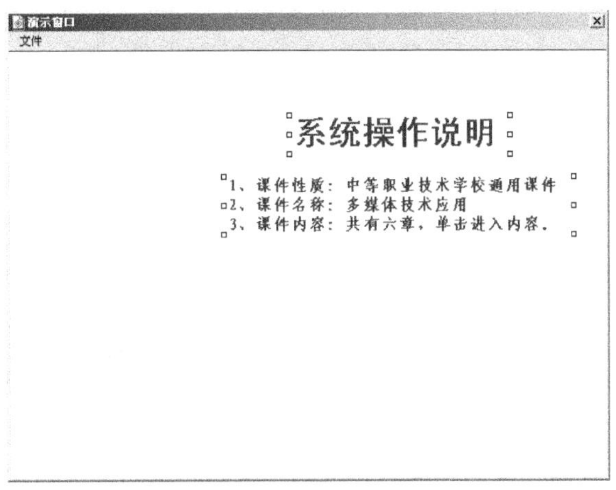

图 4-51　系统操作说明界面

7）关闭层 2 窗口，在层 1 设计窗口中，再拖动一个群组图标到操作说明的右侧，命名为“退出系统”。系统此时默认为按钮响应类型，单击此按钮标记，打开属性对话框，参考步骤 5 导入“退出系统”的按钮样式，鼠标指针为“手型”，在交互选项卡中，“分支”选择“退出交互”，如图 4-52 所示。

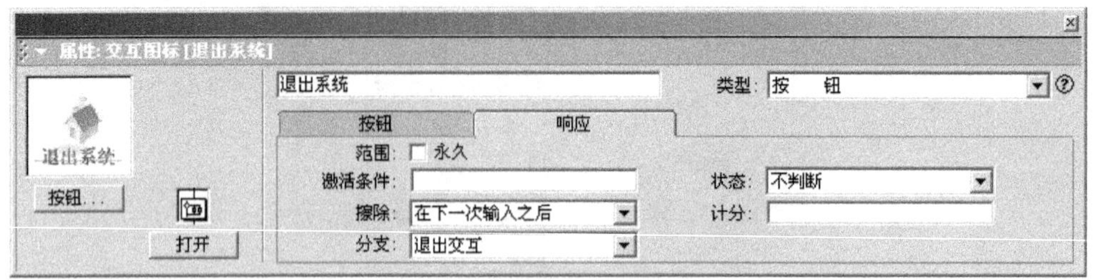

图 4-52 “退出系统”按钮属性设置

8）打开群组图标，拖入一个显示图标，输入文字“谢谢使用”。再拖入一个等待图标，设置等待时间为 2 秒。

9）在交互图标下方拖入擦除图标，擦除所有演示内容。特效为“逐次涂层”。

10）拖入一个显示图标，命名为“结束”。导入结束背景图片，输入“The end”。再拖入一个等待图标，设置等待时间为 2 秒。

11）另存文件为“按钮响应”。程序设计窗口如图 4-53 所示。

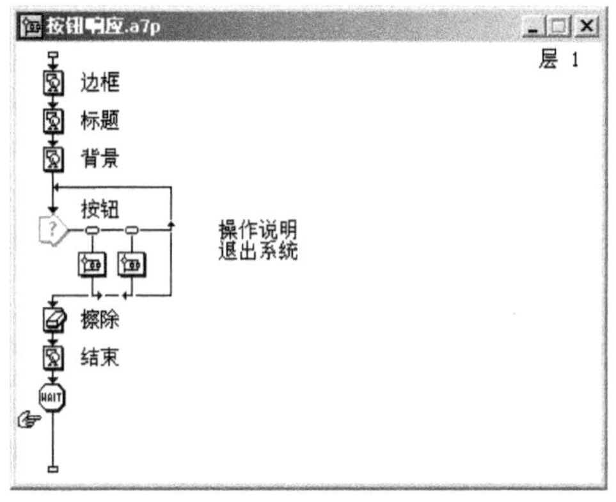

图 4-53 程序设计窗口

4.6.3 实训 2 按键响应

制作一个多媒体程序，能够实现通过按键盘的方向键（上、下、左、右）来控制蝴蝶的移动方向，操作步骤如下。

1）新建一个文件，设置文件属性，定义演示窗口居中，演示窗口的大小为“根据变量”。

2）拖动一个显示图标到流程线上，命名为“蝴蝶”。双击打开演示窗口，导入蝴蝶的图片。

3）拖入一个移动图标到流程线上，命名为“移动”。双击打开属性对话框，单击蝴蝶图片为移动对象，设置“类型”为“指向固定区域内的某点”，“执行方式”为“永久”，“时间”为“0.1”秒。选取“基点”，然后拖动蝴蝶到左上角，X、Y 的值为（0，0）。再选取“终点”，

X、Y 的值为（100，100），拖动蝴蝶到右下角，此时出现了一个矩形框，表示蝴蝶的移动区域。再选取“目标”输入（x，y）变量名，如图 4-54 所示。

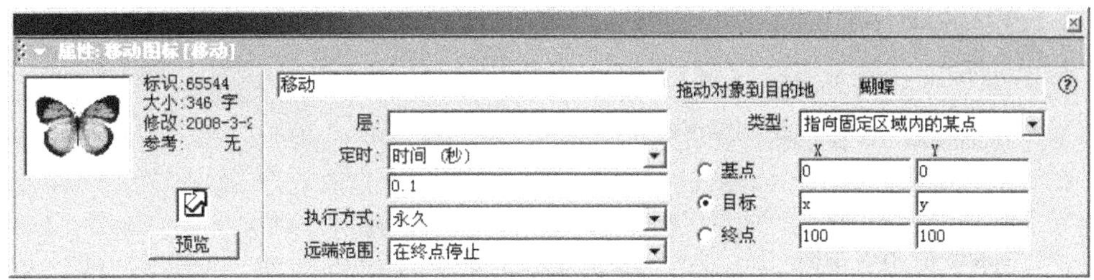

图 4-54 “移动图标”属性设置对话框

4）拖动一个交互图标到流程线上，命名为“按键控制”。再拖入一个计算图标到交互图标的右侧，出现响应类型对话窗口，从中选中按键类型，然后关闭对话窗口。

5）双击计算图标，打开计算窗口，输入图 4-55 所示的内容。定义变量 X、Y 的数值递减，并测试若 X 小于 0，就使之为 0，即 X 不能小于 0。“Test”是一个系统函数，作用是判断条件（括号中逗号前面的表达式）是否成立，若成立就执行逗号后面的表达式。

图 4-55 “Leftarrow”计算图标内容

6）关闭计算窗口，打开按键响应的属性窗口，在文本框里输入“leftarrow”，其他设置不变。

☞提示：

“leftarrow”是左方向键的默认名称，必须用这个词语系统才会识别左方向键的按下。

7）用同样的方法建立其他几个按键的响应分支，如图 4-56 所示。

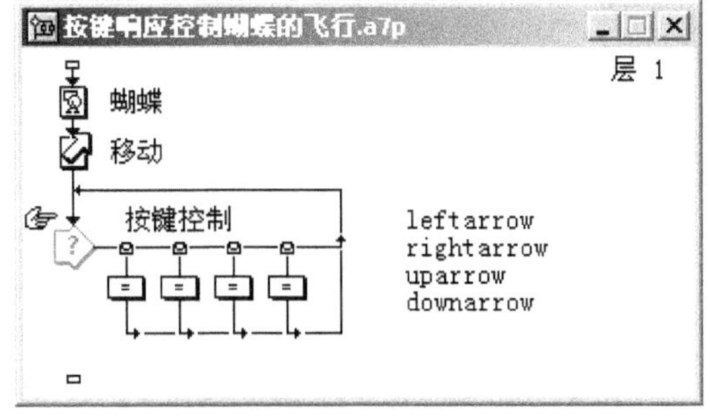

图 4-56 其他按键响应图标

8）分支的计算图标内容如下。

```
"Leftarrow" 计算图标：
  x:=x-5
  Test(x<0,x:=0)
"rightarrow" 计算图标：
  x:=x+5
Test(x>100,x:=100)
"uparrow" 计算图标：
  y:=y-5
  Test(y<0,y:=0)
"downarrow" 计算图标：
  y:=y+5
  Test(y>100,y:=100)
```

4.7 热区域、热对象交互的应用

热区域响应就是演示窗口中经过定义的一种矩形区域，可以响应用户在此区域内鼠标的指向、单击、双击等操作。热对象响应是通过鼠标的指向、单击、双击操作演示窗口中显示或运动的某个对象以实现交互。

4.7.1 实训 1 热区域响应

利用热区域交互响应完善“多媒体课件界面”中的例子，实现各章节内容的演示。要求：当鼠标单击各章节标题时，在其右侧的演示界面会出现相应的内容。在这里，做前 3 个章节的交互，操作步骤如下。

1）打开“多媒体课件界面”程序设计窗口，继续在流程线上拖入一个交互图标。在交互图标的右侧拖入第一个群组图标，在出现的交互响应类型对话框中，选取热区交互单击确定按钮，并命名为“第一章”。

2）双击热区交互标记，打开属性对话框，设置“匹配”为单击，选择“匹配时加亮”，“鼠标”指针为手型，如图 4-57 所示。

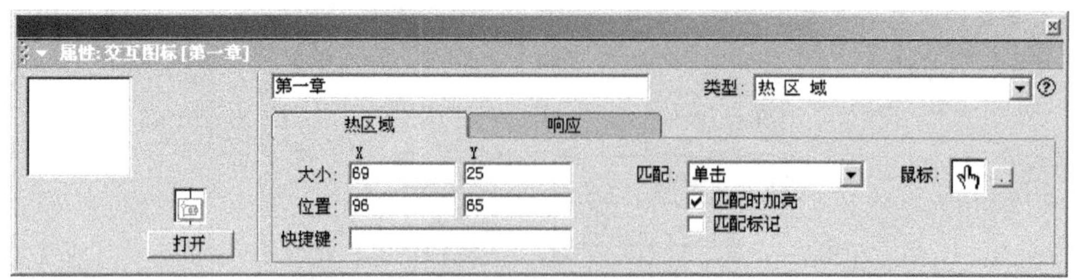

图 4-57 “第一章”热区响应属性设置

3）在演示窗口界面调整热区响应的位置到第一章标题上，并调整区域大小为覆盖第一章标题的全部文字，如图 4-58 所示。然后单击属性对话框的确定按钮。

4）双击打开第一章的群组图标，在层 2 里拖入一个显示图标，命名为“说明 1”，建立第一章的标题内容，并设置“特效”为全部/向下解开展示。

5）同样拖入第二章的群组图标和第三章的群组图标，把相应的热区域分别调整到其标题所在的区域。设置参见步骤 2）、步骤 3）。程序流程如图 4-59 所示。

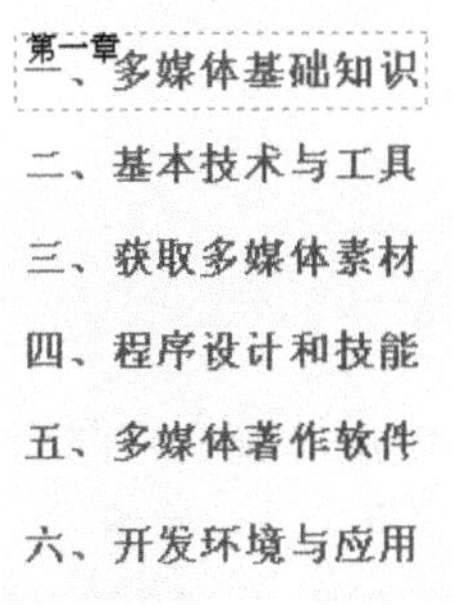

图 4-58　以第一章标题所在位置和大小调整热区

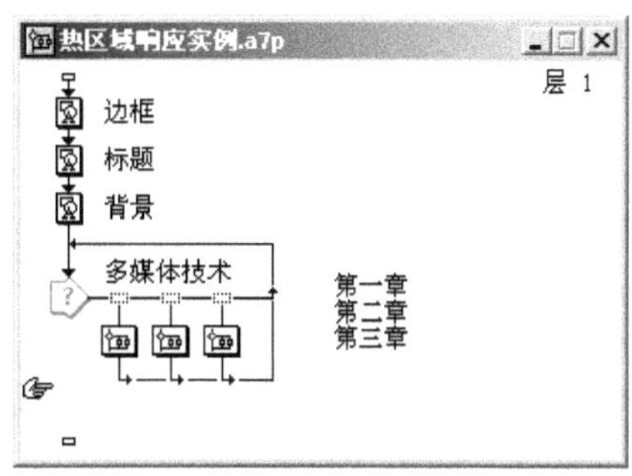

图 4-59　热区域响应实例的设计窗口

6）在第二章和第三章的群组图标里，分别建立第二章和第三章的标题内容。文件另存为“热区域响应实例”。

4.7.2　实训 2　热对象响应

利用热对象交互响应完成一组动物图片的识别。要求：鼠标指向动物图片时，能显示这种动物的名称，操作步骤如下。

1）新建一个设计窗口，拖入一个显示图标到流程线上，命名为“标题”。双击打开演示窗口，在其中建立图 4-60 所示的标题的提示信息。

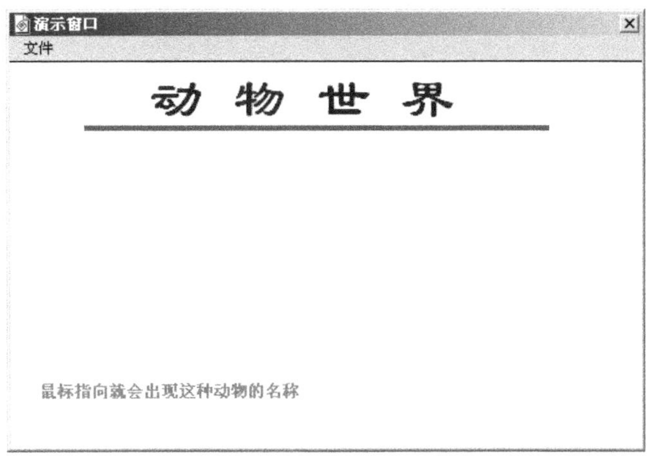

图 4-60　建立标题和提示信息

2）分别在流程线上引入 4 个显示图标，分别命名为：大象、海豚、狮子、狼，分别为各个显示图标引入相应的动物图片，并调整位置，如图 4-61 所示。

图 4-61　引入动物图片后的演示窗口

3）拖入一个交互图标，命名为“热对象”。再拖动一个群组图标到交互图标的右侧，出现响应类型对话框，从中选择“热对象”类型，从而建立一个交互分支，命名为“大象”。双击热对象标记，打开属性对话框，单击大象图片做响应对象，按照图 4-62 进行属性设置。

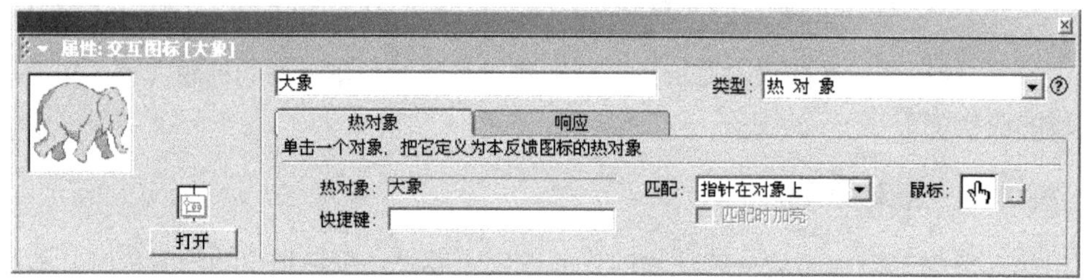

图 4-62　热对象选项卡的属性设置

4）打开群组图标，拖入一个显示图标到二级流程线上，命名为“大象字”，在其中大象图片下方的位置输入文字“大象”，并设置其特效为“内部类型/露出方式”中的“从左往右露出”。

5）按照上述方法，再建立“海豚”、“狮子”、“狼”等热物体响应分支，并分别设置热物体对象为海豚图片、狮子图片和狼图片，进行同样的热对象响应属性设置，并在群组图标中分别输入对应的文字，设置同样的文字显示效果。

6）拖动一个计算图标到交互图标的最左侧，选择按钮交互方式，添加一个“退出”分支，如图 4-63 所示。在计算窗口中输入“Quit()”，这是一个系统函数，定义结束程序运行。

图 4-63　退出按钮的属性设置

7）运行程序，调整退出按钮的位置，最后程序的设计窗口如图 4-64 所示，保存程序。

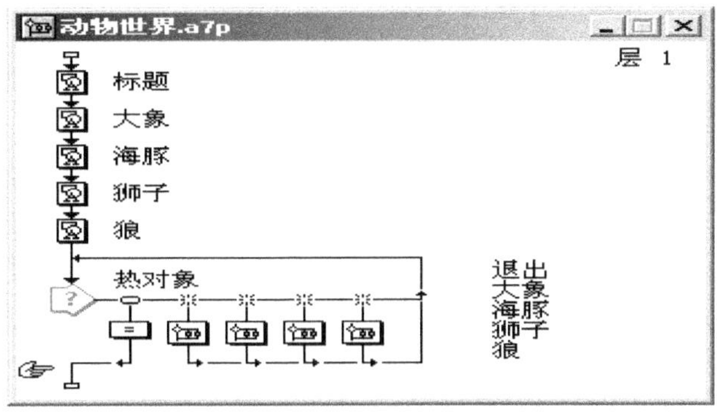

图 4-64　程序设计窗口

☞提示：

① 选择热对象必须用鼠标指定具体的画面对象，在空白处单击是无法选择对象的，而且热物体对象就是某个显示图标中的全部内容，如果将例子中的动物图片放在同一个显示图标中，则它们只能作为一个热对象使用。

② 群组图标不仅可以用来在分支上包括多个图标，而且由于群组图标内部可以是空白图标，即使不包含任何内容，程序也能够照样通过，所以空白群组图标常用于建立无具体内容的分支。

4.8　目标区响应

当用户希望按照一定的规则将一个对象移动到一个指定的区域而构成响应时，可以使用目标区域响应类型，利用该类型，可以创建出多种多样的有用、有趣的交互。

4.8.1　目标区响应简介

在流程线上，拖动一个群组图标在交互图标的右侧释放，在交互响应类型对话框中选择目标区响应类型，用鼠标双击响应类型标记，打开其属性对话框，如图 4-65 所示。

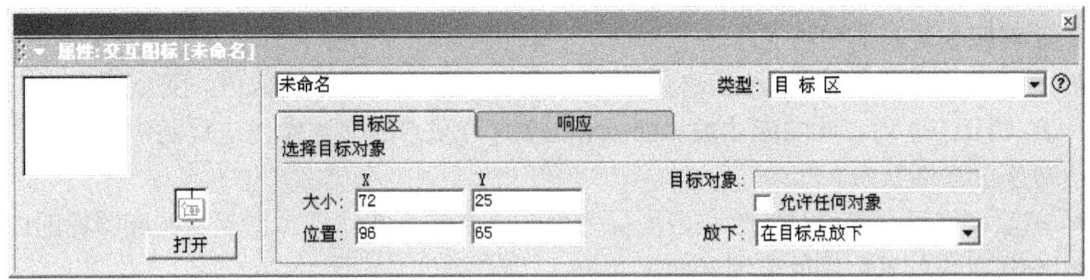

图 4-65　目标区响应属性对话框

说明：

1）响应标题：在这里输入的内容既是响应图标的标题也是目标区域的标题。

2）类型：当前的选择是“目标区”响应类型。

3）提示栏：提示用户用鼠标单击一个显示对象并将它当做一个用于拖动的目标对象（其实是将它所处的设计图标作为一个目标对象）。

4）“目标区”选项卡。

- 大小：用于设置目标区域的大小，其中 X 表示目标区域的宽度，Y 表示目标区域的高度。虽然在演示窗口中拖动控制点也可以改变目标区域的大小，但在这里进行的调整更为精确一些。
- 位置：用于设置目标区域的位置，其中 X、Y 分别表示目标区域左上角在演示窗口中的横、纵坐标。
- 放下：用于设置被拖动到目标区域的对象的最终放置位置，共有 3 种选择。
  - ➢ 在目标点放下：将对象拖动到目标区域并释放鼠标左键之后，对象停留在被释放处。
  - ➢ 返回：将对象拖动到目标区域并释放鼠标左键之后，对象返回到原来的位置。
  - ➢ 在中心定位：将对象拖动到目标区域并释放鼠标左键之后，对象停留在目标区域的中心位置。
- 目标对象：显示目标对象的名称，如果文本框为空则表示目前尚未指定目标对象。
- 允许任何对象：选取则表示此目标区响应的目标区域可以接受任意被拖放进去的对象。

5）“响应”选项卡，如图 4-66 所示。

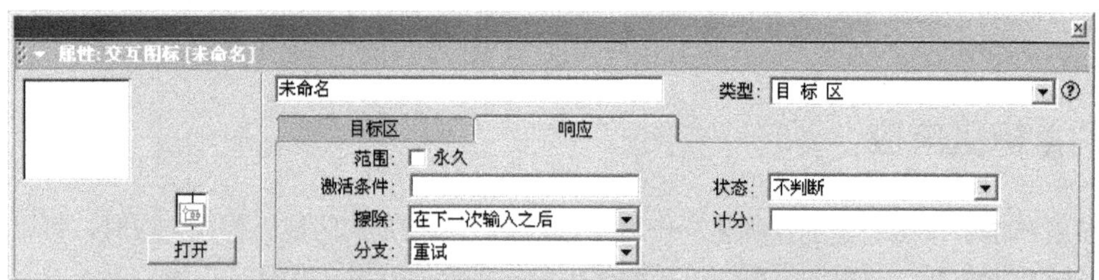

图 4-66　响应选项卡

- 范围：用于设置此响应的作用范围。如果选取“永久”复选框，则此响应就被设置为永久性响应。永久性响应是一种在整修程序执行过程中随时等待用户进行交互的响应，11 种响应类型中，不能设置为永久性响应的有文本输入响应、按键响应、重试限制响应和时间限制响应。
- 激活条件：用于设置匹配该响应的允许条件。在文本框中的数值、变量或表达式值为真（TRUE）时，此响应才被 Authorware7 允许用户的交互操作进行匹配，否则此响应处于非激活状态。
- 擦除：用于设置何时擦除响应图标为用户提供的反馈信息，也就是响应图标的内容。
- 分支：决定着程序的流程走向。
  - ➢ 重试：选择此响应分支时，分支流程将会流向主流程分支起点，等待用户做另一次操作。
  - ➢ 继续：流程走向会沿原路线返回并检查后面是否存在其他的期待响应能与最终用户

的操作相匹配。

➢ 退出交互：在执行完响应图标的内容之后，会退出交互作用分支结构回到主流程线上，继续执行主流程线上的其他设计图标内容。

4.8.2 实训 目标区响应

利用目标区响应完成看图识字。要求：用鼠标拖动动物图片到相应的动物的名称上，如果选对了就停在目标区，出现个笑脸图标。选错了，图片返回原来的位置，并出现哭脸图标，操作步骤如下。

1）新建一个程序文件，命名为“看图识字”。在流程线上拖入 4 个显示图标，并分别导入“大象”、“海豚”、“狮子”、“狼” 4 个图像并相应命名。

2）拖入一个交互图标到流程线上，命名为看图识字。双击打开交互图标，在其中建立 4 个表示目标区域的矩形对象，并且添加对应的说明文字，如图 4-67 所示。

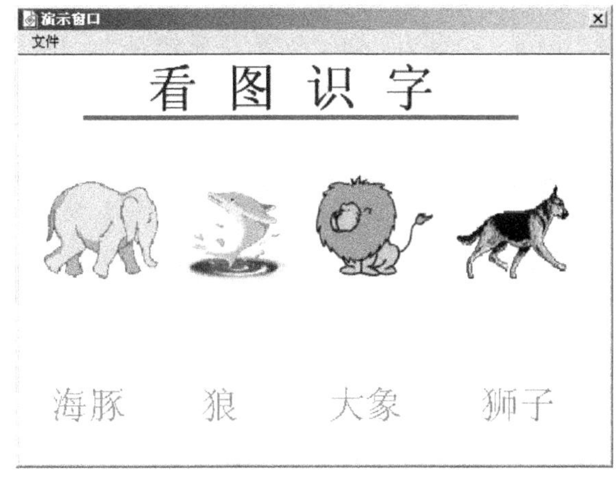

图 4-67 准备目标对象及目标区对应的文字

3）拖入一个群组图标到流程线的右侧，在出现的响应类型对话框中选择目标区类型，并命名为“大象的正确位置”。按照图 4-68 设置目标响应属性：选择大象图片作为目标对象，在“目标区”选项卡中，“放下”设置为“在中心定位”。在“响应”选项卡上，“状态”设置为“正确响应”。在演示窗口中调整目标区域的位置和大小到大象所对应的矩形对象位置上，如图 4-69 所示。在群组图标中放一个显示图标，内容为一张卡通笑脸图案。

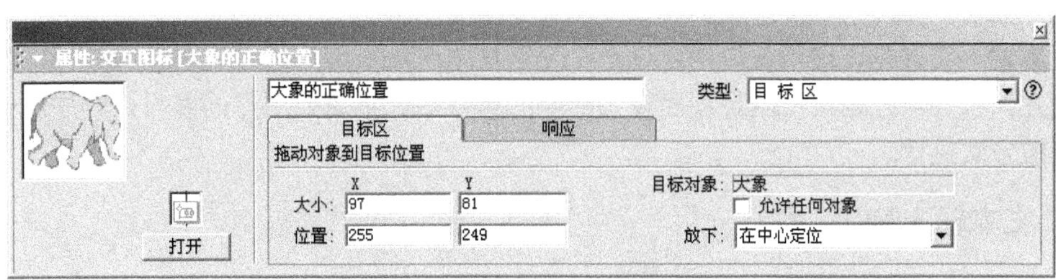

图 4-68 大象的目标区属性设置

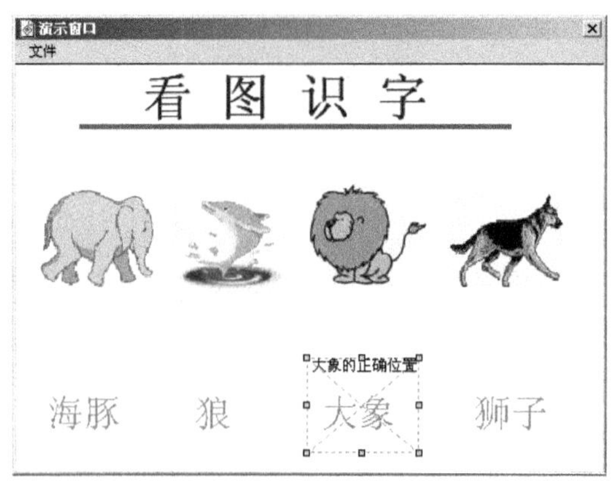

图 4-69　大象的目标区属性设置

4）按照上述方法，再建立“海豚”、“狮子”、“狼”等对象的目标区响应分支，并分别进行同样的目标区响应属性设置。

5）继续拖入一个群组图标，命名为“错误位置”。将错误的目标区域调整到图 4-70 所示的状态。属性设置如下：“目标区”选项卡中“目标对象”选中“允许任何对象”，“放下”选择列表中的“返回”。“响应”选项卡中“状态”为“错误响应”。在群组图标中放一个显示图标，内容为一张卡通哭脸图案。

6）保存程序。程序设计流程如图 4-71 所示。

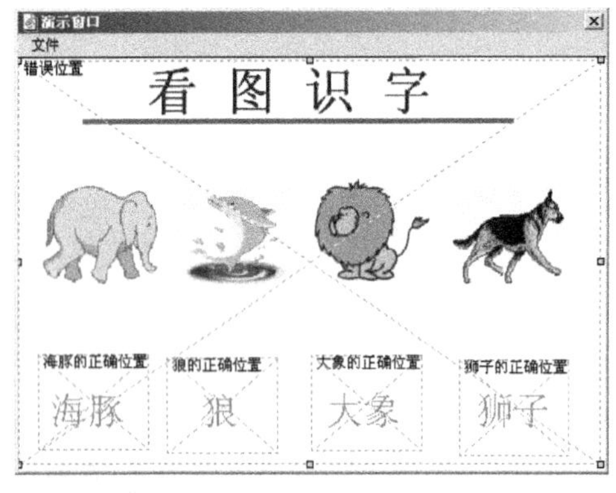

图 4-70　响应的目标区域设置

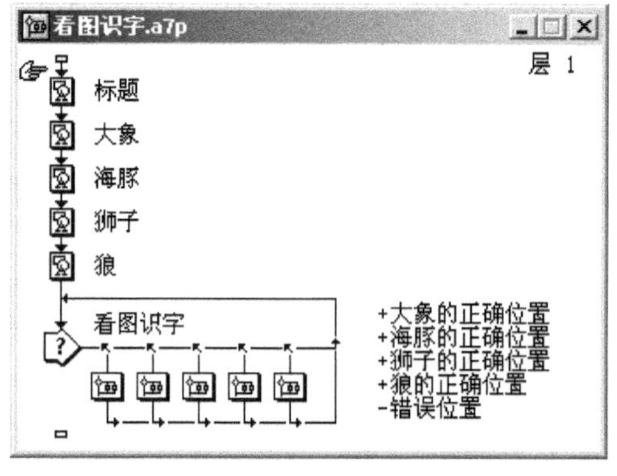

图 4-71　看图识字流程设计窗口

4.9　文本输入和条件响应

文本输入交互是在展示窗口中定义一个交互文本区域，用户通过键盘输入期待的文本而产生交互。条件响应是指在满足程序设定的响应条件后，不需要用户的参与，程序就会自动沿相应的分支执行。

4.9.1　文本输入响应

1. 文本输入响应属性设置

创建文本输入响应交互分支后，双击文本响应的标记，打开属性对话框，如图 4-72 所示。

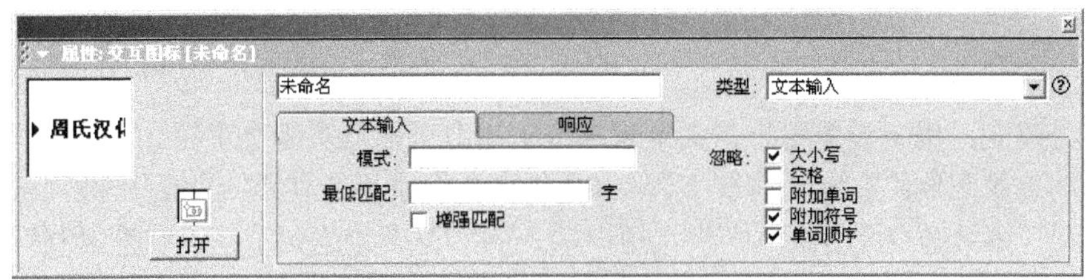

图 4-72　文本输入响应属性对话框

下面介绍其“文本输入”选项卡的各个选项。

（1）模式

在该文本框中输入的内容就是用户输入文本的匹配样式，或称为匹配模式字符串。如果“模式”中的内容为空，那么 Authorware7 将响应图标的名称作为匹配文本使用。模式中可使用 4 种特殊符号。

- |：要设置多种文本来匹配响应，可以在各个文本之间用符号“|”分隔，用户的输入只要和其中一个相匹配即可。例如将“模式”中的内容设置为“AB|CD|EF”，则用户输入“AB”、“CD”或者“EF”都可以匹配响应。
- #：表示重复输入模式字符串的次数。如在“模式”中输入#2abc，则要求用户输入 abc 后按〈Enter〉键，如此进行两遍才能匹配响应。
- *和？：通配符。其中“*”表示整个单词或一个单词的部分字符，可以代表任意的个数。“？”只能代表其中任意的一个字符。

（2）最低匹配

如果一个匹配模式中包括多个单词，有时候用户不能一一准确输入，但只要输入的正确单词数达到了在“最低匹配”文本框中指定的个数，就可以匹配响应。

（3）忽略

这里包括 5 个复选项，选中这些选项，可以忽略用户输入的字符串与模式不匹配的某些内容。

2．文本输入区及其属性设置

创建一个文本输入响应分支后，在交互图标中会自动建立一个文本输入区，默认情况下，它的左边有一个黑色的三角形输入标记，输入区的大小可以调整，双击输入区的边框或者按住〈Ctrl〉键，双击交互图标，在打开的对话框中单击文本区域，都会打开图 4-73 所示的文本输入区的属性对话框。它有 3 个选项卡，下面分别介绍其设置。

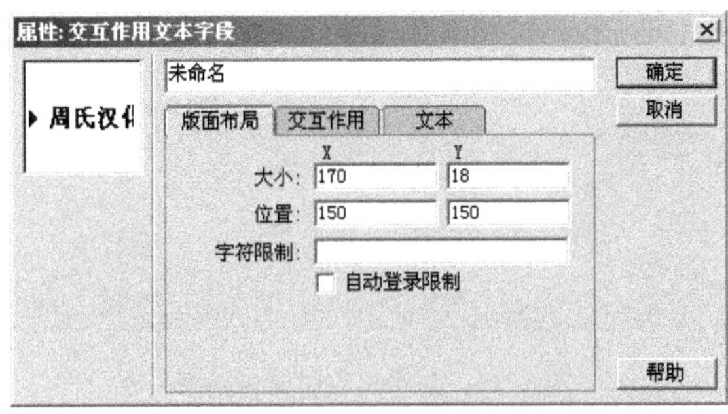

图 4-73　文本输入区属性面板“版面布局”选项卡

（1）“版面布局”选项卡

用于文本输入框的大小和位置。

- 字符限制：用于设置用户在文本输入框中最多可输入多少个字符。
- 自动登录限制：在默认情况下，Authorware7 要求用户使用〈Enter〉键来结束文本的输入。如果选中此复选框，仅当用户输入的字符个数达到了在“字符限制”中设置的数值时，Authorware7 会自动结束用户的输入而无需用户按下〈Enter〉键。

（2）“交互作用”选项卡

“交互作用”选项卡如图 4-74 所示。

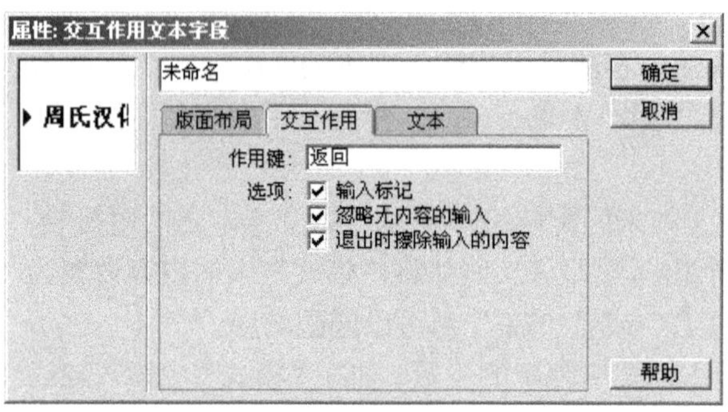

图 4-74　文本输入区属性面板“交互作用”选项卡

1）作用键：设置用于结束输入的功能键，例如，输入“Enter|Shift”,则表示〈Enter〉键和〈Shift〉键都可以作为结束文本输入的功能键。默认的是〈Enter〉键。

2）“选项”的含义如下。

- 输入标记：选中会在文本输入框左边显示三角形的输入标记。
- 忽略无内容的输入：选中则不允许输入为空。
- 退出时擦除输入的内容：选中则在程序退出时自动擦除输入的文本。

（3）“文本”选项卡

用于设置输入文本的字体、字号、风格、颜色及覆盖方式等。

4.9.2　条件响应

双击响应类型图标，打开条件响应属性对话框，就可以在“条件”选项卡上设置响应条件和自动匹配条件响应的方式，如图 4-75 所示。

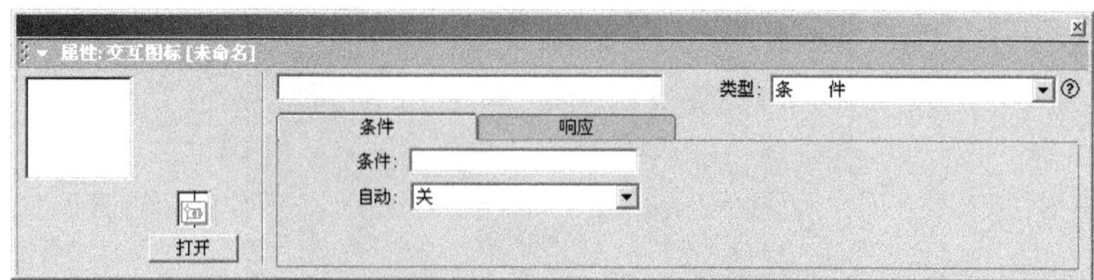

图 4-75　条件响应属性对话框

1）响应标题：在“条件”文本框中输入的内容会在这里显示出来，并作为响应图标的名称显示在设计窗口中。

2）条件：用于输入逻辑型变量或表达式，作为匹配此响应的条件。

需要注意的是，Authorware7 会按照如下规则处理条件结果。

- 计算结果为 0 表示假，其他非 0 表示真。
- 常量 TRUE、ON、T、YES 表示真，FALSE、OFF 等表示假。
- 关系表达式成立表示真，否则表示假。
- 逻辑运算符与（&）、或（|）、非（～）可组成表达式。

3）“自动”列表框：有 3 个选项，用来选择条件响应的匹配方式。

- 关：默认选项，用于关闭自动匹配功能。
- 为真：只要条件为真就会自动重复执行分支子图标。所以，当这种条件响应分支执行结束后，只有设法使条件变为 FALSE 时，才能执行其他分支。
- 为假：条件由假变真时，就会自动执行条件响应分支，不需用户做出响应。

对于“响应”选项卡，除了不允许激活条件外，其他设置与前面几种响应相同。

4.9.3 实训　文本和条件响应

利用文本响应和条件响应制作一个“体型测试”的实例，即通过输入身高、体重的数据，由给出的条件来判别体型状态。要求：通过键盘输入数据能够给出判断的结论，并且可以反复进行测试，操作步骤如下。

1）新建一个程序文件，命名为“体型测试”。拖入一个显示图标到流程线上，命名为“标题文字”，并建立图 4-76 所示的演示内容。

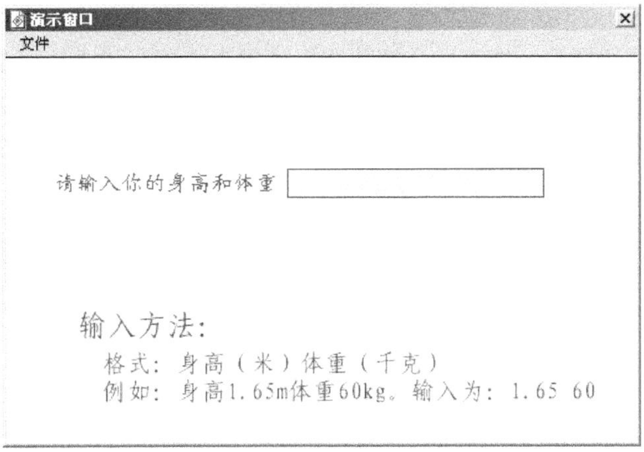

演示窗口
文件

请输入你的身高和体重

输入方法:
格式: 身高（米）体重（千克）
例如: 身高1.65m体重60kg。输入为: 1.65 60

图 4-76　标题文字显示图标内容

2）在流程线上拖入一个交互图标，命名为“文本输入”，在其右侧拖入一个计算图标，在出现的响应类型对话框中选择“文本输入”交互类型。双击文本交互标记，在“交互”选项卡中，“分支”设为“退出交互”。

3）按住〈Ctrl〉键，双击交互图标，在打开的交互图标属性对话框中，单击“文本区域”按钮，打开文本输入区响应对话框，调整文本输入区的位置，在“交互作用”选项卡设置“作

用键”为“Enter|Tab”，取消输入标记。在“文本”选项卡中，进行文本字体、字号等设置，“方式”为透明。

4）打开计算图标，建立图 4-77 所示的内容。

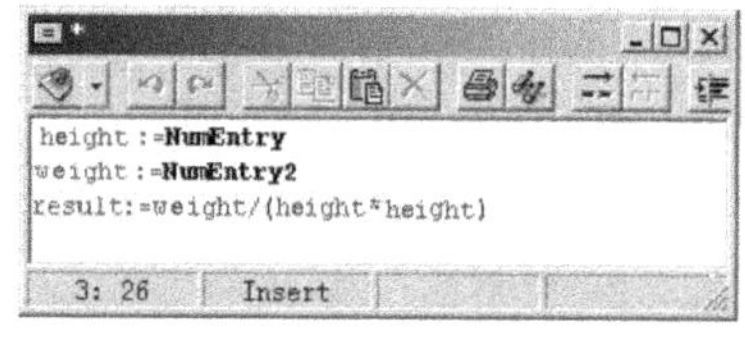

图 4-77　计算图标的内容

☞说明：

第 1 个文本输入内容为人的身高（high 变量），第 2 个输入内容为体重（weight 变量）。判别对象为一个表达式，把表达式结果（result 变量）作为测试条件。

☞提示：

新定义的变量系统会提示用户确定。

5）拖入另一个交互图标到流程线上，命名为“条件”。在其右侧拖入 3 个群组图标，选择响应类型为“条件”。双击第 1 个条件响应标记，在打开的属性对话框中，输入“条件”为“result>=26”，则系统会自动把它作为此群组图标的名称，如图 4-78 所示。在“自动”列表中选择“为真”。同样，在另外两个群组图标中，把条件分别设置为“result>23&result<26”和“result<=23”。

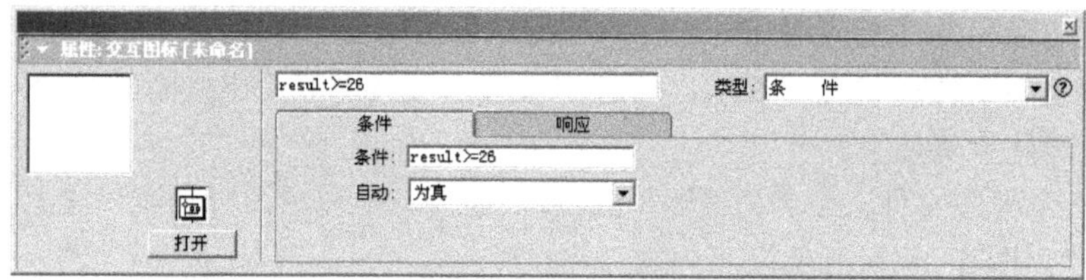

图 4-78　条件属性对话框设置

6）打开第一个群组图标，拖入一个擦除图标到层 2 的流程线上，双击擦除图标，选取擦除对象标题文字及输入的文本。

7）拖入一个显示图标，命名为“显示结果”。输入图 4-79 所示的演示内容。

☞提示：

这里要用到步骤 4 计算图标中所定义的两个变量。

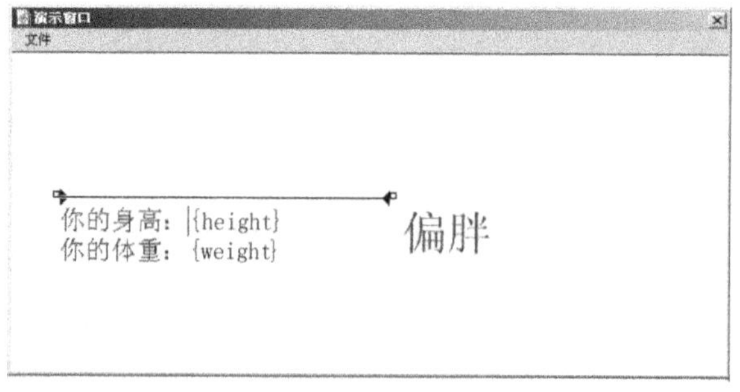

图 4-79　显示结果图标的演示内容

8）继续拖入一个交互图标到流程线上，拖动两个计算图标在其右侧，选择按钮响应类型。分别命名为“返回”、“退出”。在返回计算图标中输入“GoTo(IconID@"标题文字")”，在退出计算图标内输入“Quit()”。

9）同样打开第2个群组图标和第3个群组图标，在显示结果中，把“偏胖”分别改为“适中”和“偏瘦”，其他一致即可。

10）保存程序，本例制作完毕。

4.10 重试限制响应、时间限制响应

时间限制响应主要用于限制用户进行交互的时间，此响应的用法与重试响应非常类似，时间限制响应的设置内容更丰富一些。Authorware7.0 中的重试响应就可以控制用户的输入次数，如果在规定的次数内无法输入正确的密码，那么将不再执行后续的结果图标，而是将课件转向其他的流程。

4.10.1 重试限制响应

通常，应用重试限制图标可采取两种方法：一是把重试响应放置在需要限制交互响应次数的标识符的后面，它只对前面相邻的结果图标有效。二是将重试限制响应放置在交互流程线的最前面，它将对后面所有的结果图标有效。

在流程线上双击重试限制响应标记，就会打开重试限制响应对话框，如图4-80所示。该对话框包括两个选项卡，“重试限制”选项卡和“响应”选项卡。

图4-80 “重试限制”选项卡

“重试限制”选项卡中只有一个设置项“最大限制”，它用于设置重试限制的交互次数，用户可以在文本框内输入数值、变量或者表达式。

“响应”选项卡同其他交互类型选项卡类似，区别是“范围”和“激活条件”被禁用，也就是说，不能把重试限制响应设置成永久类型，也不能使用条件判断来控制重试响应的状态。

4.10.2 时间限制响应

在流程线上设置了时间交互响应类型，双击时间响应标记，即打开时间限制响应的属性对话框，该对话框也是由两个选项卡组成，下面重点介绍其“时间限制”选项卡，如图4-81所示。

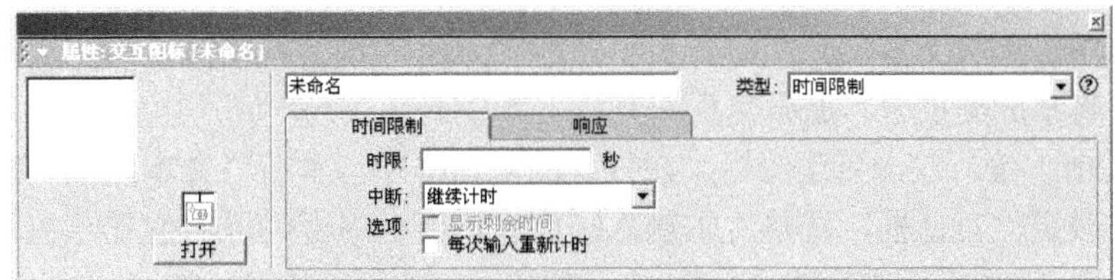

图4-81 “时间限制”选项卡

1）时限：用于设置以秒为单位的时间限制值，它可以是数值、变量或者表达式。

2）中断：用于设置当时间限制响应交互过程被中断时程序将采取的处理方法。

- 继续计时：表示当时间限制响应被打断时，仍继续计时，这是 Authorware7 的默认选项。
- 暂停，在返回时恢复计时：表示当时间限制被打断时，停止计时。直到由永久性交互返回到时间限制响应时，课件将接着被打断时的状态继续进行计时。
- 暂停，在返回时重新开始计时：表示当时间限制被打断时，停止计时。当由永久性交互返回时间限制响应时，程序将重新开始计时。
- 暂停，如运行时重新开始计时：表示当时间限制被打断时，停止计时。如果程序在跳转到永久性交互之前记录的时间没有超过设置的时间值时，时间限制响应才重新计时。

3）显示剩余时间：选取后，演示窗口中会出现一个倒计时时钟，用于显示已用和剩余的时间。只有在"时限"文本框中输入时间值后，此复选框才处于可用状态。

4）每次输入重新计时：打开此复选框，则用户在该交互作用分支结构中每匹配一个响应后，时间限制响应将重新计时。

4.10.3 实训 输入密码

模拟进入一个应用程序时，进行密码输入的确认。要求限时在 20s 完成密码的输入，并且给 3 次机会输入。能够正确输入密码显示继续，否则提示中止，操作步骤如下。

1）新建一个程序文件，命名为"输入密码"。拖入一个显示图标在流程线上，命名为"提示信息"。建立图 4-82 所示的显示图标的演示内容。

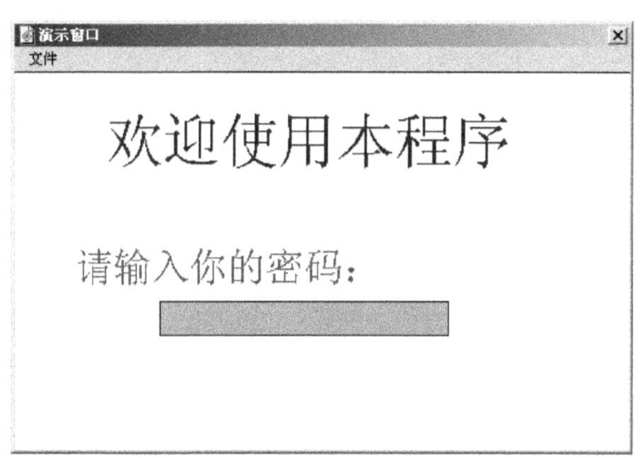

图 4-82 提示信息显示图标的内容

2）拖入一个交互图标，命名为"限制"。在其右侧拖入一个显示图标，在打开的交互响应类型对话框中，选取文本响应，命名显示图标"password"，双击文本响应类型标记，打开属性对话框，将本分支设为"退出交互"。

3）按〈Ctrl〉键，双击交互图标，在打开的对话框中，单击"文本区域"按钮，打开交互作用文本字段属性对话框，调整文本输入区到演示窗口中密码框的位置，在"交互作用"选项卡中进行图 4-83 所示的设置。

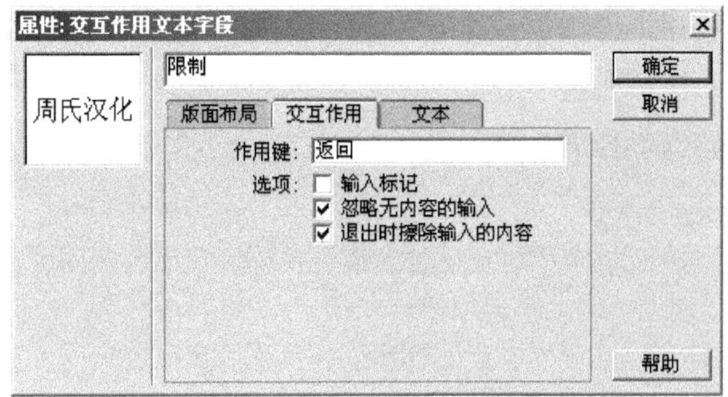

图 4-83　文本输入属性设置

4）打开 password 显示图标，建立图 4-84 所示的演示内容。

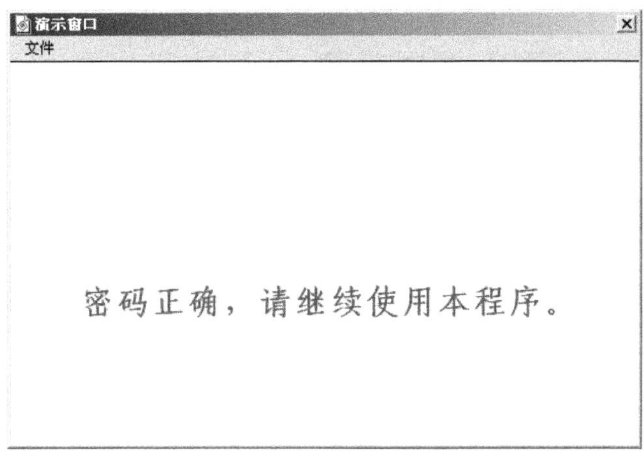

图 4-84　password 显示图标的演示内容

5）在交互图标的右侧继续拖入一个显示图标，双击响应类型标记，打开属性对话框，选取响应类型为“重试限制”。设置“最大限制”为“3”，命名图标名称为“3 次限制”。打开显示图标，建立图 4-85 所示的演示内容。

图 4-85　3 次限制显示图标的内容

6）拖入第 3 个显示图标到交互图标的右侧，双击响应类型标记，在打开的对话框中更改响应类型为时间限制，图标命名为“20 秒限制”，并按图 4-86 设置时间限制属性。

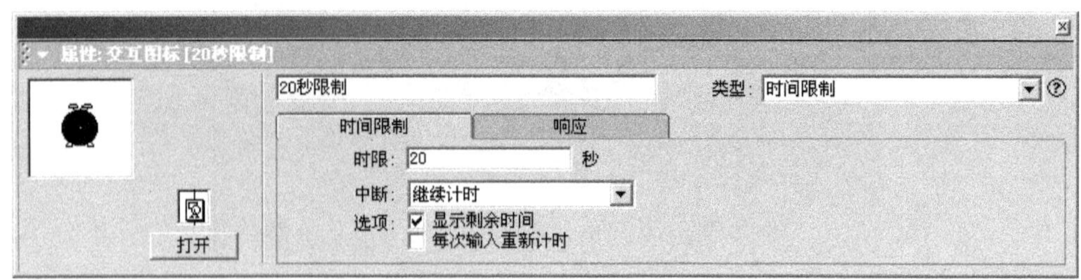

图 4-86　时间限制属性设置

7）打开时间限制的显示图标，参照图 4-85，将“超过 3 次，程序退出”字样改为“超过 20 秒 程序结束。”

8）拖入第 4 个显示图标到交互图标的右侧，选取文本响应类型，命名为“*”(其为通配符，目的是配合第 1 个文本响应分支使用，代表所有非 password 输入)，双击响应标记，在其属性对话框中，设置交互“分支”为“继续”。双击该显示图标，在其演示窗口中建立图 4-87 所示的演示内容。

9）保存本程序，程序设计流程如图 4-88 所示。

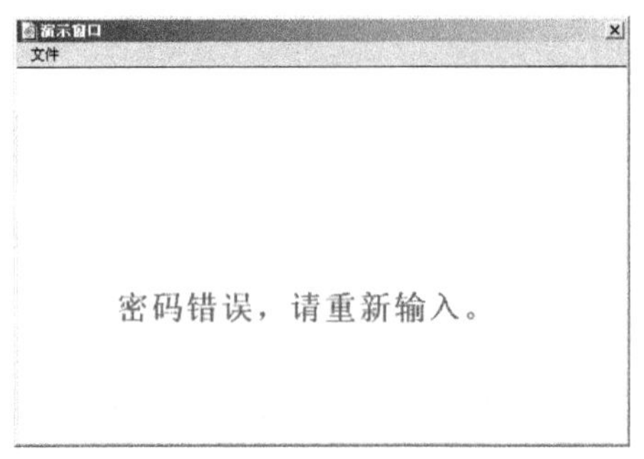

图 4-87　“*”显示图标的演示内容

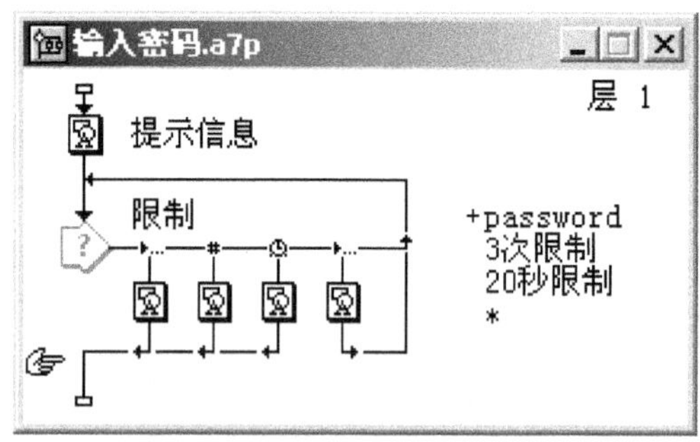

图 4-88　输入密码程序设计窗口

4.11　菜单响应

下拉菜单是 Windows 操作系统和应用程序中广泛流行的界面形式，它不仅风格统一，而且操作方便、灵活，使用 Authorware7 可以很方便地建立 Windows 风格的标准下拉菜单。

4.11.1　菜单响应简介

Authorware7 的下拉菜单作为一种响应形式，要求菜单显示在演示窗口内，而且为永久响应类型。适用于命令项较多、选择项可以按操作性质分组、能够随时响应的情况。

建立下拉菜单响应的方法同建立其他的交互响应非常类似，当用户将结果图标拖动到交互图标的右侧时，将自动打开响应类型对话框，选取“下拉菜单”单选按钮之后，就可创建下拉菜单交互结构。双击下拉菜单响应标记，打开下拉菜单属性对话框，如图 4-89 所示。

创建一个下拉菜单交互响应时，Authorware7 会自动把交互图标的名字作为下拉菜单的名称，把每个结果响应图标的名字作为菜单项的名字。

默认的情况下，Authorware7 的演示窗口菜单栏上只有一个“文件”菜单组，该菜单组中只有一个用于退出程序的“退出”菜单选项。

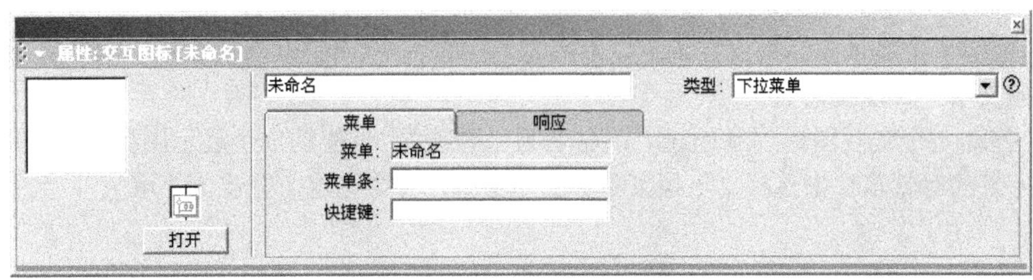

图 4-89　下拉菜单属性对话框

说明：

（1）响应标题

在这里输入的内容将会作为响应图标的标题。

（2）类型

当前选择为下拉菜单的响应类型。

（3）“菜单”选项卡

1）菜单：显示当前菜单选项所处的主菜单名称。

2）菜单条：若此文本框为空，则 Authorware7 将响应图标的标题作为菜单项的标题，可以使用一些特殊符号来控制菜单项的显示。

- 输入“(-”可产生一条分隔线，用来分隔不同菜单组。
- 如果想将菜单选项中某个字母设置为加速键，就在该字母前面加上符号“&”，结果在该字母下面显示下划线。

☞**提示：**

主菜单不能增加加速键。加速键与快捷键是有区别的，打开下拉菜单以后，才能使用加速键（特定字母）执行菜单命令，在未打开下拉菜单的情况下，直接按快捷键（组合键或功能键）即可执行相应的菜单命令。

3）快捷键：用来设置菜单选项的快捷键。可以是〈Ctrl〉键（或〈Alt〉键）与字母、数字、功能键的组合键，或单独输入功能键。

4.11.2　实训　菜单响应

利用菜单响应制作一个选择题型的菜单，实现学生做练习时能够自由地对习题类型进行选取的课件。这里重点进行编制下拉菜单，而忽略题目的编辑，操作步骤如下。

1）新建一个程序文件，命名为“选题”。在文件属性面板中，设置演示窗口大小为“根据变量”，窗口居中，保留标题栏和菜单栏，如图 4-90 所示。

图 4-90　设置演示窗口

2）拖动一个显示图标到流程线上，命名为“标题”。双击打开演示窗口，调整窗口大小，输入标题文字“课堂练习题”。

3）拖动一个交互图标到流程线上，命名为“题型”。再拖动一个显示图标到交互图标右侧，从出现的对话窗口中选择“下拉菜单”交互类型，并命名这个分支为“填空”，如图 4-91 所示。

4）双击显示图标，在演示窗口输入填空题。此时运行程序，就可以看到在演示窗口菜单栏上出现了“题型”菜单，其中一个是“填空”菜单项。单击该菜单项就可以进入到填空题练习，如图 4-92 所示。

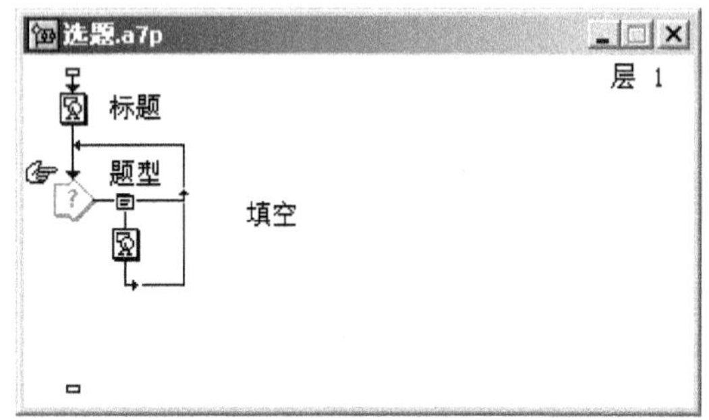

图 4-91　建立菜单交互响应分支

图 4-92　题型菜单

5）使用同样的方法在交互图标的右侧依次拖入另两个显示图标，分别命名为“选择”、“判断”，并分别在相应的显示图标内建立对应的题型。

6）拖动一个计算图标到流程线上，为交互结构添加一个“退出”交互分支，也采用菜单方式，如图 4-93 所示。在计算图标内部输入内容为“quit()”。

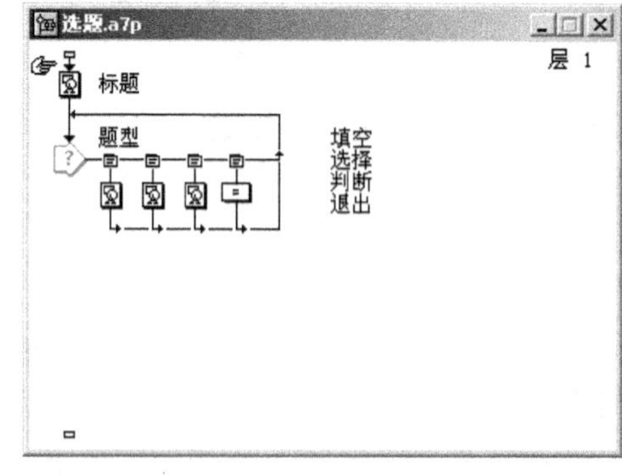

图 4-93　程序设计窗口

7）运行程序，演示窗口的“题型”菜单中包含了4个菜单项，单击“退出”菜单项可以结束程序运行。

8）保存程序，本例制作完毕。

4.12 流程控制

除了交互图标可以产生交互操作外，Authorware7的判断图标、导航图标和框架图标也能够对程序的执行进行控制，本节重点要学习这3个图标的功能、属性及用法。

4.12.1 判断图标

与交互图标相比，判断图标也属于母图标，它可以附带多个分支子图标，且每个分支只允许有一个子图标。

1. 判断分支结构的组成

利用判断图标实现分支或循环功能，需建立类似交互响应结构的决策判断结构。它由“判断”图标以及属于该设计图标的分支图标共同构成。分支图标所处的分支流程称为分支路径，每条分支路径都有一个与之相连的分支标记，如图4-94所示。

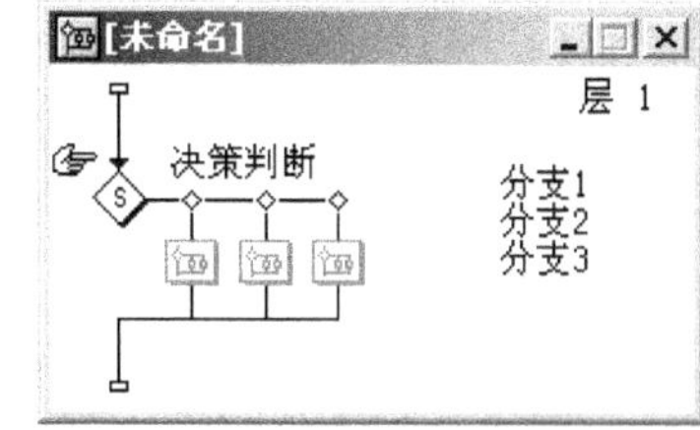

图4-94 决策判断分支结构

判断分支结构的构造方法与构造一个交互作用分支结构类似：首先向主流程线上拖放一个“判断”图标，然后，再拖动其他设计图标到“判断”图标的右侧释放，该设计图标就成为一个分支图标。但判断分支结构与交互作用分支结构所起的作用不同，当程序执行到一个判断分支结构时，Authorware7将会按照“判断”图标的属性设置，自动决定分支路径的执行次序以及分支路径被执行的次数，而不是等待用户的交互操作。

在默认的情况下，Authorware7 会自动将所有的分支图标按照从左到右的顺序各执行一次，然后退出判断分支结构，继续沿主流程线向下执行，是否擦除分支图标中的信息由分支路径的属性决定。

2. 判断分支结构的设置

建立了一个决策判断分支结构之后，通过“判断”图标属性对话框和“分支”属性对话框，可以对判断分支结构的执行方式进行设置。

（1）“判断”图标属性设置

双击“判断”图标，打开其属性对话框，如图4-95所示。

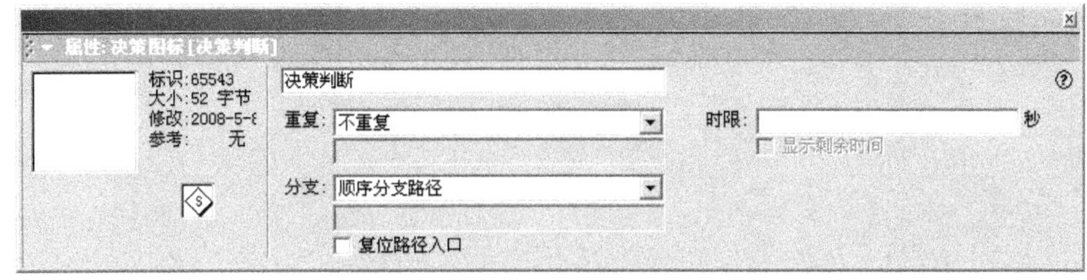

图4-95 “判断”图标属性对话框

说明：

1）时限：用于限制判断分支结构的运行时间。可以输入表示时间长度的数值、变量或者表达式。一旦到了规定时间，Authorware7 就会立即从判断分支结构中返回到主流程线上继续向下执行。

2）显示剩余时间：如果设置了限制时间，此复选框就变为可用状态。选中此复选框，则程序执行判断分支结构时，演示窗口中会出现一个倒计时的时钟，用于提示剩余时间。

3）重复：用于设置 Authorware7 在决策判断分支结构中循环执行的次数，其中有 5 个选项。

- 固定的循环次数：根据在下方的文本框中输入的数值、变量和表达式的值来确定分支结构的循环次数。如果设置的次数小于 1，则 Authorware7 退出判断分支结构，不执行其中任何分支图标。
- 所有的路径：在每个分支图标都至少被执行过一次之后，退出判断分支结构。
- 直到单击鼠标或按任意键：Authorware7 将一直执行判断分支，直到用户单击鼠标或者按任意键。在播放动画、数字电影或音乐的过程中，设置这种循环方式很有用，用户可以随时中止播放。
- 直到判断值为真：选择此种循环方式，就可以在它下面的文本框中输入条件变量或表达式，每次执行分支图标后，Authorware7 会计算该变量或表达式的值，如果条件为假就循环执行分支图标，否则退出判断结构。
- 不重复：选择此项，仅执行指定分支一次，即退出判断结构。

4）分支：该列表中的选项，用来决定执行哪个分支图标。

- 顺序分支路径：选择此项，如果未设置循环，则仅执行第一个分支；如果设置了循环功能，则按照从左到右的顺序依次执行每一分支，直到循环结束。
- 随机分支路径：随机选择一条分支执行。有可能某些分支被执行多次，而另一些分支从未得到执行。
- 在未执行的路径中随机选择：随机选择一条从未执行过的分支执行。
- 计算分支结构：在下方的文本框中输入变量或表达式，Authorware7 根据输入值选择要执行的分支路径。

5）复位路径入口：Authorware7 使用变量来记忆已经执行过的分支信息，勾选此复选框会将这些记忆信息清除。

（2）分支属性设置

双击分支标记，打开“分支”属性对话框，如图 4-96 所示。

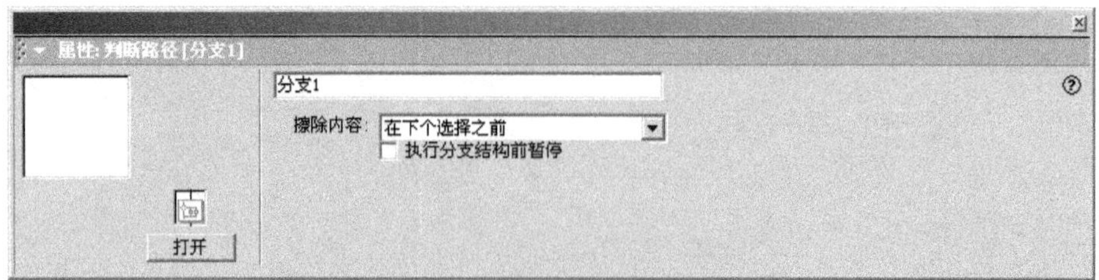

图 4-96　分支路径属性对话框

说明：

1）删除内容：用于设置何时擦除对应分支图标显示的内容。

- 在下个选择之前：只要程序一执行完当前分支图标，立刻擦除对应的显示内容。
- 在退出之前：保留所有的显示信息，直到从当前判断分支结构中退出才进行擦除。
- 不擦除：保留所有的显示信息，除非在流程线上使用“擦除”图标将它们擦除。

2）执行分支结构前暂停：选中此复选框，则程序在离开当前分支路径前，会在演示窗口中显示一个“继续”按钮，用户单击此按钮，程序才继续执行。

4.12.2 导航图标

1. 导航结构的组成

导航结构用于实现框架间的导航，可用来实现电子图书、超媒体链接等功能。导航结构由“框架”图标、附属于“框架”图标的页图标和“导航”图标组成。其中“框架”图标的主要功能是建立程序的框架结构，其分支子图标即页图标由“导航”图标来调用，“导航”图标专门用于程序转向或调用框架页，可以让用户在不同页之间任意跳转。

2.“框架”图标

在设计窗口中双击“框架”图标，会出现一个框架窗口，如图 4-97 所示。

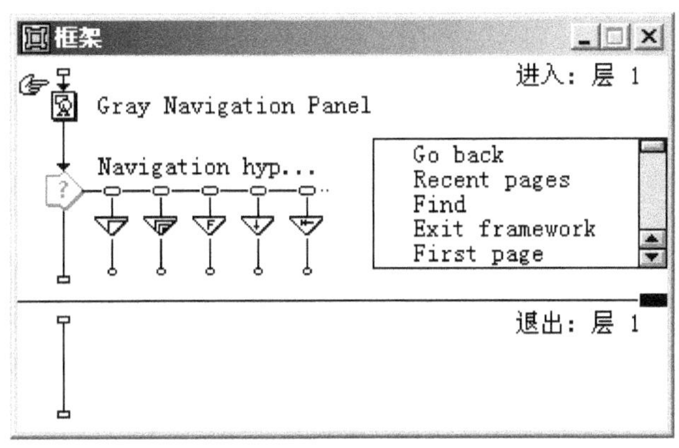

图 4-97　框架图标内部结构窗口

框架窗口是一个特殊的设计窗口，窗格分隔线将其分为两个窗格：上方的入口窗格和下方的出口窗格。当 Authorware7 执行到一个“框架”图标时，在执行附属于它的第 1 个页图标之前会先执行入口窗格中的内容，如果在这里准备了一幅背景图片的话，该图片在用户浏览各页内容时会一直显示在演示窗口中。在退出框架时，Authorware7 会执行框架窗口出口窗格中的内容，然后擦除在框架中显示的所有内容（包括各页中的内容及入口窗格中的内容），撤销所有的导航控制。可以把程序每次进入或退出“框架”图标时必须执行的内容（例如设置一些变量的初始值、恢复变量的原始值等）加入到框架窗口中。用鼠标拖动调整杆可以调整两个窗格的大小。

按下〈Ctrl〉键双击“框架”图标或选中它后按鼠标右键选择属性，会打开其属性对话框，如图 4-98 所示。

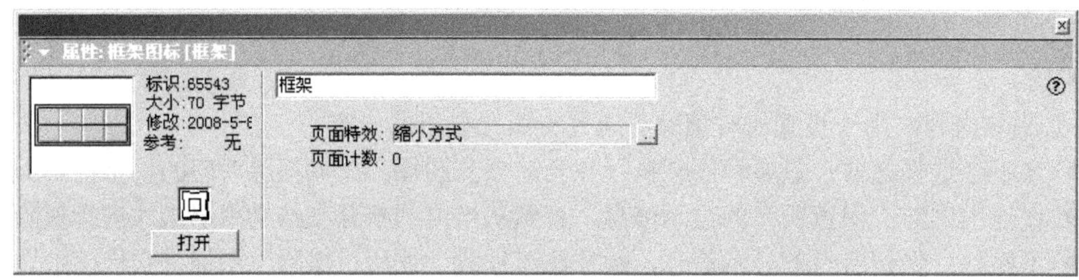

图 4-98 框架图标属性对话框

其中：

1）左侧的预览框中显示出入口窗格中第 1 个包含了显示对象的设计图标的内容。

2）“页面特效”中显示为各页显示内容设置的过渡效果。

3）“页面计数”后的数字显示此框架图标下共依附了多少个页图标。

4）单击“打开”按钮会弹出框架窗口。

3. 导航面板

在默认的情况下，Authorware7 在框架窗口的入口窗格中准备了一幅作为导航按钮面板的图像（见图 4-99）和一个交互作用的分支结构，交互作用分支结构中包括 8 个设置为永久性响应的按钮响应，这 8 个命令按钮是 Authorware7 的默认导航按钮，可以根据需要对它们进行选取，它们的作用分别如下。

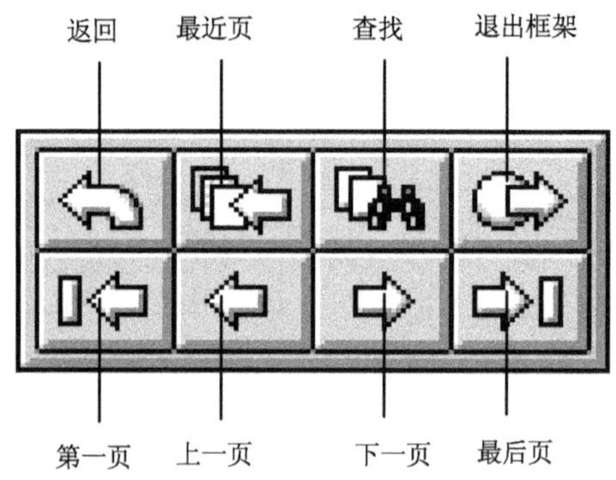

图 4-99 导航面板按钮

- 返回：沿历史记录从后向前翻阅用户使用过的页。
- 最近页：显示历史记录列表。
- 查找：打开“查找”对话框。
- 退出框架：退出框架。
- 第一页：跳转到第一页。
- 上一页：进入当前页的前一页。
- 下一页：进入当前页的后一页。
- 最后页：跳转到最后一页。

4. “导航”图标

在框架图标中包含着许多导航图标，框架图标的导航功能就是由它们实现的，导航图标一般有两种不同的使用场合。

（1）程序自动执行的转移

当把导航图标放在流程线上，程序在执行到导航图标时，自动跳转到该图标指定的目的位置。

（2）交互控制的转移

使导航图标依附于交互图标，创建一个交互结构，当程序条件或用户操作满足响应条件时，自动跳转到导航图标指定位置。

双击“导航”图标，打开其属性对话框，如图 4-100 所示。

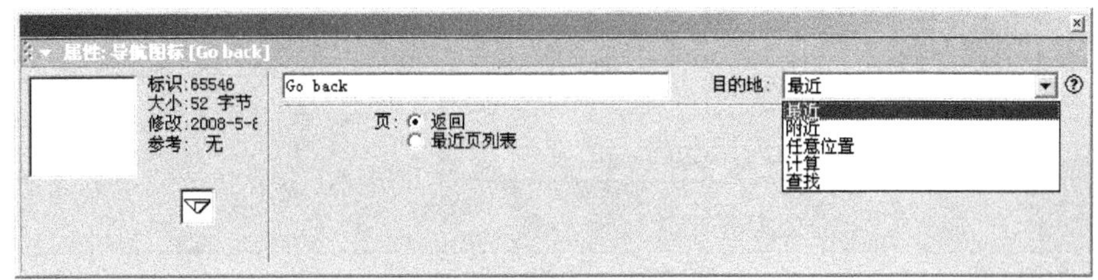

图 4-100　导航图标属性对话框

其中，“目的地”下拉列表框是导航图标的链接目标属性，包括 5 个选项。

- 最近：到最近访问过的页面。
- 附近：到相邻的页面。
- 任意位置：到任何页面。
- 计算：到由计算确定的页面。
- 查找：到搜索得到的某个页面。

☞注意：

针对以上 5 种链接目标方式的不同，导航图标又会有不同的链接属性对话框。

图 4-101 和图 4-102 分别是选取“附近”和“任意位置”所出现的对话框。

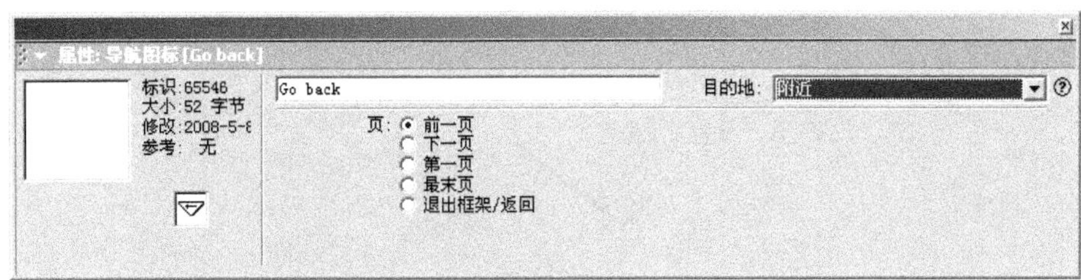

图 4-101　目的地为“附近”的属性对话框

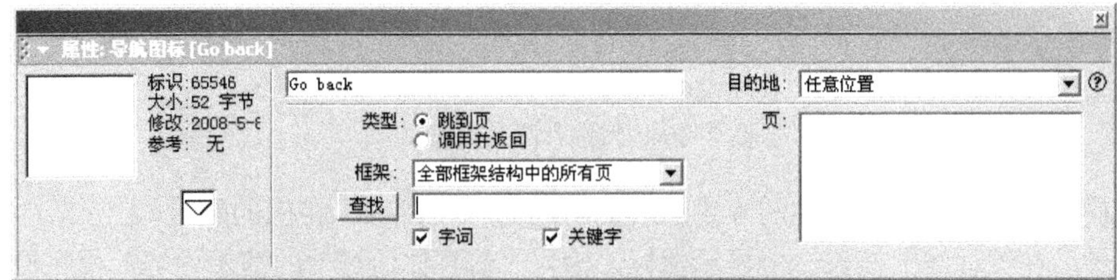

图 4-102　目的地为“任意位置”的属性对话框

4.12.3 实训 1 运用判断图标

利用判断图标制作一个“答题”的演示程序，实现随机出题的功能，操作步骤如下。

1）拖入一个显示图标到流程线上，命名为“标题”，输入文字“数学题”。

2）拖入一个判断图标，命名为“题目”，双击判断图标，在其属性对话框中，“重复”选取为“所有的路径”，“分支”选择“在未执行过的路径中随机选择”，如图 4-103 所示。

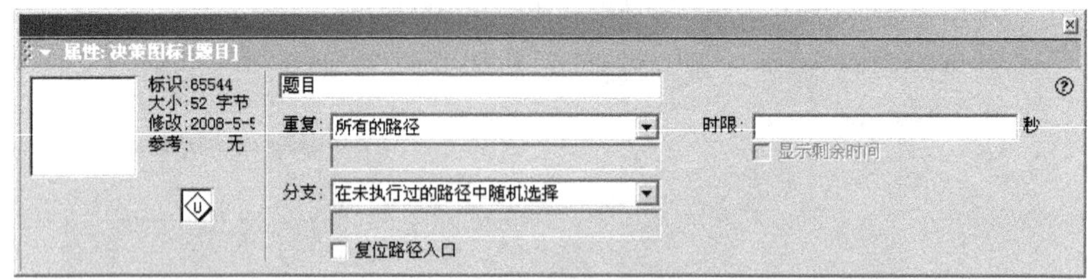

图 4-103 判断图标属性设置

3）在判断图标的右侧依次拖入 5 个群组图标，分别命名为“题目 1”～“题目 5”。

4）双击“题目 1”群组图标，打开层 2 设计窗口，拖入一个显示图标，命名为“题 1”，并在演示窗口内输入“5×5= ”的题目。再拖入一个交互图标，在交互图标右侧拖入另外一个群组图标，选择文本响应类型，响应名为“25”，双击文本输入标记，在“交互”选项卡中设置退出交互。按下〈Ctrl〉键，双击交互图标，在打开的属性对话框中，单击文本区域按钮，调整输入文本框位置及文本大小和题目一致。在“25”群组图标内，拖入一个名为“答对了”的显示图标，在其演示窗口绘制一对号，然后拖入一个等待图标，等待时间设为 2 秒。执行程序，演示窗口内容如图 4-104 所示。

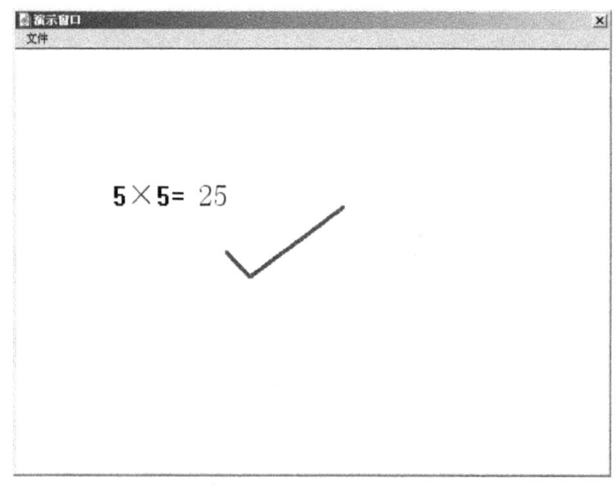

图 4-104 “题目 1”演示窗口

5）同样的方法依次在另外的 4 个题目的群组图标中，输入相应的题目。

6）最后在流程线上拖入一个显示图标，输入“恭喜你通过”的演示内容。程序设计窗口如图 4-105 所示（包括两层设计窗口）。

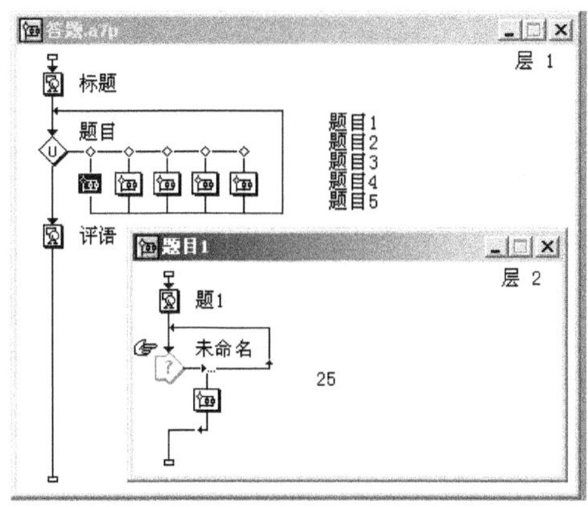

图 4-105　程序的两层设计窗口

4.12.4　实训 2　运用框架图标

运用框架和导航结构创建一个“电子相册”，操作步骤如下。

1）新建名为“电子相册”的程序文件，拖入一个显示图标到流程线上，命名为“标题”。在其演示窗口输入“电子相册”。

2）拖入框架图标到流程线上，命名为“翻页”。在其右侧拖入 5 个显示图标，命名为“相片 1”～“相片 5”，分别导入 5 幅图片，调整其大小位置。

3）双击框架图标，打开框架窗口，删除导航面板，并删除不需要的几个按钮，保留“第一页”、“最后页”、“上一页”、“下一页”和“退出框架”5 个按钮。

4）双击框架窗口中的“退出”按钮图标，打开按钮交互属性对话框，将鼠标指针设置为“手型”，单击“按钮”，打开按钮样式窗口，选择 Windows 标准按钮系统的“退出框架”按钮，如图 4-106 所示。

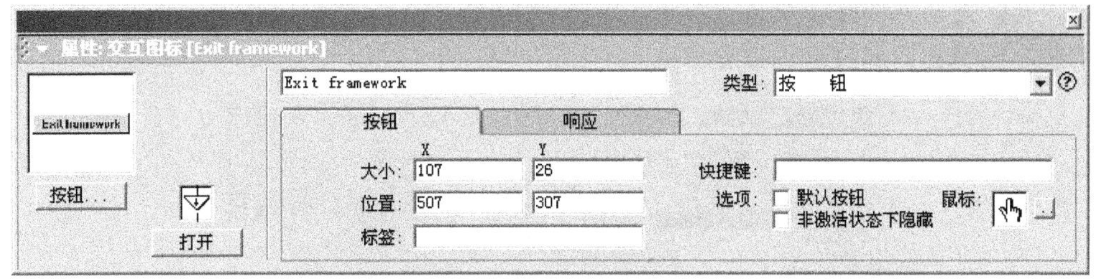

图 4-106　按钮设置对话框

5）同样方法设置其他 4 个按钮，然后同时选中 5 个按钮，执行“修改”→“排列”菜单命令，打开“排列”对话框，调整 5 个按钮的相对位置。

6）在流程线上拖入一个显示图标，命名为“谢谢”，在演示窗口输入内容“谢谢观看”，调整位置到屏幕中间。

7）运行程序，演示窗口如图 4-107 所示。

图 4-107　演示窗口

4.13　变量与函数的使用

Authorware7 是一款可视化的多媒体制作软件，其程序主要由各种设计图标组合完成。同时，Authorware7 还提供了大量的系统变量和函数，它们可以作为程序设计的辅助手段。运用变量和函数，将使多媒体程序具有更高级别的交互性能以及更完善的信息处理能力。

4.13.1　计算图标

根据计算图标的不同用法，可分为独立计算图标和附加计算图标两种。要在流程线上添加独立计算图标，直接拖动计算图标到流程线上释放即可。要给某个设计图标添加附加计算图标，用鼠标右键单击该设计图标，选择“计算”打开计算窗口，再输入程序语句即可。

输入程序时，每一行只能输入一个程序语句。可以使用计算图标窗口工具栏的命令来编辑窗口内容。为了方便阅读或修改程序，单击按钮，打开图 4-108 所示的对话框，对计算图标的脚本编辑窗口属性进行设置。

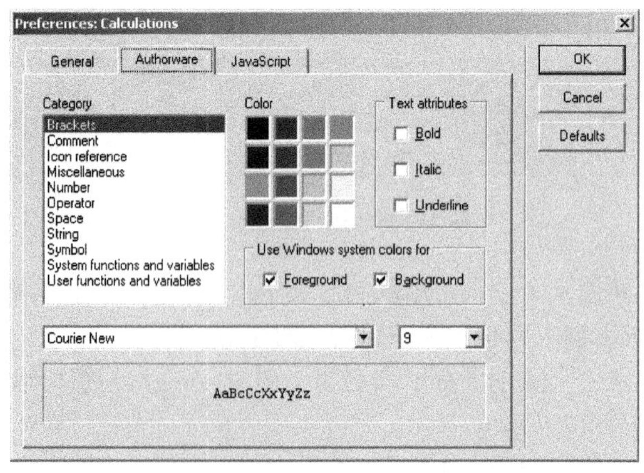

图 4-108　“参数选择：计算”对话框

4.13.2 变量

变量是其值可以改变的量，可以利用变量存储不同的数值，例如计算结果、用户输入的字符串以及对象的状态等。

1．变量的类型

根据变量存储的数据类型，可以将变量分为 7 类。

1）数值型：用于存储具体的数值。

2）字符型：用于存储字符串。

3）逻辑型：用于存储“真”或“假”两种值。

4）符号型：由符号“#”带上一连串字符构成。

5）列表型：用于存储一组常量或变量。

6）坐标变量：用于描述一个点在演示窗口中的坐标，形式为（X，Y）。

7）矩形变量：一种特殊的列表变量，用于定义一个矩形区域。

从编程的角度来看，Authorware7 对变量类型的要求不是十分严格，往往会根据运算符来自动转换变量的类型。另外，在 Authorware7 中所有的变量都是全局变量，即在整个程序中都起作用。从使用者的角度来看，Authorware7 中的变量分为两种：系统变量和自定义变量。系统变量是 Authorware7 预先定义好的一些变量，它们用于跟踪系统中的信息。自定义变量是由用户自己定义的变量，通常用于保存计算结果或者用于保存系统变量无法存储的信息。自定义变量的名称必须是唯一的，不能与其他变量或函数重名，而且只能以字母或下划线开头，长度限制在 40 个字符以内。

2．使用变量面板

单击工具栏“变量”命令按钮，会出现“变量”面板窗口，窗口中列出了所有的系统变量、当前程序中使用的自定义变量以及变量的相关信息，如图 4-109 所示。

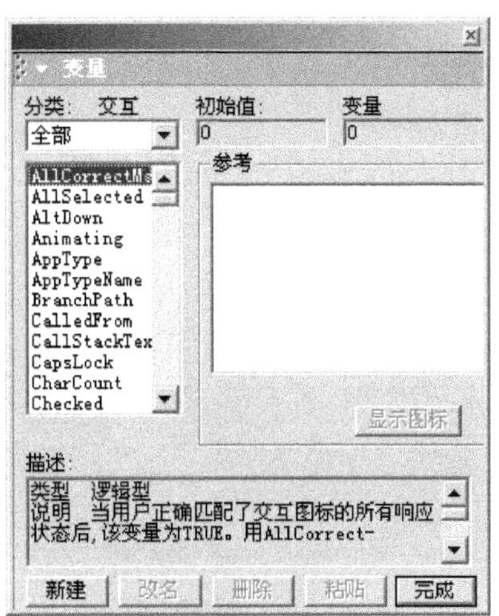

图 4-109 “变量”面板

1）分类：显示 Authorware7 中提供的 11 类系统变量和用户自定义的变量，选择其中一类后，该类中所有的变量都会显示在下方的变量列表框中。

2）初始值：显示当前选中的变量的初始值。在这里可以更改自定义变量的初始值，而系统变量的初始值用户是不能更改的。

3）变量：显示处于选中状态的变量的当前值。

4）参考：显示程序文件中使用了当前选中的变量的设计图标。

5）描述：显示当前选中的变量的描述信息，是用户的重要指南。

6）新建：用于创建一个自定义变量。

7）粘贴：用于将当前处于选中状态的变量粘贴到“计算”窗口文本对象或文本框中插入点光标当前所处的位置。

8）完成：用于保存所做的修改并关闭对话框窗口。

4.13.3　函数

函数是编制好的相对完整的程序功能模块，能够实现特定的功能，并可以反复使用，以减少重复性的软件开发工作。

1．使用参数

要想正确使用函数必须遵循特定的语法，其中最重要的是使用正确的参数。参数是交给函数处理的数据，几乎任何一个函数都要使用参数。在使用参数时应注意以下两点。

1）根据需要为参数加上双引号，否则容易混淆字符串和字符型变量。

2）参数个数是可变的。有些函数带有多个参数，但这些参数不一定每一个都会用到，而是根据实际情况使用其中的一部分。多个参数之间使用逗号进行分隔。

2．使用函数面板

单击工具栏“函数”按钮，会出现“函数”面板窗口，窗口中列出了所有的系统函数、自定义函数以及对函数的描述，如图 4-110 所示。其各部分组成和功能参见“变量”面板。

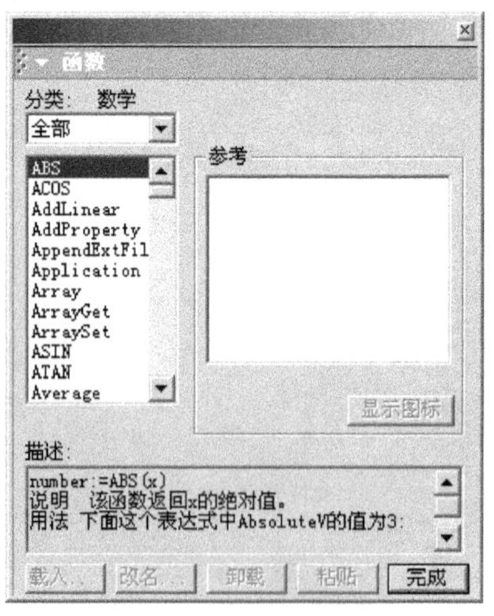

图 4-110　“函数”面板

4.13.4　实训　变量与函数

在设计多媒体程序时，经常需要用到各种美术效果来装饰显示对象，“渐变”效果就是其中的一种。下面利用循环语句、条件语句并结合有关函数和变量，制作一个圆的径向渐变，操作步骤如下。

1）新建一个文件，在流程线上添加一个计算图标，命名为“窗口大小”，然后在该计算图标的脚本编辑窗口中输入命令“ResizeWindow（300，300）”，将演示窗口大小设置为“300×300”。

2）在流程线上添加另一个计算图标，命名为“圆的渐变”，然后在其脚本编辑窗口中输入如下程序语句：

```
h:=150
k:=150
p:=0
c:=0
repeat while p<=130
if c>=255 then
c:=255
end if
SetFrame(1,RGB(255,c,0))
Circle(2,h-p,k-p,h+p,k+p)
p:=p+1
c:=c+2
end repeat
```

3）上述设置完成后，运行程序，可得到圆形渐变效果。

4）至此整个程序制作完毕。

4.14 程序调试与发行

应用程序制作完成后，都要进行程序的调试与打包发行。调试就是要排除程序中存在的错误，使程序正确和合理。打包则是将调试完成的程序制作成可执行文件发行，交给用户使用，这些都是多媒体制作的后期工作。

1．程序的调试

在程序设计过程中，难免存在错误，因此调试在软件开发的过程中显得非常重要。Authorware7 常用的调试方法有两种。

（1）使用“开始”旗和“停止”旗

通常按下“运行”按钮，Authorware7 会从程序开始处运行程序，一直到程序流程线上最后一个设计图标或者遇到 Quit()函数。但是，有时所要调试的程序段只是整个程序的一部分，此时就可以利用“开始”旗和“停止”旗来帮助。操作方法为：把“开始”旗从图标面板拖放到流程线上要调试程序段的开始位置，将“停止”旗拖放到流程线上要调试程序段的结束位置，再运行时就只执行程序段中的内容了。

（2）使用控制面板

控制面板是一个非常有效的调试工具。尤其是当程序中存在复杂的分支结构的情况下，这时就可以使用控制面板提供的各种手段对设计图标的执行顺序进行跟踪。

2. 一键发行

程序设计完成后，必须将其打包为可独立运行的可执行文件。Authorware7 提供了强大的一键发行功能，自动查找所需的支持文件并可以针对不同的发行目标以不同的方式进行打包，而且所有的步骤都是自动在内部实现的。操作过程：执行“文件”菜单的“发布”子菜单的“发布设置”命令，进行打包前的相关设置。然后执行“文件”菜单的“发布”子菜单的“一键发布”命令或直接按〈F12〉键即可生成所需要的目标文件。

4.15 习题

操作题：

1）定义一文本样式，要求字体为“楷体”，字号为 16，文字风格为“斜体”，颜色为蓝色，并在文本中应用该样式。

2）制作一段程序，实现一边欣赏散文一边播放背景音乐的效果，同时为散文设置具有诗意的背景图片。

3）以草地为背景，制作松树在草地上跳动的动画。

4）创建一个“测验”判断分支结构，该结构包括 10 个分支，即含有 10 道检测题。要求系统运行后随机执行其中 5 题，并且防止某个分支被重复多次执行。

5）创建一个“图片浏览”判断分支结构，该结构包括 6 个分支，如“图片 1”、“图片 2”……“图片 6”，要求系统在运行时，当“图片 1”出现后隔 3 秒自动显示“图片 2”，当“图片 2”出现后隔 3 秒自动显示“图片 3”，以此类推。

6）制作一数学选择填空题，题目为"4+5=( )"，答案为:"9"，"20"，只有正确的答案才能填入空中，错误答案填入空后返回原地。

7）制作一本电子图书，一个封面、3 个页面（页面内容不要求做），要求：1）首页为封面，封面布局为右边纵向书写唐诗选辑，左边纵向排列 4 个按钮。2）4 个按钮的名称依次为：春晓、静夜思、登黄鹤楼、退出。

8）制作地球绕着太阳转动画，要求：1）要有背景音乐，曲目自定。2）背景为蓝色。3）太阳为红色，位于屏幕中央，不移动。4）地球为绿色，围绕太阳不停地旋转。

9）随机问题演示：一辆汽车随机进入 5 个空车库。要求：1）车库在屏幕右侧纵向排列。2）汽车在屏幕左方驶入，随机进入一个车库。

第 5 章　综合设计实训

5.1　PowerPoint 中运用 Flash 电影文件

PowerPoint 是一个被广泛使用的演示文稿软件。用 PowerPoint 制作的演示文稿、多媒体课件随处可见，尤其是 PowerPoint 2003，支持多种媒体格式，例如常用的 AVI 电影、GIF 动画等。但是，PowerPoint 所标榜的多媒体功能是有限的，它所能调用的多媒体信息基本是静止的，在播放过程中，可看性不大，往往令人觉得乏味。最令人不快的，就是它调用新媒体格式后，将导致 PowerPoint 文件字节过大，不符合“环保”标准。Flash 则提供了动态交互形式和新颖的矢量动画图形，而且文件字节也不大，克服了上述缺点。制作多媒体课件时，如果在 PowerPoint2003 中嵌入 Flash 电影，可以实现 Flash 的所有功能，例如互动功能、具有特殊功能的按钮、通过“Get URL”指令打开默认浏览器窗口、实现动画变形等。如果系统安装的 Flash ActiveX 控件版本号为 r25 或更高，还可以在 PowerPoint 文档中打印 Flash 电影。那么，如何把 Flash 电影导入 PowerPoint 中呢？下面通过 3 个实例来为读者介绍在 PowerPoint 中导入 Flash 电影的几种方法。

5.1.1　实训 1　PowerPoint 中插入 Flash 的 exe 文件

在这个例子中，先使用 Flash 制作一个全屏播放的 swf 播放文件，并将它转换成 exe 文件，然后在 PowerPoint 的演示文稿中用复制的方法，将演示文稿与 exe 文件做一个关联，最后在 PowerPoint 演示文稿的动画播放中做一些设置。那么，在放映演示文稿的时候，Flash 文件就以自动播放的形式进行播放。因为这种方法运用的 Flash 播放文件是*.exe 的，所以如果需要经常在不同的计算机上使用 PowerPoint 演示文稿，又不能确定该机器是否安装了 Flash 的播放插件，那么这个方法将很实用。实例制作步骤如下。

1）新建一个 Flash 的电影文件，制作一个动画。

2）选中动画的第 1 帧，打开“动作-帧”属性面板，双击“动作”→“浏览器 / 网络”中的“fscommand”命令，在弹出的对话框中设置“命令”为“fullscreen”，“参数”为“true”，将制作的动画设置为全屏幕播放模式，如图 5-1 所示。

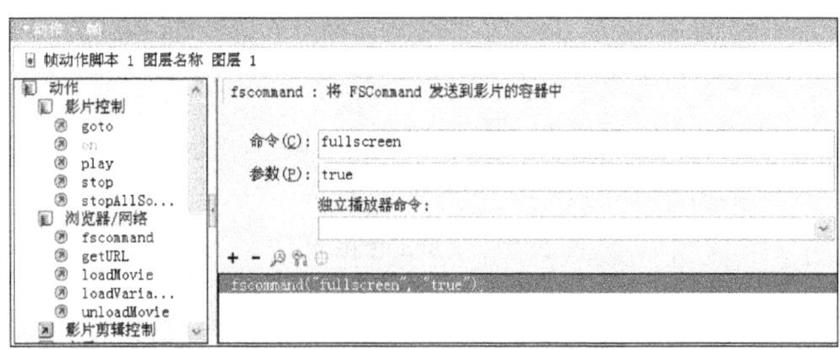

图 5-1 “动作-帧”属性面板

3）单击“文件”菜单中的“导出影片”命令，将弹出的“导出影片”对话框中“文件名”设置为“风车”，保存类型为“swf”，如图 5-2 所示。

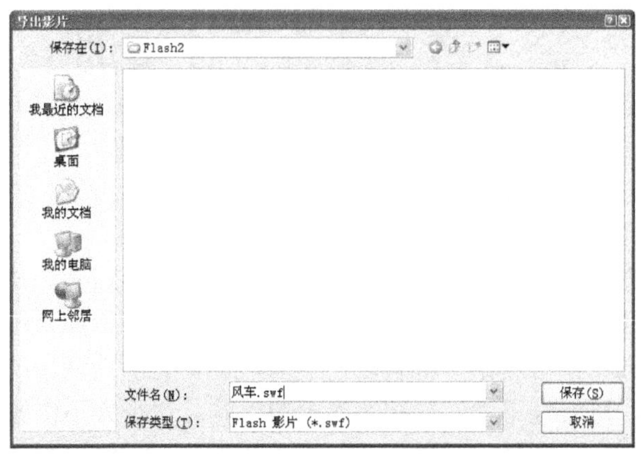

图 5-2“导出影片”对话框

4）打开“风车.swf” Flash 文件，然后选择“文件”菜单中的“创建播放器”命令，如图 5-3 所示。然后在弹出的“另存为”对话框中，将“文件名”设置为“风车 1”，“保存类型”为“播放器（*.exe）”，单击“保存”按钮，这样就可以把 swf 文件转换为 exe 文件，如图 5-4 所示。生成的文件如图 5-5 所示。

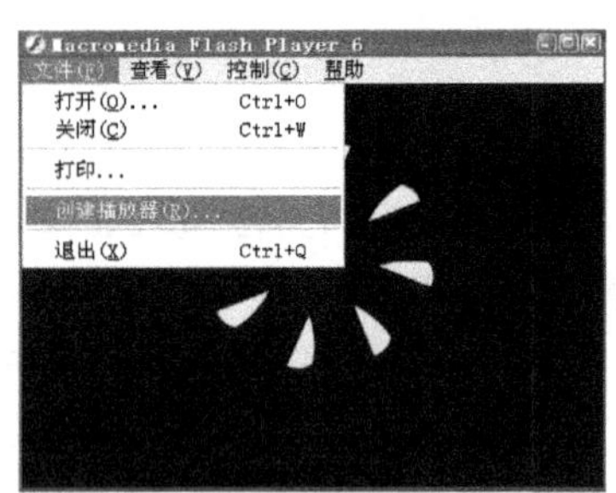

图 5-3　选择“创建播放器”命令

图 5-4　“另存为”对话框

图 5-5　生成的 exe 文件

5）新建一个空演示文稿，插入一张幻灯片，在幻灯片中先插入一张图片，然后用鼠标右键单击该图片，在弹出的快捷菜单中选择“动作设置”，在“动作设置”对话框中的“单击鼠标”

选项卡中选择“运行程序”单选按钮，单击“浏览”按钮，在弹出的“选择要运行的程序”对话框中找到图 5-5 所示的 Flash 文件。然后单击“确定”按钮，效果如图 5-6 所示。

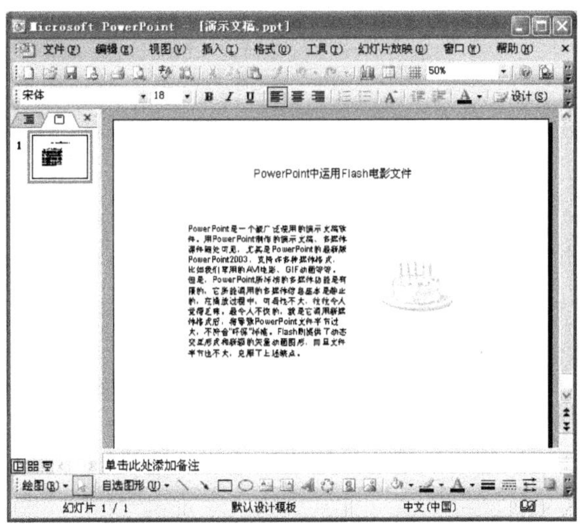

图 5-6　将 Flash 播放文件链接到图片

☞**注意：**

使用这个方法时，一定要把在 Power Point 菜单“工具” →“选项” →“安全性” →“宏安全性”的“安全级”选项变为“低”。不然的话，每次演示都会弹出警告框。

6）选中刚才插入到演示文稿的图片，然后在菜单栏中选择“幻灯片放映”中的“自定义动画”命令，弹出“自定义动画”任务窗格。

7）选中插入的图片，在“自定义动画”任务窗格中，单击“添加效果”按钮，选择“进入”→“百叶窗”，如图 5-7 所示。

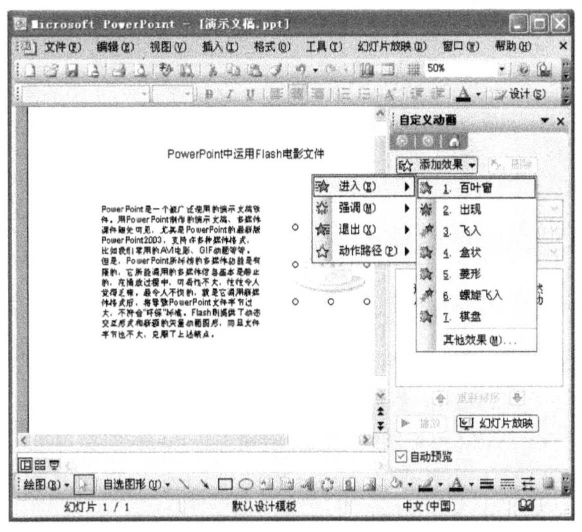

图 5-7　设置图片进入效果

8）在“重新排序”上面的列表框中，单击已经添加效果右边的下拉三角，然后单击“效果选项”，如图 5-8 所示。

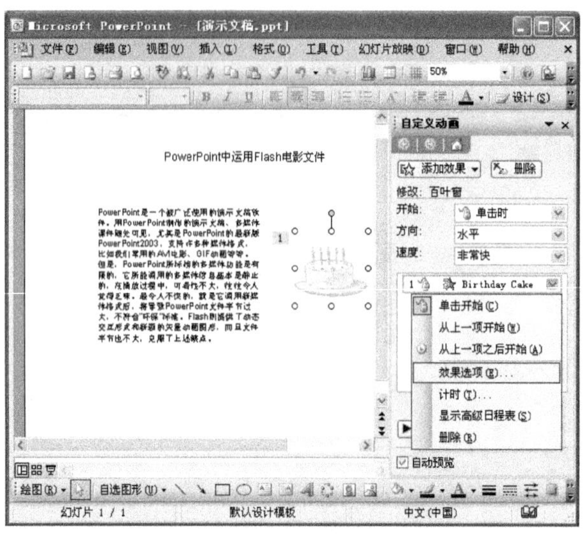

图 5-8　选择“效果选项”

9）在弹出的“百叶窗”对话框的“计时”选项卡中，单击“开始”后面的下拉列表框，选择“之后”。设置“延迟”为 0 秒，速度为“非常快（0.5 秒）”，重复为“无”，如图 5-9 所示。

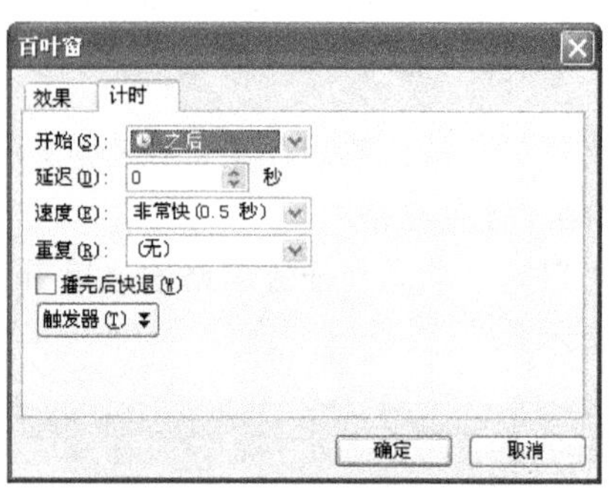

图 5-9　“百叶窗”对话框

10）完成以上的设置后，单击“确定”按钮，这样就做好了 Flash 文件和 PowerPoint 幻灯片的链接。

5.1.2　实训 2　使用 ActiveX 控件播放 Flash 文件

当用户在 Windows 系统中使用 Internet Explorer 浏览器浏览 Flash 电影内容时，Flash 播放器将采用 ActiveX 控件来执行播放。ActiveX 是 Microsoft 公司推广的一项技术，它可以对部件对象模块（COM）这一 Windows 子系统进行控制。

ActiveX 控件用于扩展 Windows 系统及 Internet Explorer 浏览器程序的功能，使其能够播放一些音频、视频内容和 Flash 电影等。ActiveX 控件的每个控制器都针对某一个专项特性，当系统需要播放某种格式的媒体信息时，将调用某一特定的控件。如果某一种媒体信息是 Windows 系统初次遇到的，系统将通过一条安全链路从某地址查找并调取相应的控件，控件自行安装到系统中，从而正确地播放媒体信息。Microsoft 公司希望通过 ActiveX 技术的推广来让 Windows 系统自动获取新功能，这样用户不必重新安装或重新启动操作系统，便可实时获得新功能。

虽然 ActiveX 控件主要是通过使用 Internet Explorer 浏览器浏览过程中下载到系统中的，但一旦系统中拥有这种控件后，其他任何支持部件对象模块（COM）的软件程序都将可以使用这些新下载的控件，这便为在 PowerPoint 中调用 Flash 提供了基础。

用户要想在 PowerPoint 中运用 Flash，必须安装 Flash 的播放插件。如果用户的操作系统中安装有 Internet Explorer 4 或更高版本的浏览器，那么系统已经自动安装了 ActiveX 控件。如果能够直接接入进行回放的服务器，用户可以在 ActiveX 控件根目录下查找系统驱动文件 swflash.ocx，以确认系统是否已经正确安装了 ActiveX；而如果无法直接接入执行播放的服务器，那么建议用户应该在 PowerPoint 展示系统中添加注册 Flash ActiveX 控件。这个控件必须首先安装在播放服务器中，然后才能运行 PowerPoint 展示程序，而 Flash ActiveX 控件的注册安装是完全免费发放的，而且要找到它也不难，用户如果安装了 Flash 这个软件，可以在它目录下的 flayer 文件夹中找到它，也可以到 Flash 的设计者 Macromedia 网站去查找。

在这里要介绍的第 2 个实例中，就是通过在 PowerPoint 中插入 ActiveX 控件，从而调用 Flash 的播放文件的。在制作过程中，首先在演示文稿中插入一个 ActiveX 控件，即“Shockwave Flash Object”。然后再设置要调用的 Flash 播放文件的 URL 位置。实例制作步骤如下。

1）新建一个 Flash 的电影文件，制作一个动画，并保存为 swf 格式，而且最好将它与演示文稿保存在同一个文件夹中。

2）新建一个 PowerPoint 演示文稿，将这个演示文稿保存在与*.swf 文件同一个文件夹中。

3）在 PowerPoint 的窗口菜单栏中，选择“视图”→“工具栏”中的“控件工具箱”命令，打开“控件工具箱”面板，如图 5-10 所示。

图 5-10 “控件工具箱”面板

4）单击“控件工具箱”面板右下角的图标，打开“其他控件”列表，选中列表中的“Shockwave Flash Object”控件，如图 5-11 所示。这时候用户的鼠标变成一个“十”字，用这个“十”在演示文稿中用户需要出现动画的地方，画一个矩形，如图 5-12 所示。至于这个矩形要多大，取决于所需动画的尺寸，矩形画多大，那么演示文稿播放时，那里的 Flash 动画的尺寸就有多大。

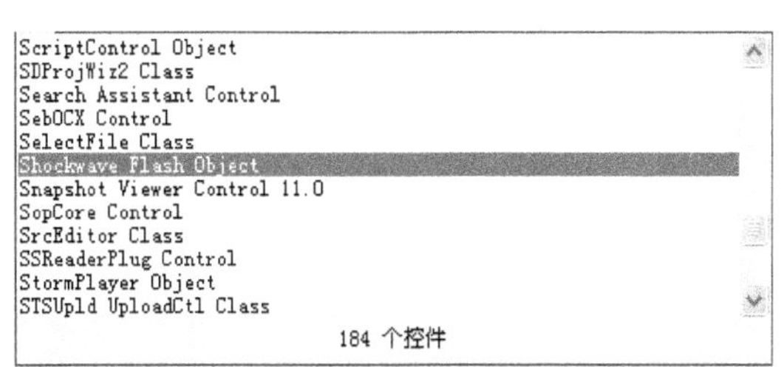

图 5-11 “其他控件”列表

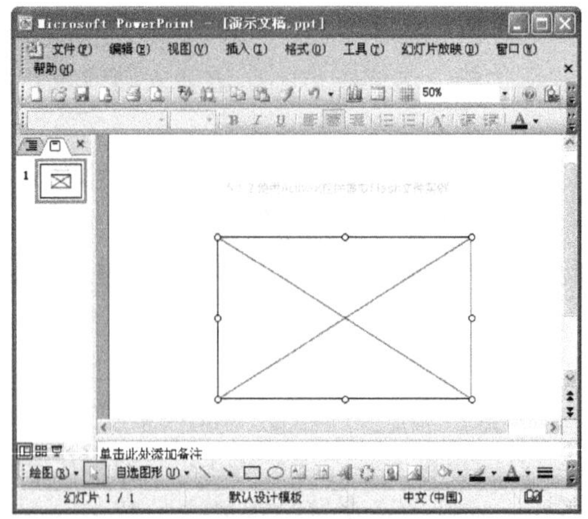

图 5-12 在演示文稿中绘制“矩形”

5）选中这个矩形，然后单击鼠标右键，在弹出的菜单中，选择“属性”命令，弹出该控件的“属性”对话框，如图 5-13 所示。选择“属性”对话框中的“Movie”属性，在其右边填入 swf 文件的 URL 地址“fengche.swf”，如图 5-14 所示。然后根据需要设置动画播放“Quality”、“FlashVars”等选项，其中“Playing”默认为“True”、“Loop”默认为“False”、“Menu”默认为“True”。

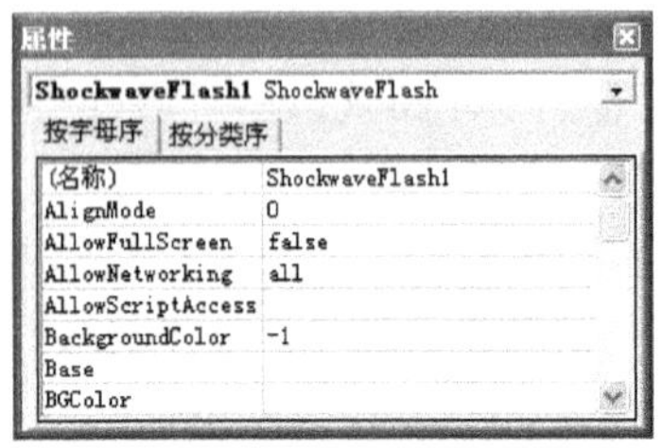

图 5-13 “属性”对话框

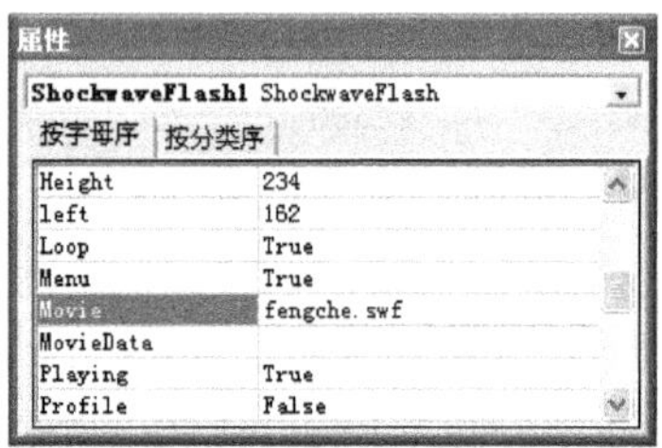

图 5-14 设置 Movie 属性

6）完成步骤 5）的设置后，单击“确定”按钮。这时，播放演示文稿，用户便可以看到 Flash 动画了，播放效果如图 5-15 所示。

图 5-15 实例播放效果

☞注意：

1）如果用户的swf文件和演示文稿在同一个文件夹中，那么只将swf文件的文件名填入便可以了，否则需填入完整的文件地址。

2）用户可以将演示文稿设置成“单击后换页”，这样可以等到 Flash 动画播放完后，才会将它转换到下一张演示文稿中。

3）用户可以将Flash动画设置成循环播放。因为动画被调用后，就不再重新调用了。将Flash动画设置为循环，可以使动画不断地播放。

5.1.3 实训3 使用超链接播放 Flash 文件

在PowerPoint中使用超链接播放Flash文件，是PowerPoint使用Flash动画最简单的一种方法。制作演示文稿过程中，用户首先要选中和Flash文件进行链接的图片或文本，然后打开“超链接”对话框进行相关设置，这样就完成了与Flash文件的关联。和前面实例不同的是，要想在制作的课件中播放Flash文件，需要在课件播放过程中单击链接才能播放Flash文件，而且系统中还要安装相关的播放器。实例制作步骤如下。

1）新建一个 PowerPoint 文档，在演示文稿中选中和 Flash 文件链接的文本或图片，如图 5-16 所示。

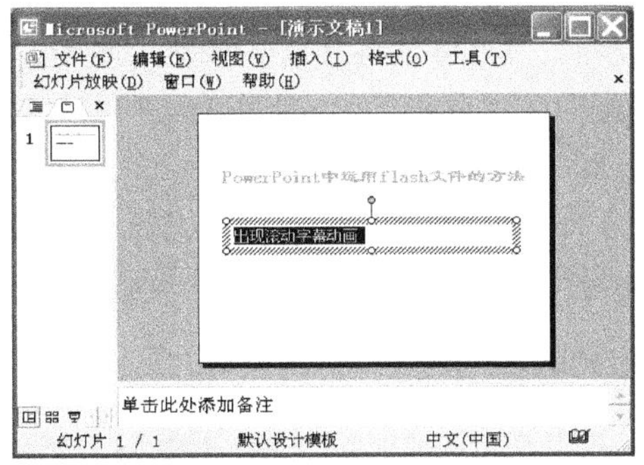

图 5-16 在演示文稿中选中和 Flash 文件链接的文本

2）单击“插入”菜单中的“超链接…”命令，打开“插入超链接”对话框，在“链接到”中选择“原有文件或Web页”，在“查找范围”栏内找到要和文档建立链接的Flash文件，也可以直接在对话框下方的“地址”栏内直接输入 Flash 文件的 URL，单击“确定”按钮就完成了链接，如图 5-17 所示。

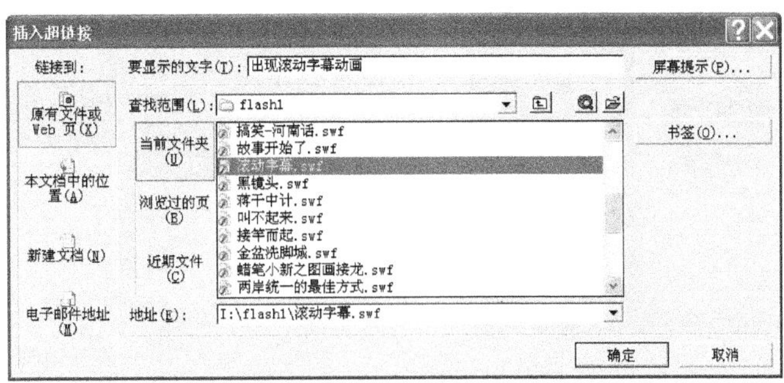

图 5-17 “插入超链接”对话框

3）单击“幻灯片放映”菜单中的“观看放映”命令，在幻灯片放映过程中单击已和 Flash 文件建立链接的文档，如图 5-18 所示。此后用户就可以看到播放的 Flash 动画，播放效果如图 5-19 所示。

图 5-18　放映中的文档

图 5-19　播放效果

5.2　Flash 在 Authorware 中的使用

在 Authoware 中使用移动图标可以设置对象的动画效果，但是这种动画效果灵活性不强。Flash 作为一种交互式动画设计工具，可以将音乐、声效、动画以及富有新意的界面融合在一起。在多媒体课件的制作过程中，可以将 Flash 制作的动画引入到 Authorware 中，使制作出的课件更具吸引力。

由于 Flash 和 Authorware 都是 Macromedia 公司推出的产品，它们之间的调用相应容易一些，本节介绍在 Authorware 中使用 Flash 动画的两种方法。

5.2.1　实训 1　直接插入 Flash 动画

在较高版本的 Authorware 中，可以直接插入 Flash 动画，操作步骤如下。

1）打开一个 Authorware 文件，或者新建一个 Authorware 文件。

2）在流程线上确定要插入 Flash 动画的位置。

3）单击“插入”菜单，选择“媒体”下的“Flash...”，如图 5-20 所示，系统弹出图 5-21 所示的“Flash Asset 属性”对话框。

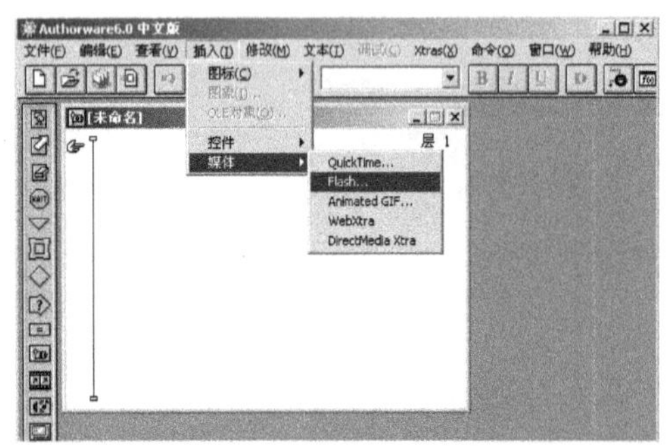

图 5-20　插入菜单

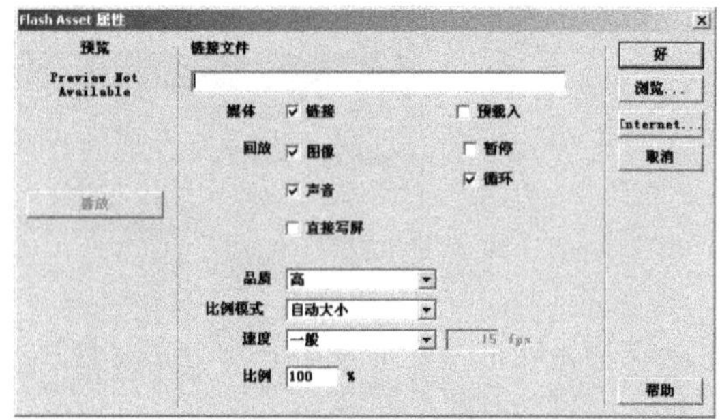

图 5-21　“Flash Asset 属性”对话框

4）单击“浏览”按钮，出现图 5-22 所示的“打开 Shockwave Flash Movie”对话框，找到要插入的 Flash 动画文件，选中后单击“打开”按钮。

图 5-22 “打开 Shockwave Flash Movie”对话框

5）系统回到图 5-21 所示的界面，设置“比例”为 50%，其他参数根据需要进行设置，最后单击“好”按钮。此时在流程线上出现一个图标，将它命名为“Flash 动画”。

6）单击“调试”中的“重新开始”，查看演示窗口效果如图 5-23 所示。

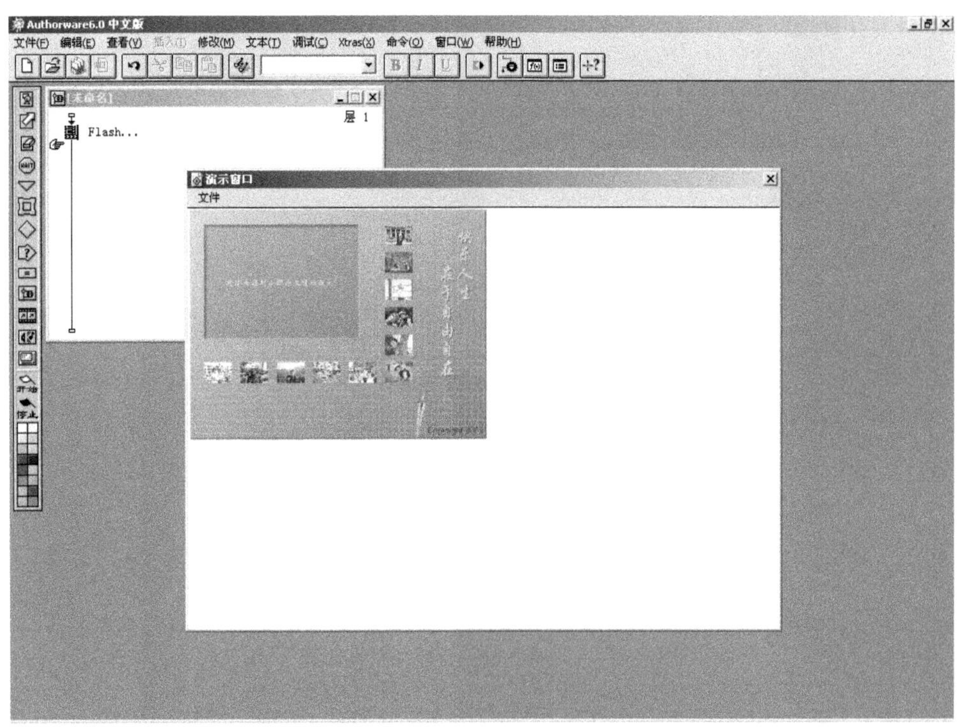

图 5-23 演示窗口效果

☞提示：

在播放中，系统会继续运行后续的图标内容，可以在 Flash 图标后插入一个等待图标，同时在 Flash 影片中放置一个退出按钮。

5.2.2 实训 2 使用 ActiveX 控件插入 Flash 文件

在较早版本的 Authorware 中，插入方式中不提供 Flash 格式，此时可以使用 ActiveX 控件来插入 Flash 动画，操作步骤如下。

1）打开一个 Authorware 文件，或者新建一个 Authorware 文件。

2）在流程线上确定要插入 Flash 动画的位置。

3）单击“插入”菜单，选择“控件”下的“ActiveX...”，如图 5-24 所示，系统弹出图 5-25 所示的“选择 ActiveX 控件”对话框。

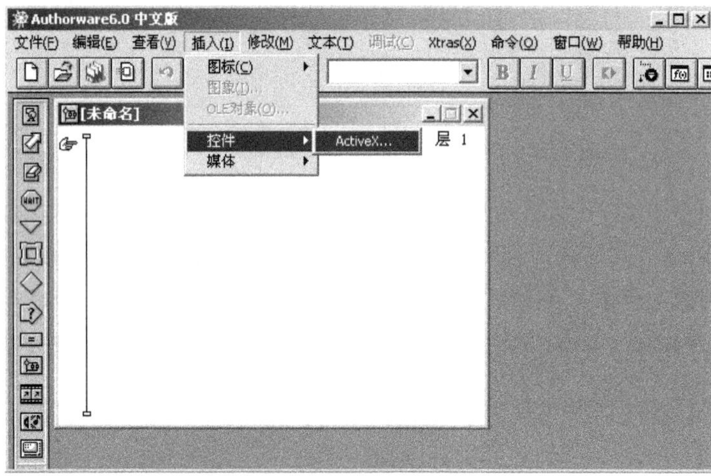

图 5-24 插入菜单

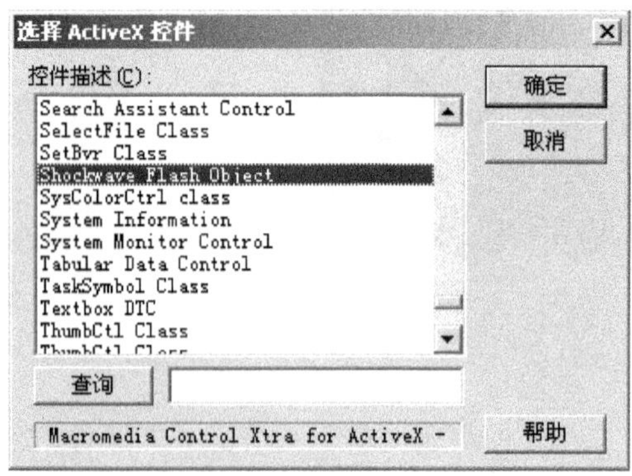

图 5-25 “选择 ActiveX 控件”对话框

4）找到“Shockwave Flash Object”，选中后单击“确定”按钮，系统弹出图 5-26 所示的“ActiveX 控件属性”对话框。

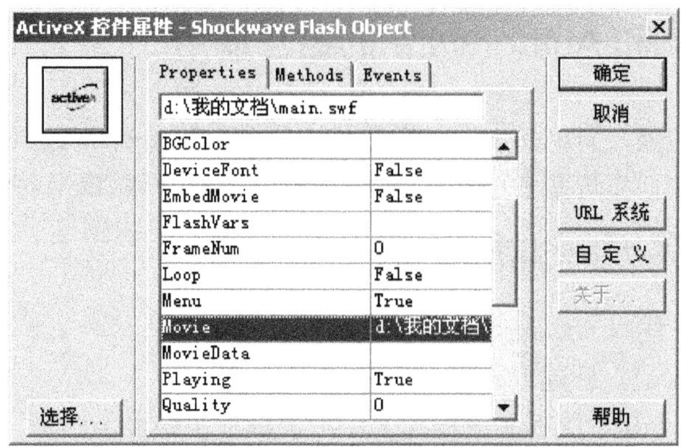

图 5-26 “ActiveX 控件属性”对话框

5）单击“Properties”选项卡，拖动垂直滚动按钮，选中“Movie”属性，在上方的输入栏中输入影片的路径和名称，本例中为“d:\我的文档\main.swf”，将“Loop”属性设置为“False”。

6）根据需要设置其他属性以及方法和事件，设置完毕后单击“确定”按钮，此时在流程线上出现一个 ActiveX 控件图标，将它命名为“Flash 动画”。

7）单击“调试”中的“重新开始”，查看演示窗口效果如图 5-27 所示。

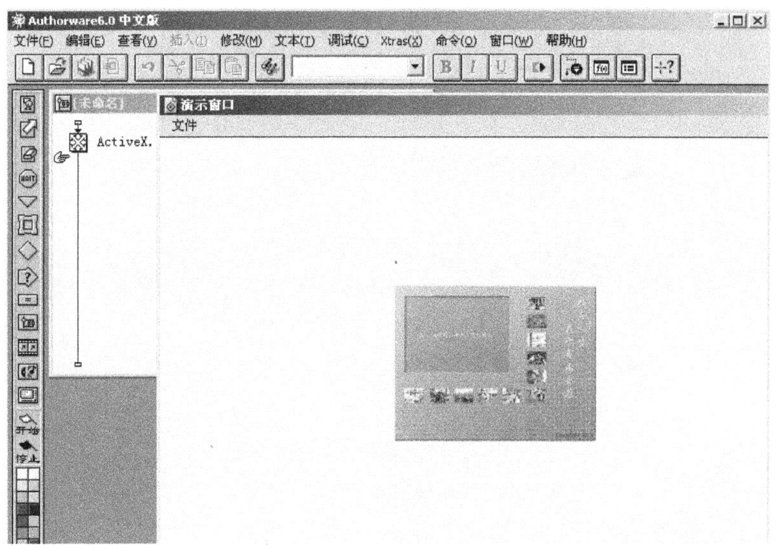

图 5-27 演示窗口效果

☞说明：

ActiveX 有 3 个重要的概念：属性、方法和事件，通过设置它们可以控制 ActiveX 控件。编辑属性通常有两种方法：一是在控件属性设置对话框中设置，二是利用函数编辑属性的值。利用函数 SetSpriteProperty(@“图标名”，#属性名，属性值)可以通过计算图标动态修改控件的属性值。

5.3 PowerPoint 和 Authorware 的相互调用

PowerPoint 表现力强，简单易学，但交互和动画能力差；Authorware7 交互功能强，但制作较复杂，下面介绍如何实现两者的相互调用，使课件制作得到事半功倍的效果。

5.3.1 在 Authorware7 中使用演示文稿

在 Authorware7 中使用 PowerPoint 演示文稿的步骤如下。

1）运行 Authorware7，新建或打开一个文件。

2）从工具栏拖一个显示图标到流程线上，用鼠标双击该显示图标，进入演示窗口。

3）选择“插入”菜单“OLE 对象...”，系统弹出图 5-28 所示的“插入对象”对话框，选中“Microsoft PowerPoint 演示文稿”，选取“由文件创建”，转入图 5-29 所示的对话框。

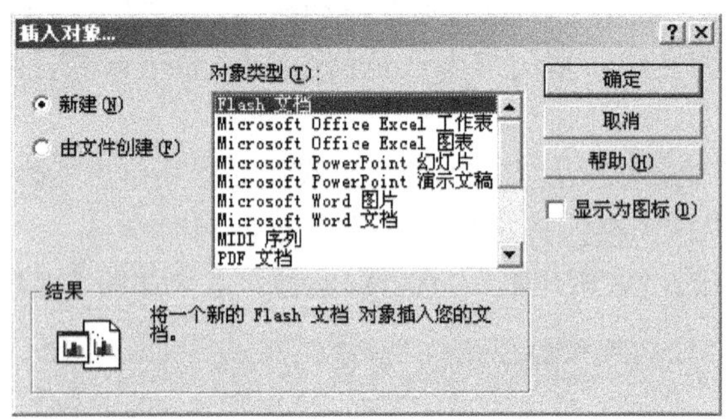

图 5-28 “插入对象”对话框

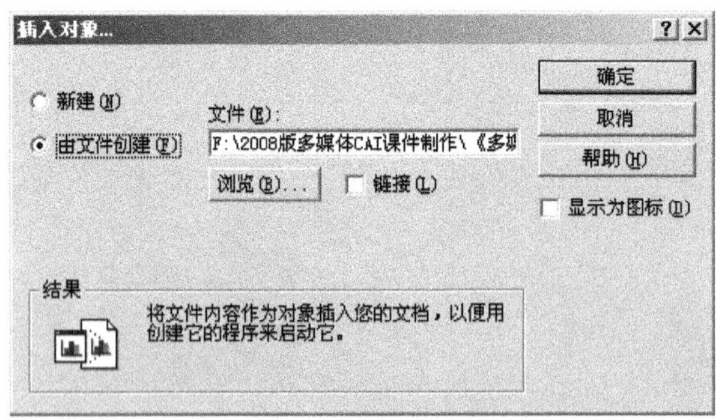

图 5-29 选取文件对话框

4）在对话框中输入已经创建好的 PowerPoint 文档路径和文件名，或者单击“浏览”按钮选取文件，然后单击“确定”按钮返回到展示窗口。

5）单击“编辑”→“演示文稿 OLE 对象”→“属性”命令，在出现的对话框中进行图 5-30 所示的设置：将“激活触发条件”设置为“单击”，“触发值”设置为“显示”，完成后单击“确定”按钮。

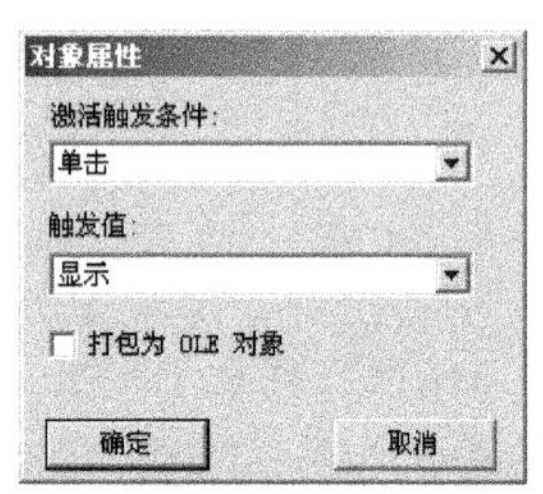

图 5-30 OLE 对象属性设置

6）单击“调试”中的“重新开始”进行调试，当展示窗口中出现演示文稿后，单击它就可以进行演示文稿的播放。

5.3.2 在 PowerPoint 中调用 Authorware7 文档

如果需要将 Authorware7 文档引入到 PowerPoint 中，可以参考插入 exe 文件的方法，先将 Authorware7 文档发布打包成“可执行 exe 文件”。具体方法介绍如下。

1. 插入超链接的方法

这种方法的特点是简单，适合 PowerPoint 的初学者，它能将 exe 类型的文件插入到幻灯片中去。

1）运行 PowerPoint 程序，打开要插入动画的幻灯片。

2）在其中插入任意一个对象，例如一段文字、一个图片等。目的是对它设置超链接。最好这个对象与链接到的动画的内容相关。

3）选择这个对象，单击“插入”菜单，在打开的下拉菜单中单击“超链接”。

4）弹出的窗口中，“链接到”中选择“原有文件或网页”，选择到想插入的 Authorware7 可执行文件，单击“确定”按钮完成。执行时只要单击设置的超链接对象即可。

2. 鼠标动作设置方法

1）运行 PowerPoint 程序，打开要插入 Authorware7 可执行文件的幻灯片。

2）在其中插入任意一个对象，例如一段文字、一个图片等。目的是对它进行动作设置。最好这个对象与动画的内容相关。

3）选择这个对象，在鼠标右键菜单中单击“动作设置”。

4）弹出的窗口中，在“单击鼠标”选项中选择“运行程序”，并指定文件路径和文件名，单击“确定”按钮完成。执行时只要单击对象即可。

3. 插入对象的方法

1）运行 PowerPoint 程序，打开要插入 Authorware7 可执行文件的幻灯片。

2）在菜单中选择“插入”选项，从打开的下拉菜单中选择“对象”。弹出“插入对象”对话框，选择“由文件创建”，单击“浏览”按钮，选中需要插入的文件，最后单击“确定”按钮返回幻灯片。

3）在幻灯片上就出现了一个 Authorware7 可执行文件的图标，可以更改图标的大小或者移动它的位置，然后在这个图标上用鼠标右键单击，选中“动作设置”命令。

4）在弹出的窗口中选择“单击鼠标”或“鼠标移动”两个标签都可以，再单击“对象动作”，在下拉菜单中选择“激活内容”，最后单击“确定”按钮，完成插入 Authorware7 可执行文件操作。

☞**提示：**

用这些方法时，要把在 Power Point 菜单“工具”→“选项”→“安全性”→“宏安全性”的“安全级”选项变为“低”。

5.4 网络课件的制作

随着计算机网络的普及，远程教育越来越受到重视，目前有很多学校开通了远程教育，学习者通过网络进行课程的学习，不但节省了教育资源，而且也为更多的人提供了学习的机会。网络课件是进行远程教育的基础，本节简单介绍一下网络课件制作的有关知识。

5.4.1 网络课件概述

基于网络的教与学打破了传统学校教育的课堂授课模式，它与传统教学模式有很大区别，网络课件应具有以下功能特点。

1）利用 Internet，通过声音、图像、动画、视频等多媒体技术做到图文并茂，增强网上学习的趣味性。

2）具有网上管理和用户管理功能，能够记录学习进度。

3）具有较强的交互性，能够实现网上课程学习过程中的师生交流和学生之间的交流等。

4）具有学习自测功能，可通过单元自测对学员的学习进行评价。

5）具有电子作业管理功能，可通过网络布置、提交和批改作业。

6）通过动画对实验过程、实验现象的模拟可以使实验与理论教学有机地融合在一起。

网络课件的开发是各种技术的综合应用，制作网络课件所用的软件和技术主要有：

1．网页制作软件

目前使用较多的有 Frontpage 和 Dreamweaver，其中 Dreamweaver 内置多项强大的功能，可以很轻松地做出各种交互式的网页和动态效果，它最大的优点在于开放式的插件功能，可利用各种外挂的插件来增强 Dreamweaver，使其功能更加完善，使网页制作变得更加轻松。

2．图像处理软件

要想达到好的教学效果，网站的外观和使用的教学图片是网站吸引学习者的重要之处，所以要使用图像处理软件来为图像添加效果，常用的软件有：Photoshop、Fireworks 等。

3．动画制作软件

网页上的动画效果可使页面变得非常活泼，用 Flash 动画是当今网络动画的发展潮流。

4．网络数据库开发软件

用户管理、留言板、论坛、网络测试等内容是网络课件必不可少的，这些内容需要数据库的支持，网络数据库中常用的是 SQL Server 和 Access，对于网络课件来说，利用 ASP 和 Access 的组合即可完成上述的交互。

5．程序设计语言软件

网络软件的开发有其成熟的、专用的脚本语言（Script Language），它们一般作为 HTML 的功能扩充，如 VBScript，JavaScript，ASP，PHP 等，这类语言具有可移植性、安全性、高效性和面向对象的特点，很适合开发网络应用软件。将这些程序设计语言和 HTML 结合，就可以开发出交互性很强的软件。

6．Web 服务器技术

服务器是网络课件的存身之地，另外在制作和测试中，很多内容需要在 Web 服务器上发布才能看到效果。对于网络课件，可以直接使用 Windows 提供的服务：对于 Windows 98，需要安装 PWS；对于 Windows 2000 则使用 IIS。

5.4.2 设计过程和原则

1．选取内容，准确定位

开始创建教学网页课件之前需要认真对网页进行规划和设计，首先解决网页教学的整体定位，即主题和名称，其中最重要的一点是要有创意。

（1）主题、内容的确定和教学设计

网页主题和内容是网页课件的核心和灵魂，首先要进行定位，确定网页要进行什么方面的教学、表现什么主题、包含什么内容。只有一个主题鲜明、内容丰富的站点才能吸引更多的浏览者，进行充分地教学设计，突出教学重点，采用合理的方法和技术展现教学内容。

（2）网页结构设计

设计网页的时候要进行框架结构的设计，确保网页结构的清晰明了。复杂混乱的网页往往会使浏览者"迷路"。一般情况下课件的各页面要有导航和同级页面、下一级页面及首页的链接。在网页中还应有一定的交互信息，这样方便浏览的学习者与教师之间进行交流，一般通过留言板、论坛、BBS 和 E-mail 链接方式完成。

（3）网站的风格设计

拥有自己风格的教学网站能更容易拥有观众和学习者，所以注重网页的美工设计，做好网站形象和整体风格的创意设计就十分重要。富有创意的色彩搭配、页面布局，不仅能够把要表述的教学内容以最恰当的方式表现出来，突出网页的特色，还能给浏览者留下深刻的印象。

2．网页中教学信息的准备和收集

教学信息的准备和收集工作是建立网页不可缺少的前期工作，在建立网页之前，必须依据确定的教学主题和教学内容，开始相关信息和材料的收集，包括文字、图片、动画、视频等信息，只有充分地储备好大量的素材和信息，在制作网页的时候才能游刃有余。

3．网页的制作

有了前面的准备工作，就拥有了制作教学网页课件的资源。利用这些资源就可以进行网页制作了，主要有以下几点。

（1）内容综合

当决定了网站的设计之后，需要开始作一些初始图样，这样图样可以用 Photoshop 等绘图程序创建，然后设计者将图样打印出来配合文字。

（2）HTML 布局和导航

根据网站结构开始编制 Web 页面，导航器也被编制到页面中，可以多次体验感受一下。

（3）图形制作

依据网站资料和内容，制作所需的图形、动画、视频等素材，进行优化，要考虑带宽、不同浏览器、不同分辨率等问题，合理地运用新技术。

（4）编制内容

利用各种网页技术（如 Css、Java）和编制工具（如 Dreamweaver），和相关的图形有机地合在一起，制作出最终的页面。

（5）测试

在最终发布前，彻底地测试每个 Web 页面和链接，考查教学效果，利用清单，进行修补。

网络课件的设计，必须遵循如下设计原则。

1）交互性原则。

教育软件要有良好的交互性，及时对学生的学习活动作出相应的反馈。表现的知识应该是可操纵的，而不能仅仅是教材的“电子搬家”。

2）界面直观友好原则。

软件界面要美观，符合学生的视觉心理；操作要简单，不需要大量的预备技能；提示信息要详细、准确、恰当。

3）创新能力培养原则。

知识创新和信息获取的能力是当代素质教育的核心，教育软件应采取多种教学策略，以便充分体现学生的认知主体作用，使学生在学习过程进行积极的思考，而不是处于被动接受知识状态，从而在培养学生的创新能力和增强信息文化素养方面发挥应有的作用。

4）科学性原则。

教育软件中所要表达的知识要具有科学性，措辞要准确，行文要流畅，符合知识的内在逻辑体系和学生的认知结构。

5）协作性原则。

协作学习有利于高级认知能力以及合作精神的培养，而网络为教学软件中的协作学习提供了理想的环境，因此，网络教学软件要充分发挥这一优势，提供协作学习和协同工作的工具和网络空间。

6）教学设计原则。

要重视教学设计，即要注意分析学习者的特征，要分析教学目标和教学内容的结构，要设计符合学生认知心理的知识表现形式，设计能够有力地促进主动建构知识意义的学习策略。

5.4.3 部分模块实例

本节以一个精品课程网站为例，介绍精品课程网站设计过程中经常用到的用户登录、课程教学、在线测试以及如何记录学生在网站上停留的时间等模块。

1．用户登录身份验证模块的设计

进入系统首先要检验用户的身份，用户在客户端的登录网页中填写用户名、登录密码等个人资料。客户端将个人资料传送给服务器端 ASP.NET 程序，ASP.NET 程序将去读取数据库中的用户信息，与用户在网页中填写的信息对比，看该用户是否有登录的资格。用以下代码实现对用户身份的验证。

```
private void UserLogin()
{
    userName=txtUserName.Text.Trim();
    userPwd=txtUserPwd.Text.Trim();

    if ( userName == "" || userPwd == "")
    {
        lMsg.Text = "请输入用户名和密码";
        return;
    }
```

```
            string strCmd = "select * from [User] where UserName='" + userName + "' and UserPassword='" +
userPwd + "'";
            command = new SqlCommand(strCmd, con);
            if (command.EndExecuteNonQuery() > 0)
            {
                Response.Redirect("Login.aspx?id=error");
            }
            else
            {
                Response.Redirect("LoginSuccess.aspx?id=" + userName);
            }
        }
```

2．课程教学模块设计

课程教学模块是远程教学系统设计的核心。该模块设计的优劣，直接影响到远程教学的效果。由于精品课程内容较多，对于章节，采用了动态下拉上推式菜单设计方法。而对于每一小节，则采用滚动式菜单。过程代码如下。

```
        function OpenWindows(url)
        {
          var
        newwin=window.open(url，"_blank"，"toolbar=no，location=no，directories=no，status=no，menubar=no，
scrollbars=yes， resizable=yes， top=50， left=120， width=250， height=120");
         return false;
        }
        <tr>
            <td align=middle>
              <table bgColor=#ffffff border=1 borderColorDark=#ffffff
              borderColorLight=#ffffff cellPadding=0 cellSpacing=0
              onmousedown="this.borderColorLight='#000000';this.borderColorDark='#cccccc'"
              onmouseout="this.borderColorLight='#ffffff';this.borderColorDark='#ffffff'"
              onmouseover="this.borderColorLight='#cccccc';this.borderColorDark='#000000'"
              onmouseup="this.borderColorLight='#ffffff';this.borderColorDark='#ffffff'">
                <tbody>
                <tr>
                  <td bgColor=#ffffff borderColorDark=#ffffff
                    borderColorLight=#ffffff><a
                    href="learn.asp"
                    target=main><img align=middle alt=第二章  开链烃  border=0 height=32
                    src="images/school.gif" style="filter: alpha(opacity=100)"
                    width=32></a> </td></tr></tbody></table></td></tr>
        <tr>
              <td align=middle class=chinese_text13><a   href="learn.asp" target=main>第二章  </a></td></tr>
          <tr>
            <td height=4></td></tr>
        ……
```

为了使学生在学习时有一个更大的空间和良好视觉效果，使用以下代码实现工具栏的隐藏与打开。

```
<script>
function oa_tool(){
if(window.parent.oa_frame.cols=="0，16，*"){
      frameshow.src="images/p_1.gif";
      oa_tree.title="隐藏工具栏"
      window.parent.oa_frame.cols="120，16，*";
}
Else
{
      frameshow.src="images/p_2.gif";
      oa_tree.title="显示工具栏"
      window.parent.oa_frame.cols="0，16，*";}
}
</script>
```

为了使系统能适应浏览器不同的设置，在系统中采用了样式表，用以控制段落与字体表现。

```
body {
    font-family: "宋体",  "Arial"; font-size: 9pt}
td {
    font-family: "宋体",  "Arial"; font-size: 9pt}
table {
    font-family: "宋体",  "Arial"; font-size: 9pt}
.heading {
    font-family: "宋体",  "Arial"; font-size: 14px}
.show {
    font-family: "宋体",  "Arial"; font-size: 14px;line-height: 20px}
.form {
    font-family: "宋体",  "Arial"; font-size: 9pt; height: 12pt}
```

3．在线测试系统模块

在线测试允许学生在任意的时间和地点通过计算机网络来进行考试。生成试题时，计算机随机地从题库中抽取符合难度要求的题目组卷，试卷的生成和批改都由系统自动完成。在线测试系统先后完成考生登录身份的认证、服务器端题库的管理功能、试卷自动生成、试卷的维护、HTML 格式转换。根据服务器端试题库，自动生成试卷，由客户机配合服务器实现对考试时间的控制，支持各种题型(包括单选题、多选题、填空题、判断题、问答题)，问答题须人工改卷；提供考生对成绩的查询功能；题库的组织与组卷子系统以标准的 HTML 文档形式通过 HTML 协议与客户端用户接口，提供试卷并接受客户端所选择的答案。

```
SqlConnection conn = new SqlConnection("Data Source=.;Initial Catalog=ExcellentCourses;Persist Security Info=True;User ID=sa;Pwd=sa");
SqlCommand command = new SqlCommand();
```

```
//创建数据库的连接，提取习题
string strCmd = "Select exercise_ID as 题号,exercise_Item as 题目,Attribute_ID as 题目类型,exercise_answer as 可选答案 From exercise_TABLE Order By exercise_ID";
command.Connection = conn;
command.CommandText = strCmd;
......

//单选题---答案为 A
if (!rbtnChoose1.Checked && !rbtnChoose2.Checked && !rbtnChoose3.Checked
&& !rbtnChoose4.Checked)
{
    Response.Write("未填写答案");
}
if (rbtnChoose1.Checked)
{
    Response.Write("答案正确");
}
else
{
    Response.Write("错误，正确答案：A");
}
Response.Write("<p></P>");

//多选题---答案为 A 和 D
if (chkMultiChosse1.Checked && !chkMultiChosse2.Checked && !chkMultiChosse3.Checked && chkMultiChosse4.Checked)
{
    Response.Write("答案正确");
}
......
```

4. 记录学生在网页上停留的时间

在系统中，为了记录学生对课程内容的学习过程，需要记录学生在每一个页面上停留的时间，根据学生学习时间的长短来确定每一部分的学习情况，分析页面对学生的吸引度，具体通过在页面上加入 Javascript 代码实现，部分代码如下。

```
<html>
<head>
<script type="text/javascript">
<!--
function Init()
{
    OpenTime = new Date();
}
function LeavePage()
{
```

```
        CloseTime=new Date();
        Staymillimin=(CloseTime.getTime() – OpenTime.getTime());
        Staysecond=Math.round(Staymillimin/1000);
        ……
}
-->
</script>
</head>
<body  OnLoad="Init()"  OnUnLoad="LeavePage()">
    ……
</body>
```

在设计网络课件的过程中，将这些模块代码套用到自己的网页当中，就可以实现这些功能了。当然，实现这些功能的方法不只这一种，当设计者对网页设计知识有了更多的了解，就可以使用各种各样的方法来实现这些功能。

5.5 习题

1）试做一个在线 PowerPoint 演示文稿。

2）制作一个 Flash 播放器，可以播放音频文件，并且可以添加音频文件。

3）使用 Authorware7 和 Flash 做一个小游戏。

参 考 文 献

[1] 李志河. 多媒体课件制作技术[M]. 北京：清华大学出版社，2005.
[2] 张明. 多媒体课件制作教程[M]. 北京：机械工业出版社，2005.
[3] 缪亮. PowerPoint 多媒体课件制作实用教程[M]. 北京：清华大学出版社，2005.
[4] 徐定华，缪亮. Authorware 多媒体课件制作实用教程[M]. 北京：清华大学出版社，2005.
[5] 刘毓敏，杨晓宏. 多媒体课件设计与制作[M]. 北京：国防工业出版社，2006.
[6] 张凡，李岭. Flash MX 2004 基础与实例教程[M]. 北京：机械工业出版社，2006.
[7] 杨戈. Flash MX Professional 2004 中文版实用教程[M]. 北京：机械工业出版社，2007.